빌 브라이슨
발칙한 미국산책

The Life and Times of the Thunderbolt Kid

Copyright ⓒ Bill Bryson 2006 All rights reserved

Korean Translation Copyright ⓒ 2008 by Chusubat(Chungrim Publishing Group)
Korean transration rights arranged with Jed Mattes, Inc.
through Eric Yang Agency

* * *

이 책의 한국어판 저작권은 EYA(Eric Yang Agency)를 통해
Jed Mattes, Inc.와 독점 계약을 맺은 추수밭(청림출판그룹)에 있습니다.
저작권법에 의하여 한국 내에서 보호를 받는 저작물이므로
무단전재와 복제를 금합니다.

상상 그 이상의 시대였던 '유년기 미국'으로의 여행

빌 브라이슨
발칙한 미국산책

빌 브라이슨 지음 | 강주헌 옮김

추수밭

나의 벗,
제드 매티스의 영전에 바친다

■ 차례

서문
평범하지만 특별했던 그 시절을 기억하며 008

1　풍요의 시대 011
2　키드의 눈으로 바라본 세계 045
3　우리는 모두 영웅이었다 069
4　모든 꿈이 가능했던 시대 093
5　소박하지만 모두를 열광시켰던 놀잇거리들 119
6　섹스 그리고 호기심 천국 143
7　핵과 공산주의 : 코미디 혹은 공포 161
8　철없던 시절의 철없던 학교 풍경 181
9　가족이란 이런 것 203
10　미국 가족농업의 마지막 황금기 223
11　미국도 안전지대일 수만은 없다 247
12　우리들만의 천국 269
13　행복했던 시대의 끝자락에서 305
14　그래도 삶은 계속된다 339

■ 서문

평범하지만
특별했던 그 시절을 기억하며

대체로 나는 어린 시절을 무척 즐겁게 보냈다. 부모는 말없이 나를 지켜봐주었고, 자상했다. 어쩌면 대부분의 부모와 다를 바가 없었다. 나를 지하실에 가두지 않았고, 나를 '이놈'이라고 부르지도 않았다. 남자로 태어나서 남자답게 마음껏 뛰놀 수 있었다. 뒤에서 다시 말하겠지만, 어머니가 내게 몸에 꼭 끼는 여성용 바지를 입혀 학교에 보낸 적은 있다. 그것 말고는 정신적으로 거의 충격을 받지 않고 어린 시절을 보냈다.

성장 과정은 평탄했다. 특별히 고민하거나 땀 흘려 애쓰며 지낼 필요가 없었다. 누구에게나 흔한 일을 겪으며 지냈다. 따라서 내 이야기가 너무 밋밋하지 않을까 걱정이다. 하지만 넓은 안목에서 보면 내 삶에서 가장 무서우면서도 오싹하고 흥미진진했으며, 눈알이 튀어나올 정도로 놀랍고 유익했고, 유난히 욕심을 부리고 모든 일에 열심이었으며, 불안해하면서도 무사태평했고, 당황하면서도 차분하게 지냈지만, 한편으로는 무력하기만 한 시절이었다. 우연한 일치였는지 그때는 미국도 그랬다.

여기에 기록된 모든 이야기는 사실이며 실제로 있었던 일이다. 그러나 거의 대부분의 이름과 몇몇 세부적인 내용은 나중에 문제의 소지가 되지 않도록 바꿔놓았다. 또한 일부는 〈뉴요커〉에 약간 다른 형식으로 이미 소개된 내용이기도 하다.

언제나 그렇듯이 나는 많은 사람에게 큰 도움을 받았다. 이 기회를 통해 아오새프 아프잘, 매튜 앵거러, 찰스 엘리엇, 래리 핀레이, 윌 프랜시스, 캐롤 히튼, 제이 호닝, 패트릭 제이슨 스미스, 톰 존스와 낸시 존스, 프레드 모리스, 스티브 루빈, 매리언 벨먼스, 대니엘 와일즈에게 충심으로 감사의 뜻을 전한다. 아이오와 드레이크 대학교와 디모인 주립도서관의 직원들, 영국 더럼 대학교 도서관의 직원들에게도 진심으로 감사한다.

빈틈없고 사려 깊은 출판인으로, 잡지 〈소년생활〉을 내게 한 아름 안겨준 게리 하워드에게 특별히 감사하고 싶다. 그 잡지들은 내가 최근에 받은 선물 가운데 가장 뜻깊고 유용했다. 엄청난 양의 자료를 구해준 플로리다 사라소타의 잭 페베릴도 빼놓을 수 없다. 물론 내 가족, 특히 일일이 언급할 수 없을 정도로 큰 도움을 준 내 사랑하는 아내 신시아, 방대한 기록 문서를 구해준 형 마이클, 누구도 따라올 수 없을 만큼 정력적인 어머니 메리 맥과이어 브라이슨 여사에게도 고맙다는 말을 꼭 전해야 한다. 어머니가 없었더라면 이 책에 쓰인 어떤 이야기도 가능하지 않았을 테니까.

1 풍요의 시대

일리노이, 스프링필드(AP통신) - 어제 일리노이 주상원이 '효율성과 경제를 이유로' 효율성과 경제위원회를 해산시켰다. 〈디모인 트리뷴〉, 1955. 2. 6

1950년대 말, 캐나다 공군이 등척성 운동을 소개하는 소책자를 발간했다. 등척성 운동은 비록 짧은 기간이었지만 내 아버지에게 무척 사랑을 받은 운동이었다. 등척성 운동은 나무나 담처럼 단단한 물체를 이용하는데, 다양한 자세로 온 힘을 다해 압력을 가하면서 근육을 단련시켰다. 나무와 담은 어디에나 있기 때문에 값비싼 장비에 돈을 들일 필요가 없었다. 내 생각에는 그런 이유에서 아버지가 등척성 운동에 관심을 가진 듯하다.

안타깝게도 아버지는 비행기에서도 등척성 운동을 멈추지 않았다. 비행기로 여행할 때마다 무척 무거운 기계 장치를 옮기는 듯한 자세를 취하며 주방이나 비상구 근처의 공간을 찾아가 어깨나 등으로 비행기의 내벽을 힘껏 밀어냈다가 간혹 멈추고는 심호흡을 했다. 그러고는 나지막이 뭐라고 툴툴대면서 자리로 돌아왔.

그런 행동은 마치 비행기 벽에 구멍을 내려는 짓처럼 이해하기 힘들고 묘하게 보였기 때문에 자연스레 사람들의 관심을 끌었다. 근처 좌석에 앉은 승객들은 안경 너머로 아버지의 행동을 훔쳐보았다. 어떤 스튜어디스는 주방 밖으로 얼굴을 내밀고 아버지를 쏘아보았지만, 승객에게 요구받기 전에는 먼저 나서지 말라는 훈련 규칙을 상기해서였는지 극히 조심스런 눈빛이었다.

주변에 지켜보는 사람들이 있으면 아버지는 몸을 쭉 펴며 정겨운 미소를 지어 보였고, 등척성 운동에 담긴 매력적인 원칙을 개략적으로 설명하곤 했다. 때때로 아버지는 시범까지 해 보였다. 하지만 눈여겨 지켜보는 사람은 없었다. 희한하게도 아버지는 그런 상황에서도 전혀 당황하지 않는 듯했다. 하지만 상관없었다. 나는 그것만으로 우리 둘에게는 충분하다고 생각했다. 실은 우리 둘뿐만 아니라 다른 모든 승객, 항공사와 그 직원들, 우리가 비행하고 있던 주 전체에도 충분했다.

아버지의 이런 행동은 두 가지 이유에서 용납됐다. 하나는 아버지가 든든한 배경을 가진 데다 대부분의 시간에는 얼뜨기처럼 행동하지 않았기 때문이고, 다른 하나는 그런 여행의 목적이 언제나 메이저리그 경기가 개최되는 곳에 가서 시내의 큼직한 호텔에 여장을 풀고 야구 경기를 관람하는 것이었기 때문이다. 그런 이유로 많은 것, 아니 모든 것이 용서됐다. 아버지는 당시 미국에서 가장 유명한 신문 가운데 하나인 〈디 모인 레지스터〉의 스포츠 담당 기자였고, 중서부 지역을 여행할 때면 종종 나를 데리고 다녔다. 수 시티나 벌링턴 같은 곳에는 자동차를 타고 갈 때도 있었다. 그러나 여름이면 적어도 한 번은 번쩍이는 은빛의 커다란 비행기를 탔다. 당시에는 비행기를 타는 것만도 대단한 사건이었다. 우리는 뭉게구름을 뚫고 올라가 여름 하늘을 가르며 세인트루이스, 시카고, 디트로이트로 날아가서 홈플레이트 뒤편에 자리를 잡고 앉았다. 아버지에게 기자 일은 일종의 워킹 홀리데이였다.

다른 모든 스포츠와 마찬가지로 야구의 세계도 당시에는 아주 순박했다. 경기가 시작되기 전에 나는 아버지를 따라 클럽 하우스와 더그아웃, 심지어 운동장까지 들락거릴 수 있었다. 스탠 뮤지얼이 내 머리를 쓰다듬어주었고, 윌리 메이스가 캐치볼을 하다 놓친 공을 주워 그에게 건네주기도 했다. 하비 퀸이가 빌리 호프트에게는 쌍안경을 빌려줘서 경기장 상단에서 구경하는 풍만한 금발의 여자를 훔쳐보게 해주기도 했다. 무척 더운 7월의 어느 날 오후였다. 시카고 컵스의 홈구장인 리글리

필드의 좌익수 쪽 특별관람석 아래에 위치해 통풍이 거의 안 되는 클럽하우스에서 나는 컵스 팀의 주전 유격수인 어니 뱅크스 옆에 앉는 행운을 누렸다. 뱅크스는 새하얀 야구공에 사인을 하고 있었다. 그때 야구공은 세상에서 가장 향긋한 것 가운데 하나였기 때문에 시간을 그렇게 보내는 것이 조금도 아깝지 않았다. 나는 부탁을 받지도 않았는데 그의 옆에 다소곳이 앉아 새 공을 하나씩 건네주었다. 그 때문에 사인하는 시간이 더 길어졌다. 그러나 뱅크스는 공을 건네받을 때마다 빙긋이 미소를 지어 보이며, 내가 대단한 도움이라도 준 것처럼 고맙다고 말했다. 그는 내가 지금껏 만나본 사람 가운데 가장 멋진 사람이었다. 하나님과 친구라도 된 듯한 기분이었다.

가전 왕국

1950년대의 미국만큼 생동감 넘치고 즐거운 시간과 공간이 있었을까? 어떤 나라도 그런 번영을 누린 적이 없었다. 전쟁이 끝났을 때 미국 공장들의 가치는 260억 달러에 달했다. 전쟁 전에는 아예 존재하지도 않던 공장들이었다. 또 1,400억 달러의 저축과 전쟁 채권이 축적돼 있었고, 폭탄 피해도 없었다. 실질적인 경쟁 국가도 없었다. 미국 회사들은 탱크와 전함의 제조를 중단하고 뷰익과 냉장고를 만들기 시작했다. 그리고 아이들도 낳기 시작했다.

내가 이 세상에 툭 떨어진 1951년 즈음에는 약 90퍼센트의 미국 가정에 냉장고가 있었다. 또 4분의 3정도는 세탁기와 전화기, 진공청소기, 가스난로나 전기난로도 가지고 있었다. 대부분의 나라는 아직 꿈에서나 그리던 가전기구들이었다. 미국인이 세계 가전제품의 80퍼센트를 독차지하고, 전 세계 생산 능력의 3분의 2를 좌우했다. 또 세계에서 사용되는 40퍼센트 이상의 전기, 60퍼센트 이상의 원유, 약 66퍼센트의 철강을 생산했다. 세계 인구의 5퍼센트에 불과한 미국인의 재산이 나머지 95퍼센트 인구가 지닌 재산보다 많았다.

놀랍게도 이만한 재산은 거의 모두 미국에서 생산됐다. 예컨대 1954년 미국에서 판매된 750만 대의 신차 가운데 99.93퍼센트가 미국에서 미국인에 의해 제작됐다. 미국은 다른 나라의 도움을 받지 않고도 세계에서 가장 풍요한 나라가 됐다.

내가 태어나기 보름 전에 발간된 잡지 〈라이프〉에 실린 한 장의 사진(12쪽)보다 당시의 행복과 풍요를 실감나게 증명해주는 것은 없을 듯하다. 전형적인 블루칼라 가족이 1년간 소비하는 2.5톤의 먹을거리를 배경으로 오하이오 클리블랜드의 체칼린스키 가족(스티브와 스테파니 부부와, 그들의 두 아들인 스티븐과 헨리)이 찍은 사진이다. 205킬로그램의 밀가루, 32.5킬로그램의 버터, 14킬로그램의 닭고기, 136킬로그램의 쇠고기, 11킬로그램의 잉어, 65킬로그램의 햄, 17.7킬로그램의 커피, 313킬로그램의 감자, 660리터의 우유, 1,572개의 달걀, 180덩어리의 빵, 32리터의 아이스크림을 1주일에 25달러의 예산으로 구입할 수 있었다. 당시 체칼린스키 씨는 듀폰 공장에서 화물발송계원으로 일하며 시간당 1.96달러를 받았다. 1951년에 미국인은 유럽인보다 50퍼센트가량 더 많은 음식을 섭취했다.

모두가 행복하게 지냈다. 전에는 꿈도 꾸지 못하던 것을 가질 수 있었다. 그들에게 찾아온 행운이 믿기지 않을 정도였다. 그만큼 욕심도 지극히 단순하던 때였다. 따라서 토스터나 와플 굽는 틀을 장만하고 기뻐하던 마지막 세대이기도 했다. 큼직한 전기제품을 구입하면 온 동네 사람을 초대해서 구경시켰다. 내가 네 살인가 됐을 때 우리는 아마나 스토어 모아 냉장고를 샀다. 그 후로 거의 6개월 동안 그 냉장고는 우리 집 부엌에서 귀빈 대접을 받았다. 엄청나게 무겁지만 않았다면 아버지와 어머니는 그 냉장고를 부엌 식탁에라도 올려놓았을 것이다. 갑자기 손님이 찾아오면 아버지는 "여보, 아마나에 냉홍차가 있나?"라고 묻고, 손님에게는 "평소에는 있거든요. 저게 스토어 모어 냉장고랍니다."라고 의미심장하게 덧붙였다.

그럼 남자 손님들은 대개 "우아, 스토어 모어군요."라고 반응하며, 그 냉장고의 냉장 능력을 익히 알고 있는 사람처럼 눈썹을 치켜세웠다. 그러고는 "우리도 스토어 모어를 사려다가 결국 필리코 슈어 쿨 냉장고를 샀습니다. 앨리스가 이지 글라이드 야채 서랍을 마음에 들어했거든요. 또 냉동고에는 아이스크림을 거의 1리터나 넣을 수 있죠. 그게 웬델 주니어에서 만드는 냉장고의 장점이랍니다. 무슨 말인지 아시겠죠!"라고 덧붙였다.

모두가 식탁에 둘러앉아 냉홍차를 마시며 즐겁게 웃으면서 가전제품을 화제로 한 시간 남짓 얘기를 나누었다. 전에는 누구도 누리지 못한 행복한 시간이었다.

미래에 대한 기대감도 대단했다. 잡지마다 조만간 모든 해안에 해저 도시가 건설되고 거대한 유리를 씌운 우주 식민지가 세워질 것이라고 말했다. 또 원자력으로 달리는 기차와 비행기, 개인용 분사 추진기, 1인승 간이 헬리콥터인 자이로콥터, 배나 잠수함으로 변신하는 자동차, 우리를 학교와 사무실까지 편리하게 이동시켜줄 움직이는 인도, 매끄러운 초고속도로를 혼자서 운전하는 승용차가 개발될 것이라는 황홀한 기사도 있었다. 그렇게만 됐다면 엄마와 아빠 및 두 아이는 보드 게임을 즐기거나 지나가는 자이로콥터에 손을 흔들어주었을 테고, 아니면 편하게 앉아서 1950년대에는 존재했지만 그 이후로 사라진 멋진 단어들을 주고받았을 것이다. 예컨대 등사기, 불고기 집, 속기사, 아이스박스, 구멍가게, 순무, 스튜드베이커, 팬티 훔치기, 바비 삭스(소녀용 짧은 양말-옮긴이), 스푸트니크, 비트족, 카드놀이의 일종인 커내스터와 피노클, 시네라마, 무스 로지, '아저씨'를 뜻하는 대디 오(daddy-o)······.

해저 도시와 혼자서 운전하는 자동차가 개발되기를 기다릴 수 없던 사람들을 위해 당장에 이용할 수 있는 자그마한 편의품이 속속 등장했다. 가령 1956년 12월에 〈포퓰러 사이언스〉란 잡지의 광고에 소개된 상품들을 모두 이용했다면 복화술을 독학할 수 있었고, 고기 써는 방법은 오하이오의 톨레도에 있던 국립 정육학교에서 통신을 이용하거나 직접 등록해서 배울 수 있었다. 또 집집이 방문해서 스케이트 날을 갈아주는 수지맞는 사업을 시작하거나, 가정용 소화기를 판매하는 사업에 뛰어들 수도 있었다. 단절의 문제를 단숨에 해결할 수도 있었다. 예컨대 라디오를 조립하거나 수리하고, 무선을 통해 다른 나라, 어쩌면 다른 행성에 사는 생명체에게 이런저런 얘기를 전할 수도 있었다. 또 성격을 개선하고 주변 사람에게 인정을 받는 방법이나, 남자다운 몸매를 가꾸는 방법을 배울 수도 있었다. 춤을 배우고, 돈벌이를 위한 개인용 문방용품을 만들며, 집에서 여가 시간을 활용해 론 피겨(lawn figure) 등 새로운 장식물을 만들어 '큰돈'을 벌 수도 있었다.

누가 봐도 남달리 똑똑하던 내 형은 목소리를 우렁차게 만드는 법을 가르쳐준다는 조그만 책을 샀다. 그때부터 형은 입을 꼭 다물고 도무지 알아들을 수 없는 말을 해대고 나서, 잽싸게 옆으로 비켜서며 "저 멀리서 나는 소리처럼 들리지 않니?"라고 물었다. 또한 형은 65센트와 우송료만 부담하고 컬러텔레비전을 즐기라는 〈메카닉스 일러스트레이트〉에 실린 광고에 혹해서 주저 없이 그 물건을 주문했다. 그리고 4주 후 형은 우편으로 투명한 컬러 플라스틱판을 받았다. 그 플라스틱판을 텔레비전 화면에 테이프로 붙이면 화면이 컬러로 보인다는 설명서와 함께!

이미 돈을 써버린 뒤라 그랬는지 형은 조금도 실망스런 기색을 내비치지 않았다. 사람의 얼굴이 플라스틱판에서 분홍색 부분으로 움직이거나 잔디밭이 화면에서 초록색 부분과 짧은 순간이나마 일치하면, 형은 펄쩍 뛰면서 "봐, 저것 보라고! 컬러텔레비전이 저렇게 보일 거야. 이건 실험용일 뿐이지!"라고 소리쳤다.

컬러텔레비전은 그로부터 거의 10년이나 지난 후에야 우리 동네에 첫 선을 보였다. 세인트존스 로드에 살던 키슬러 씨가 거금을 주고 RCA의 주력 상품인 RCA 빅터 콘솔레트를 산 덕분이었다. 키슬러 씨의 텔레비전은 그 후로도 2년 동안 우리 동네에서 하나밖에 없는 개인 소유의 컬러텔레비전이었다. 그 때문에 컬러텔레비전은 우리에게 더욱 신기하게 보였다. 토요일 저녁이면 동네 아이들이 몰래 키슬러 씨의 마당으로 숨어들어 꽃밭을 밟고 서서 이중창 너머로 〈내 살아 있는 인형〉이란 프로그램을 훔쳐보았다. 키슬러 씨는 다양한 연령에 덩치도 제각각인 스무 명 남짓의 아이들이 숨을 죽이고 그와 함께 텔레비전을 본다는 사실을 전혀 몰랐거나, 성적 매력이 철철 넘치는 줄리 뉴마(Julie Newmar)가 화면에 비칠 때마다 그녀에게 홀딱 빠져 자위행위를 하지 않았을까 싶다. 내 눈에는 그것도 일종의 등척성 운동으로 보였다.

전설의 홈런

아버지는 1945년부터 은퇴할 때까지 거의 40년 동안 해마다 〈레지스터〉의 기자로 월드 시리즈를 취재하러 다녔다. 월드 시리즈 취재는 한 해의 가장 중요한 일이었다. 물론 디모인에 비하면 거의 모든 도시가 국제적이고 재밌는 곳이랄 수 있지만, 월드 시리즈 기간이면 아버지는 미국에서 가장 국제적이고 재밌는 도시에서 2주일 동안 마음껏 돈을 쓰며 신나게 지냈을 뿐 아니라, 야구사에서 가장 기억에 남을 만한 순간을 직접 목격하기도 했다. 1947년 조 디마지오의 빨랫줄 같은 타구를 기적같이 한 손으로 잡아낸 알 지온프리도, 1956년 퍼펙트게임을 해낸 돈 라슨 투수, 1960년 팀을 월드 시리즈 우승으로 이끈 빌 마제로스키의 홈런……. 이런 기록들이 오늘날의 사람들에게는 별다른 감흥이 없겠지만, 당시에는 온 나라를 흥분의 도가니로 몰아넣은 순간들이었다.

당시 월드 시리즈는 낮에 경기를 했다. 따라서 월드 시리즈를 보려면 학교를 아예 빼먹거나, "엄마, 선생님이 요즘 결핵이 되게 유행한대요."라고 말하면서 폐병에라도 걸린 척해야 했다. 라디오나 텔레비전이 켜진 곳이면 어디든 사람들이 모여들었다. 월드 시리즈 경기의 일부, 예컨대 점심 시간을 틈타 반 이닝이라도 듣거나 보면 남몰래 못된 짓이라도 저지른 듯 전율이 느껴졌다. 더구나 기념비적 기록이 세워지는 순간을 함께하면 평생 동안 그 기억을 간직했다. 아버지는 그런 기록이 세워지는 순간마다 현장에 있는 불가사의한 재주가 있었다. 따라서 1951년 시즌을 마무리 짓던 때부터 우리 얘기를 시작하는 것이 가장 나을 듯하다.

내셔널 리그에 속한 브루클린 다저스는 리그 우승을 향해 순항하고 있었다. 다저스와 뉴욕을 양분하던 경쟁 팀 자이언츠가 8월 중순쯤 갑자기 비실비실하더니 거의 회복 불가능한 지경으로 추락했다. 당시 야구는 지금으로서는 상상도 할 수 없을 정도로 미국의 심리 세계를 지배했다. 물론 프로 풋볼과 프로 농구가 있었지만, 야구 시즌이 다시 시작될 때까지 추운 겨울을 지내는 데 약간의 도움을 주는 사소한 볼거리 수준에서 벗어나지 못했다. 슈퍼볼은 그로부터도 한참 후에야 생겼다. 월드 시리즈는 전 국민의 이목을 사로잡는 유일한 스포츠 경기로서, 그 기간은 1년에 한 번씩 엄마들까지 스포츠 세계가 어떻게 굴러가는지 알게 되는 시기이기도 했다. 그런데 월드 시리즈에 진출하려는 팀 간의 경쟁이 1951년의 늦여름과 초가을만큼 미국인의 관심을 끌어 모은 때는 드물었다.

맥없는 경기를 벌이던 자이언츠가 갑자기 분발하기 시작했다. 자이언츠는 막판 44경기 중 37경기에서 승리하며, 한때 파죽지세로 선두를 달리던 다저스를 위협하기 시작했다. 9월 중순에 이르자 화제는 단연 다저스가 선두를 계속 유지할 수 있을까에 모였다. 전국의 야구팬은 열기와 흥분에 사로잡혔다. 마지막 날 경기를 치른 후에야 안개가 걷혔다. 공교롭게도 두 팀의 기록이 똑같았다. 따라서 우승팀을 결정짓기 위한 플레이오프로 세 경기가 황급히 계획됐다. 플레이오프가 예기치 않게 예정되는 바람에 〈레지스터〉도 다른 신문사들과 마찬가지로 기자를 곧바로 파견하지 못했고, 시리즈가 본격적으로 시작하기 전까지는 뉴스 통신사의 보도에 의존하기로 결정했다.

플레이오프 덕분에 미국인은 짜릿한 흥분을 사흘이나 더 즐길 수 있었다. 두 팀은 처음 두 경기를 나눠 가졌다. 따라서 세 번째 경기가 우승팀을 가리는 결정전이 됐다. 마침내 다저스가 불패의 정신을 회복한 듯이 8회까지 4대 1로 리드해갔고, 우승을 위해 세 번의 아웃만을 남겨두었다. 그러나 9회에 들어 자이언츠가 1점을 만회했다. 두 명의 주자를 둔 상황에서 바비 톰슨이 타석에 들어섰다. 그날 가을의 어둠이 내리기 시작할 즈음, 톰슨은 여러 차례에 걸쳐 야구사에서 가장 감격스런 순간으로 뽑힌 극적인 홈런을 쳤다.

당시 경기를 관전한 한 사람은 "어제 다저스의 구원투수로 나선 랠프 브랑카의 투구는 역사를 만들었다. 하지만 안타깝게도 상대 선수를 영웅으로 만들어준 역사였다. '플라잉 스코츠맨(런던과 에든버러를 운행하는 급행열차의 애칭-옮긴이)' 바비 톰슨이 브랑카의 두 번째 공을 때려 왼쪽 담장을 넘겨버렸다. 승부를 결정짓는 홈런으로 너무나 감격스런 데다 순식간에 일어난 일이라, 야구장에는 순간 정적이 감돌았다."라고 말했다.

또 그는 "기적이 일어나자, 40년 역사를 자랑하는 자이언츠의 홈구장 폴로 그라운즈의 관중석이 무너질 듯 흔들렸다. 자이언츠는 야구사에서 다시는 일어나지 않을 법한 역전극을 이뤄내며 마침내 시리즈 우승까지 차지했다."라고 덧붙였다.

이 글을 쓴 사람은 내 아버지였다. 아버지는 톰슨이 위대한 기록을 세우는 현장에도 어김없이 함께했다. 짠돌이로 악명 높은 〈레지스터〉의 경영진을 어떻게 구워삶았는지, 아버지는 그 결정적인 경기를 취재하러 디모인에서 1,822킬로미터나 떨어진 뉴욕까지 날아갈 수 있었다. 신중하기만 하던 수십 년간의 운영 방식에 비춰보면 무모하기 이를 데 없는 파견이었다. 또 아버지가 그처럼 뒤늦게 출입증을 얻어 어떻게 기자석에 앉을 수 있었는지도 수수께끼일 뿐이다.

그러나 그때 아버지는 그 현장에 있어야만 했다. 아버지의 운명이기도 했다. 그렇다고 아버지가 현장에 있었기 때문에 바비 톰슨이 홈런을 쳤다고 말하는 것은 아니다. 또 내 아버지가 거기에 없었더라면 톰슨이 홈런을 치지 못했을 거라고 말하고 싶지도 않다. 다만 내 아버지가 거기에 있었고, 바비 톰슨도 거기에 있었으며, 홈런도 있었다고 말할 뿐이다. 그렇지 않았다면 그 무엇도 가능하지 않았을 거라고도.

아버지는 월드 시리즈를 취재하기 위해 뉴욕에 계속 머물렀다. 월드 시리즈에서는 양키스가 자이언츠를 4대 2로 쉽게 물리쳤다. 그래도 그해 가을에 모든 미국인을 하나로 모으고 그들에게 짜릿한 흥분을 안겨준 시리즈였다. 그 후 아버지는 디모인으로 돌아와 평소처럼 조용하게 지냈다. 그로부터 한 달쯤 지난 12월 초의 어느 쌀쌀하고 눈이 내리는 날, 그의 부인은 머시 종합병원에 입원해서 거의 진통 없이 남자 아이를 낳았다. 그들에게는 세 번째 아이이자 두 번째 아들이었으며, 첫 번째 영웅이었다. 그 아들에게는 아버지의 이름을 따서 윌리엄이란 이름이 지어졌다. 그러나 그들은 막내를 빌리라 불렀다. 막내가 나이를 먹어 빌리라고 부르지 말라고 요구할 때까지.

1951년, 올해의 뉴스

1951년은 야구사에서 가장 멋진 홈런이 기록되고 나, 선더볼트 키드(Thunderbolt Kid)가 태어난 사건을 제외하면 미국에서 크게 주목받을 만한 일이 벌어지지 않은 해였다. 대통령은 해리 트루먼이었지만, 곧 드와이트 D. 아이젠하워에게 물려줘야 할 처지였다. 한국전쟁이 최고조에 달했고, 전망도 불투명했다. 줄리어스와 에설 로젠버그 부부가 소련을 위해 암약한 간첩죄로 기소됐지만, 그로부터 2년 동안 교도소에 감금된 후에야 전기의자로 보내졌다. 한편 캔자스의 토피카에서는 올리버 브라운(Oliver Brown)이란 점잖은 흑인이 지역 교육위원회에 소송을 제기했다. 교육위원회가 겨우 7블록 거리의 어엿한 백인 학교를 놔두고 자신의 딸을 21블록이나 멀리 떨어진 흑인만의 학교에 배정했다는 이유였다. 이는 훗날 '브라운 대 교육위원회' 사건으로 기록되며 현대 미국사에 가장 큰 영향을 미친 사건의 하나가 됐지만, 당시에는 3년 후 연방대법원에 올라갈 때까지 법조계 밖으로는 거의 알려지지 않았다.

1951년 미국의 인구는 약 1억 5,000만 명으로, 오늘날 인구의 절반이 약간 넘는 수준이었다. 주간(州間) 고속도로도 없었고, 자동차 수도 지금의 4분의 1에 불과했다. 남자는 어딜 가나 모자를 쓰고 넥타이를 맸으며, 여자는 끼니때마다 이것저것을 그러모아 식사를 준비했다. 우유는 병에 담겨 팔렸고, 우체부는 걸어 다녔다. 정부의 연간 세출이 지금은 2조 5,000억 달러에 이르지만 당시에는 500억 달러에 불과했다.

텔레비전 시트콤 〈아이 러브 루시〉가 1951년 10월 15일에 처음 방영됐고, 노래하는 카우보이 로이 로저스(Roy Rogers)가 12월에 데뷔했다. 그해 가을 테네시의 오크리지에서는 경찰이 마약을 소지한 혐의로 한 청년을 체포했다. 그 청년의 몸에서 의심스런 갈색 가루가 발견됐기 때문이다. 그러나 그 물질이 인스턴트커피라고 하는 새로운 상품이라는 사실이 밝혀지면서 그 청년은 석방됐다. 그 밖에 새롭거나 아직 발명되지 않은 것으로는 볼펜, 패스트푸드, 즉석 냉동식품, 전기 깡통따개, 쇼핑몰, 무료 간선도로, 슈퍼마켓, 교외의 스프롤 현상, 가정용 에어컨, 파워 핸들, 자동 변속장치, 콘택트렌즈, 신용카드, 카세트테이프 녹음기, 음식 찌꺼기 처리기, 식기 세척기, LP음반, 세인트루이스 서쪽의 야구팀들, 수소폭탄 등이 있었다. 전자레인지는 있었지만 무게만 315킬로그램에 달했다. 제트기를 이용한 이동, 벨크로라는 나일론제 접착포, 트랜지스터 라디오, 작은 건물보다 조금 작은 컴퓨터도 한참 후에야 등장했다.

핵전쟁은 많은 사람에게 큰 근심거리였다. 12월 5일, 뉴욕의 거리가 7분 동안 텅 비면서 을씨년스럽게 변했다. 〈라이프〉의 표현을 빌리면, 뉴욕 시가 '원자 시대를 맞아 대규모 공습 훈련'을 실시한 때문이었다. 사이렌이 쉴 새 없이 울렸고, 시민들은 지정된 대피소로 뛰어갔다. 하지만 실은 시시덕대며 걸었고, 사진 기자가 요구하는 포즈를 취해주기도 했다. 또 대피소라 해봤자 그런대로 튼튼하게 지어진 건물의 내부에 불과했다. 〈라이프〉에는 산타클로스가 마시 백화점에서 아이들을 데리고 흥겹게 대피소로 향하고, 비누 범벅인 남자들과 이발사들이 이발소에서 떼 지어 몰려나오는 사진이 실렸다. 또 수영복을 입은 늘씬한 모델들이 사진을 찍다 말고 스튜디오에서 나와 쌀쌀한 날씨에 부들부들 떨고 실망한 체하면서도, 〈라이프〉의 사진이 그들의 경력에 손해날 리 없다는 점을 아는 탓인지 즐거운 표정을 감추지 못했다. 식당 주인만은 공습 훈련에서 면제를 받았다. 훈련에 참가한다는 이유로 돈을 안 내고 식당을 나간 손님이 훈련을 끝내고 식당에 다시 돌아올 가능성은 극히 희박했기 때문이다.

디모인에서는 이와 비슷한 일제 검거가 최대 규모로 실감나게 실시됐다. 그때 경찰은 시내 7번가의 카길 호텔에서 아홉 명의 여자를 매춘죄로 체포했다. 군사 작전을 방불케 했다. 80명의 경찰이 자정 직후에 카길 호텔을 폭풍처럼 습격했지만, 그 호텔에서 상주하던 매춘부들을 어디에서도 찾아내지 못했다. 무려 여섯 시간이나 샅샅이 수색한 끝에 경찰은 2층 벽 뒤로 움푹 팬 굴 같은 곳에서 그들을 찾아낼 수 있었다. 아홉 명의 여자들이 거의 발가벗은 채 그 비좁은 곳에서 바들바들 떨고 있었다. 모두가 매춘죄로 체포돼 각자 1,000달러의 벌금형을 받았다. 경찰이 발가벗은 남자를 찾아야 했더라면 그렇게 집요하게 수색했을까?

1951년 12월 8일은 미국이 제2차 세계대전에 참전한 지 10주년이 되는 날이었고, 일본이 진주만을 기습한 지 10년에서 하루가 지난 날이기도 했다. 아이오와 주 한가운데에 위치한 디모인은 춥고 눈까지 조금 내렸다. 최고 온도가 영하 2도였다. 그러나 눈을 잔뜩 머금은 눈구름이 서쪽에서 다가오고 있었다. 인구 20만의 도시 디모인은 그날 남자 일곱과 여자 셋의 시민 열 명을 새로 얻었고, 두 명을 사망으로 잃었다.

크리스마스 분위기가 한창이었다. 그해 크리스마스 광고에도 번영의 기운이 완연했다. 호랑가시나무의 잔가지 모양으로 장식된 담배를 비롯해 크리스마스를 상징하는 장식물이 무척 인기였다. 온갖 종류의 전기제품은 말할 것도 없었다. 특히 가정용 전기제품이 폭발적인 인기를 누렸다. 그해 아버지는 어머니에게 손으로 조작하는 얼음 분쇄기를 사주었다. 칵테일용 얼음을 만들기에 안성맞춤이라는 분쇄기였지만, 20분 정도 핸들을 힘차게 돌리면 적당한 크기의 얼음 덩어리가 차가운 물로 변해버렸다. 그 얼음 분쇄기는 1951년 12월 31일 이후로 한 번도 사용되지 않았지만, 1970년대 중반까지 우아한 모습으로 부엌 조리대의 한 구석을 차지하고 있었다.

그러나 생글거리는 광고들과 행복한 기사들 사이에는 근심의 기운이 짙게 드리워져 있었다. 그해 가을 〈리더스 다이제스트〉는 '누가 아이들의 마음을 사로잡는가?'라는 질문을 던지며, 공산주의에 공감하는 교사들이라는 결론을 내렸다. 또 소아마비가 창궐하는 바람에 잡지 〈아름다운 집〉까지 아이들을 소아마비의 위험에서 구해낼 방법에 대한 기사를 게재할 정도였다. 음식물을 덮어두고, 찬물에 들어가지 말며, 젖은 수영복을 입지 말고, 충분한 휴식을 취하라는 충고가 주어졌다. 특히 '새 식구를 받아들일 때' 조심하라는 충고까지 있었다. 이처럼 많은 요령이 소개됐지만 어떤 방법도 큰 효과를 거두지는 못했다.

잡지 〈하퍼스Harper's〉는 12월호에서 낸시 매비티(Nancy B. Mavity)의 기사를 통해, 더 풍족한 삶을 위해 남편과 아내 모두가 밖에서 일하는 맞벌이 부부 가족이라는 새로운 사회현상을 다루며 장래의 경제를 비관적으로 전망했다. 매비티가 걱정한 것은 자식의 양육과 집안일 이외에 직장의 요구까지 감당해야 하는 여자의 상황이 아니라, 맞벌이 부부가 확산될 때 가족의 부양자라는 남자의 전통적 위치에 어떤 영향을 미치겠느냐 하는 점이었다. 한 남자는 매비티에게 "집사람에게 일을 시키다니, 부끄럽군요!"라고 신랄하게 말했다. 기사의 어조로 판단하건대 매비티는 대부분의 독자가 이 말에 공감해주길 기대한 듯하다. 이상하게 들리겠지만 제2차 세계대전 전까지는 미국에서도 많은 여자가 원하든 원하지 않든 밖에서 일을 할 수 없었다. 진주만 피습이 있을 때까지도 48개의 주 가운데 절반이 기혼녀를 고용하는 것을 불법으로 정했다.

이런 점에서 아버지는 무척 진보적인 남자였다. 이런 아버지에게 나는 뜨거운 박수라도 보내고 싶은 심정이다. 어머니의 돈 버는 능력을 아버지는 기꺼이 지원했다. 어머니는 〈디모인 레지스터〉에서 가정 담당 편집자로 일하며, 두 세대의 가정주부에게 차분한 자신감을 심어주는 역량을 유감없이 발휘했다. 예컨대 침실 커버를 페이즐리 천으로 바꿀 때가 됐는지, 소파 쿠션으로 각진 것이 좋은지 둥근 것이 어울리는지, 심지어 자신의 집이 기준에 맞는지 등을 알고 싶어하는 주부들에게 조언을 아끼지 않았다. 어머니는 나를 낳기 위해 잠시 동안 사라지기 전에 마지막으로 쓴 기사에서 "이곳에서는 지붕물매가 올라간 단층집이면 충분하다."라고 말하며, 서쪽 교외에 사는 거주자들의 시름을 크게 덜어주었다.

아버지와 어머니가 함께 일한 덕분에 우리는 사회·경제적 배경이 비슷한 대부분의 가정보다 풍족하게 지냈다. 요컨대 1950년대 디모인에 거주한 대부분의 사람보다 풍족하게 살았다. 우리, 즉 내 부모와 마이클 형과 메리 엘리자베스 누나, 그리고 나는 웬만한 부모의 직장 동료들보다 널찍한 터에 자리 잡은 큰 집에서 살았다. 동네에서 가장 좋은 쪽으로 그늘진 언덕 꼭대기에 자리 잡고 하얀 나무 벽을 덧댄 집으로, 창문마다 검은 덧문이 있었다. 또 현관에는 햇볕과 비를 가리는 커다란 지붕도 있었다.

누나와 형은 나보다 나이가 꽤 많았다. 내가 태어났을 때 누나는 다섯 살, 형은 아홉 살이었다. 따라서 내 눈에는 둘 다 어른으로 보였다. 이처럼 나이 차이가 많이 나는 탓에 어린 시절에 그들과 함께 지낸 적은 거의 없었다. 태어나서 처음 수년 동안 나는 조그만 방을 형과 함께 썼다. 우리는 무척 사이좋게 지냈다. 형은 감기를 달고 살았고 알레르기에 시달렸다. 그래서 콧물을 닦은 손수건을 쉽게 눈에 띄지 않는 곳이면 아무 데나, 예컨대 매트리스 밑에, 소파 쿠션 사이에, 커튼 뒤에 슬쩍 밀어 놓았다. 그런 손수건이 족히 400장은 넘는 듯했다. 내가 아홉 살이 되자 형은 집을 떠나 대학교에 진학했고, 대학을 졸업한 후에는 뉴욕 시에서 저널리스트로 활동하며 고향에 돌아오지 않았다. 형이 떠난 후로 나는 그 방을 독차지하게 됐는데, 고등학생이 돼서도 나는 형이 남긴 손수건을 어딘가에서 찾아냈다.

소박한 가정의 부엌 풍경

어머니는 일을 한 까닭에 집안을 꾸려가는 데, 특히 저녁 식사를 준비하는 데 적잖은 압박을 받았다. 이것 말고는 별다른 문제가 없었다. 그런데 솔직히 말해서 어머니는 요리 솜씨가 별로 없었다. 게다가 어머니는 항상 늦어서 허둥거렸고, 심각할 정도로 건망증이 심했다. 매일 저녁 6시 10분 전쯤에는 옆으로 비켜서 있어야 했다. 그즈음에 어머니가 뒷문으로 총알처럼 튀어 들어와 오븐에 뭔가를 던져 넣고는, 저녁마다 한 아름씩 안겨지는 온갖 집안일을 시작했다. 그래서 어머니는 너무 늦어서 되돌릴 길이 없을 때까지 오븐에 던져둔 것을 잊기 일쑤였다. 결국 오븐에서 감자 터지는 소리가 들려올 때가 저녁 식사를 하는 시간이었다.

그래서 우리끼리는 우리 집 부엌을 부엌이라 부르는 대신 '화상 병동'이라 불렀다.

"약간 탔구나."

어머니는 식사 때마다 미안한 듯 이렇게 말하며, 비극적인 주택 화재에서 겨우 살아난 것, 예컨대 몹시 사랑받는 애완동물처럼 변해버린 고깃덩이를 우리에게 내밀었다. 그리고 한때는 새빨갛던 살덩어리가 새까만 숯으로 변한 것을 무시하고, "하지만 탄 데만 벗겨내면 괜찮을 거야."라고 덧붙였다.

다행히 이렇게 탄 음식도 아버지의 입맛에는 맞았던 모양이다. 아버지의 입천장은 두 가지 맛, 즉 탄 음식과 아이스크림의 맛밖에 몰랐다. 따라서 거무튀튀하고 기겁할 정도로 탄내가 나지 않으면 아무 불평도 하지 않았다. 정말 아버지와 어머니는 하늘이 맺어준 부부였다. 누구도 내 어머니처럼 음식을 태울 수 없을 테고, 내 아버지처럼 탄 음식을 맛있게 먹을 수 있는 사람도 드물 것이기 때문이다.

〈아름다운 집〉〈집과 정원〉〈집과 정원을 더 예쁘게〉〈훌륭한 살림살이〉 등의 살림살이에 관련된 잡지들을 사는 것도 어머니 일의 일부였다. 나는 그런 잡지들을 욕심 사납게 읽어댔다. 잡지들이 사방에 널린 데다 집에서 심심하면 뭔가를 읽으며 시간을 보냈기 때문이기도 하지만, 그 잡지들에 소개된 삶이 우리 삶과 확연히 달랐기 때문이다. 어머니가 읽는 잡지에 소개된 가정주부들은 한결같이 침착하고 정리정돈을 잘했으며, 차분하기까지 했다. 게다가 음식 솜씨도 훌륭했다. 그들의 삶은 완벽했다. 깔끔하게 옷을 입고 오븐에 든 음식을 적절한 때 꺼냈다! 화덕 위의 천장에 검은 얼룩도 없었고, 어딘가에 처박혀 잊힌 냄비도 없었으며, 그런 냄비의 가장자리에 음식물이 흘러넘쳐 생긴 찐득거리는 것은 더더욱 없었다. 또 오븐 문을 열 때마다 아이들에게 멀찌감치 물러서라고 명령할 필요도 없었다. 스펀지케이크에 아이스크림을 얹고 오븐에서 살짝 구운 디저트인 베이크트 알래스카, 셰리주나 브랜디를 섞어 만든 진한 생크림 소스로 조리한 새우 요리인 랍스터 뉴버그, 통닭을 토마토와 향초(香草)와 조미료 등으로 조리한 치킨 카차토레 등 그들이 만드는 음식은 아이오와에서는 꿈도 꿀 수 없고 맛보기는 더더욱 힘든 요리였다.

1950년대 아이오와에서 살던 대부분의 사람이 그랬듯이, 우리도 집에서 식사할 때는 무척 조심했다.* 드물기는 했지만 비행기나 기차에서 흔히 못 보던 음식을 접하거나 아이오와 출신이 아닌 사람이 요리한 음식을 대접받을 때면, 나이프로 조심스레 들춰보며 위험하지는 않은지 음식을 이리저리 살펴보는 버릇이 있었다. 언젠가 샌프란시스코에 취재를 갔을 때 아버지는 친구들의 손에 이끌려 중국 식당에 간 적이 있다. 그 후 집에 돌아와서 아버지는 죽음의 문턱에라도 다녀온 듯이 침울한 목소리로 당시 상황을 우리에게 얘기해주었다.

"글쎄, 그들은 막대기로 밥을 먹더구나."

---

* 실은 미국 대부분의 사람이 그랬다. 당시 유명한 음식 평론가로 《맛있는 음식을 찾아서》를 써서 크게 성공을 거둔 던컨 하인즈(Duncan Hines)는 신중하게 먹는 사람이라 자처하며, 피할 수만 있다면 프랑스 이름을 가진 음식을 결코 먹지 않는다고 자랑스레 말했다. 또 하인즈는 일흔 살이 돼서야 유럽 여행 차 미국 땅을 처음 벗어났다며 허세를 부렸고, 유럽에서 본 것, 특히 음식은 별로 마음에 들지 않았다고 말했다.

어머니가 소리쳤다.

"저런!"

아버지는 단호한 목소리로 덧붙였다.

"다시 그런 식당에 가느니, 가스 괴저병에 걸리는 편이 차라리 낫겠다!"

우리 집에서 결코 먹지 않은 음식을 나열해보면,

- 국수, 쌀, 흰 생치즈, 샤워 크림, 마늘, 마요네즈, 양파, 콘비프, 쇠고기 훈제, 마늘로 양념한 이탈리아식의 살라미 소시지, 그리고 프렌치토스트를 제외한 모든 외국 음식
- 흰색이 아니고 65퍼센트 이상 부풀지 않은 빵
- 소금과 후추와 단풍나무 당밀을 제외한 모든 향료
- 금요일(어머니의 기억에는 금요일이었다)에는 직사각형이 아닌 형태를 띠고 밝은 오렌지색 빵가루를 입히지 않은 생선을 먹지 않았다. 그러나 이 세 조건에 모두 들어맞는 날은 별로 없었다.
- 캠벨 사에서 만들지 않은 모든 스프와, 캠벨 사의 일부 스프
- '폰'이나 '검보'처럼 의심스런 지역 이름이 들어간 음식
- 역사적으로 노예나 농부가 좋아했던 음식

카레, 엔칠라다(옥수수 가루에 고추로 양념한 파이의 일종–옮긴이), 두부, 베이글, 생선 초밥, 쿠스쿠스, 요구르트, 케일, 아루굴라, 파르마 햄, 얼굴이 비칠 정도로 샛노랗고 반들거리지 않는 치즈 등 그때까지 우리에게 알려지지 않거나 발명되지 않은 음식들도 먹지 않은 것은 당연했다. 우리는 정말로 소박하고 순진했다. 나이가 꽤 들고 나서야 새우 칵테일이

내가 상상하던 것처럼 칵테일에 새우를 넣어 식전에 마시는 알코올성 음료가 아니라는 사실을 알고 깜짝 놀랐던 기억이 아직도 새롭다.

우리 끼니는 주로 먹다 남은 음식이었다. 어머니가 한 번 식탁에 오른 음식을 어디에서 그렇게 찾아내는지 모를 지경이었다. 쉽게 상하는 유제품을 제외하고 냉장고 안을 채운 내용물들은 모두 이 땅에서 나보다 먼저 생긴 것이었다. 심지어 나보다 몇 년 더 묵은 것도 있었다. 새삼스레 말할 것도 없겠지만, 냉장고에서 가장 오래된 것은 금속 깡통에 든 프루트케이크로 미국이 독립하기 전에 만들어졌다. 어머니가 1940년대에 배운 요리법을 냉장고 뒤에 몰래 감춰두고 평생을 써먹은 게 아닌가 추측할 뿐이다. 내가 알기로 어머니는 음식을 버리는 법이 없었다. 뚜껑을 열고 안에 든 음식의 냄새에 움찔해서 한 걸음 이상을 뒷걸음질칠 정도가 아니면 먹어도 괜찮다는 걸 경험적으로 터득한 듯했다.

대공황을 겪으며 성장한 아버지와 어머니는 무엇이든 버리지 않을 수만 있다면 버리지 않는 것을 원칙으로 삼았다. 어머니는 종이 접시까지 물로 씻어 말려 다시 이용했고, 은박지는 쭉쭉 펴서 재활용했다. 우리 접시에 콩 한 알이라도 남으면, 그 콩은 다음 끼닛거리가 됐다. 우리 집 설탕은 식당에서 코트 주머니에 몰래 감춰서 갖고 나온 것으로 충당했다. 잼과 젤리, 소금기 있는 크래커와 타르타르소스, 케첩과 버터의 일부, 냅킨도 마찬가지였다. 드물기는 했지만 재떨이까지 몰래 가져오기도 했다. 한마디로 식당 테이블에 오른 모든 것이 우리 집으로 옮겨졌다. 단풍나무 당밀이 일회용 작은 포장으로 제공되기 시작하면서, 아버지와 어머니는 삶에서 가장 행복한 순간을 맞은 듯했다. 우리 집 재산에 더할 것이 하나 더 생겼으니까!

어머니는 싱크대 아래에 온갖 단지를 모아두었다. 그중에는 '토이티' 단지로 알려진 것도 있었다. 우리 집에서 토이티는 '오줌'을 뜻했다. 외출를 해야 하는데 공교롭게도 '누군가'가 갑자기 오줌을 누고 싶다고 말할 때마다 토이티 단지가 사용됐다. 여기서 누군가라고 말하긴 했지만 그 누군가는 당연히 가장 어린 막내, 즉 나를 뜻한다.

어머니는 근심 어린 눈빛으로 부엌 시계를 쳐다보며 약간 짜증스런 목소리로 "그럼 토이티 단지에 누렴." 하고 말하곤 했다. 나는 한참의 시간이 지나서야, 토이티 단지가 같은 적이 거의 없다는 걸 깨달았다. 곰곰이 생각해보면, 어머니는 토이티 단지를 한 번 쓰고 버리고 새 단지로 바꿔놓았던 게 아닌가 싶다. 결국 우리는 수백 개의 토이티 단지를 샀다는 뜻이다.

따라서 어느 날 저녁에 이등분한 복숭아를 또 먹으려고 냉장고를 뒤지다가 우리 모든 식구가 하루 전에 내 오줌을 담았던 단지에서 디저트를 꺼내 먹고 있다는 사실을 알게 된 내가 얼마나 놀라고 당황했는지는 누구라도 쉽게 상상할 수 있을 것이다. 나는 단번에 그 단지를 알아봤다. 그도 그럴 것이, 그 단지에는 조로의 표식을 떠올리게 하는 Z 모양의 상표가 새겨져 있었다. 더구나 내 몸의 소중한 감로수로 단지를 채우면서 내가 기쁜 마음으로 눈여겨봤던 것이 아닌가! 물론 누구에게도 들리지 않게 누기는 했지만. 그런데 그 단지에 우리가 디저트로 먹던 복숭아가 담겨 있었다. 어머니가 주유소에서 남자들과 시시덕대는 장면을 찍은 사진을 봤더라도 그 정도로 놀라지는 않았을 것이다. 나는 그 단지를 들고 식당 문 쪽으로 가면서 어머니에게 말했다.

"엄마, 이거 토이티 단지인데요."

어머니는 나를 쳐다보지도 않고 거침없이 대답했다.

"아니다, 아가야. 토이티는 특별한 단지란다."

아버지가 재밌다는 표정으로 복숭아를 입에 넣으며 물었다.

"토이티 단지가 뭐니?"

내가 대답했다.

"내가 쉬하는 단지예요. 이게 그거예요."

"빌리가 단지에 오줌을 눈다고?"

아버지는 약간 난감한 표정을 지었다. 좀 전에 입에 넣은 복숭아 반쪽을 씹지도 못했다. 대신 혀에 복숭아를 올려놓고는 단지에 대해 더 많은 정보를 듣고 싶어했다.

어머니가 말했다.

"아주 가끔 그럴 뿐이에요."

아버지는 궁금해서 견디기 힘들다는 표정이었다. 그러나 입 안이 삼키지 않은 복숭아 즙으로 가득해서 말도 제대로 할 수 없었다. 지금 생각해보면, 아버지는 내게 왜 정상적인 사람처럼 위층에 올라가서 소변을 보지 않느냐고 물었던 듯싶다. 그런 상황에서는 당연한 질문이었다.

어머니가 대신 대답했다. 불편한 기색이 역력했다.

"가끔 급할 때 그럴 뿐이에요. 그래서 그 단지는 싱크대 밑에 둔다고요. 특별한 단지니까요."

나는 냉장고에서 몇 개의 단지를 더 꺼냈다. 내가 들 수 있을 만큼 단지들을 꺼내 들고 말했다.

"맞아요, 전부 내가 쉬를 했던 거예요."

"그렇지 않다니까 그러네."

그러나 어머니는 말끝을 흐렸다. 그리고 자포자기한 듯이 덧붙여 말했다.

"어쨌든 깨끗이 헹군 다음에 또 쓴다고요."

아버지는 벌떡 일어나 부엌으로 성큼성큼 걸어가더니, 쓰레기통 위로 얼굴을 숙이고는 복숭아 반쪽을 떨어뜨렸다. 찐득한 것까지 줄줄이 붙어 나왔다. 아버지는 "그래도 토이티 단지는 썩 좋은 생각이 아닌 것 같소."라고 말했다.

토이티 단지 일은 그렇게 끝났지만 결국은 잘된 일이었다. 이런 물건들은 흔히 그렇지 않은가. 그 후 어머니는 냉장고 안 단지에 맛난 것을 담아놨다고 말했고, 아버지는 갑자기 우리를 시내에 있던 카페테리아 비숍 식당에 충동적으로 데려가곤 했다. 어쩌면 최고의 결과였다. 비숍 식당은 당시 최고급 식당이었으니까.

'원자 변기', 그리고 모든 게 최고였던 상점들

비숍 식당은 모든 면에서 황홀했다. 음식과 절제된 장식은 말할 것도 없고, 회색 유니폼을 입은 웨이트리스는 음식을 예쁘게 담은 접시를 친절하게 테이블까지 갖다주었다. 포크의 모양이 마음에 들지 않으면 언제라도 새 포크로 바꿔달라고 말할 수도 있었다. 테이블마다 작은 등불이 있어서 필요한 것이 있을 때면 등불을 켜기만 하면 됐다. 목을 길게 빼고 두리번거리다가 지나가는 웨이트리스를 불러 세울 필요가 없었다. 우리 테이블에 놓인 등불을 켜면, 잠시 후에 웨이트리스가 다가와서 "무엇을 도와드릴까요?"라고 물었다. 멋진 아이디어가 아닌가?

비숍 식당의 화장실에는 세계에서 유일한 원자 변기가 있었다. 적어도 내가 알기에는 세계에서 유일했다. 소변을 보고 물을 내리면, 엉덩이 부분이 자동으로 들려서 벽에 똑같은 모양으로 오목하게 파놓은 곳에 들어갔다. 그럼 따뜻하고 위생적이며 첨단 과학적인 자주색 빛이 흘러나와 엉덩이 부분을 감쌌다. 그 후 원래 자리로 가만히 내려온 엉덩이

부분은 흠잡을 데 없이 깨끗하고 따뜻하기까지 했다. 따지고 보면 원자열로 소독되고 따뜻하게 덥힌 것이었다. 1950~1960년대에 원인을 알수 없는 엉덩이 암으로 얼마나 많은 아이오와 사람이 죽었을까? 하지만 그 멋진 원자 변기의 즐거움에 비하면 뺨이 홀쭉해지는 고생은 견딜 만했다. 우리는 다른 도시에서 놀러 온 사람들을 비숍 식당의 화장실로 데려가 원자 변기를 보여주곤 했다. 그럼 모두가 지금껏 본 것 가운데 최고의 변기라며 고개를 끄덕였다.

그러나 1950년대 디모인에 있던 대부분이 최고였다. 토들 하우스에서는 상큼하고 입에서 살살 녹는 바나나크림 파이를 팔았다. 나는 조니 앤드 케이스에서 파는 치즈케이크도 그렇다는 말을 들었지만, 아버지는 맛보다는 가격에 신경을 곤두세우고 우리를 플뢰르 드라이브 거리에 있는 고급 식당의 지점으로 데려가곤 했다. 산뜻한 테니스 코트, 조용한 호수, 숲에 예쁘게 조성한 차도가 있는 그린우드 파크의 애쉬워스 수영장 근처에 시원하게 마련된 리즈 간이식당에서는 둘이 먹다 하나가 죽어도 모를 만큼 맛있고 네온처럼 선명한 색으로 물들인 아이스크림을 팔았다. 애쉬워스는 세계에서 가장 멋있고 우아한 공영 수영장이었고, 햇볕에 그을린 구릿빛 살결의 늘씬한 여자들이 인명 구조원으로 일했다. 염소로 몸을 소독한 후에 애쉬워스 수영장에서 녹음이 우거진 그린우드 파크를 지나 집으로 돌아오면서 곧 리즈의 끈적거리는 아이스크림 그릇에 얼굴을 파묻을 생각을 하면, 인간이 누릴 수 있는 최고의 행복감에 젖어들었다.

바바라의 베이크 숍에서 구워 파는 것은 최고로 맛있었다. 특히 큼직해서 얼굴을 파묻어야 하는 갈비는 최고였다. 컨트리 젠틀맨이란 식당에서는 바삭거리게 튀긴 닭을 맛볼 수 있었고, 칠리의 왕 조지라는 드라이브인 식당에서 파는 인스턴트식품도 나무랄 데 없었다. 칠리 햄버거를 먹고 나면 방귀가 나왔다. 그래서 조지의 칠리 햄버거는 금방 사라지지만 방귀는 영원할 거라는 우스갯소리까지 나돌았다. 일일이 열거하기 힘들지만 당시 디모인에는 백화점, 식당, 옷가게, 슈퍼마켓, 약국, 꽃가게, 철물점, 영화관, 햄버거 가게 등이 있었고 하나같이 최고였다.

하기야 그 가게들이 최고인지 아닌지 누가 알았겠는가? 그걸 알려면 미국 전역에 흩어진 수천 군데의 도시들을 돌며, 그곳에서 파는 아이스크림과 초콜릿 파이 등을 일일이 맛봐야 했을 텐데 말이다. 더구나 당시에는 도시마다 파는 것이 달랐으니까. 아직까지는 체인화되지 않은 세상에서 사는 즐거움이기도 했다. 모든 지역이 특별했고, 어디도 다른 곳과 같지 않았다. 디모인의 가게들이 세계 최고는 아닐지라도 우리에게만큼은 최고였다. 아무튼 가게마다 남들과는 다르고 재밌는 특징이 있었다. 그래서 그들은 최고였다.

우리 동네의 슈퍼마켓 달스에는 키디 코랄이란 기막힌 볼거리가 있었다. 키디 코랄은 가축우리처럼 만들어놓은 아담한 우리였다. 그 안에는 만화책이 잔뜩 쌓여 있어, 쇼핑하는 엄마들이 아이들을 그 안에 가둬둘 수 있었다. 만화책은 미국에서 1950년대에 대량으로 쏟아지기 시작했다. 1953년에만 10억 부가 인쇄됐다. 키디 코랄에서는 그런 만화책들을 얼마든지 볼 수 있었다. 만화책으로 '채워졌다'는 표현이 무색하지 않을 정도였다. 키디 코랄에 들어가려면 위쪽 난간에 기어올라 뛰어내려야 했다. 그리고 만화책들을 헤치며 가운데로 가는 것이다. 만화책은 얼마든지 있었기 때문에 엄마가 몇 시간을 쇼핑하든 신경 쓰지 않았다. 지금 생각해보면, 아예 키디 코랄에 파묻혀 사는 아이들도 있었다. 〈고무 인간〉의 최근호를 찾아 두리번거리다 보면, 거의 30센티미터 남짓의 만화책 더미에 묻혀 잠든 아이가 눈에 띄었고, 만화책의 종이 냄새만을 즐기는 듯한 아이들도 눈에 들어왔다. 아이들을 위해 이처럼 사려 깊은 공간을 만든 정부는 여태껏 없었다. 키디 코랄을 생각해낸 사람은 지금쯤 틀림없이 천국에 가 있을 것이다. 그런 사람이 노벨상을 받아야 했는데…….

달스에는 모두에게 큰 사랑을 받은 또 하나의 특징이 있었다. 쇼핑한 물건들을 봉지에 담거나 아이오와에서처럼 '자루'에 넣고 돈을 지불한 다음 우리가 직접 차까지 들고 갈 필요가 없었다. 세상의 평범한 슈퍼마켓은 그랬지만, 우리는 친절한 생김새에 하얀 앞치마를 걸친 남자에게 봉지들을 주면 그만이었다. 그럼 그 남자가 우리에게 번호가 쓰인 플라스틱 카드를 건네고, 우리 봉지들을 특수한 컨베이어 벨트에 올려놓았다. 봉지들은 컨베이어 벨트를 타고 차폐막을 거쳐 어두컴컴한 터널을 지나 땅속으로 들어갔다. 우리는 차에 올라 주차장 한구석의 조그만 벽돌 건물까지 30미터쯤 운전해 갔다. 그리고 1~2분 후에 지하를 통과하면서 적당히 흔들린 때문인지 한결 산뜻해 보이는 봉지들이 지상에 토해지면, 역시 하얀 앞치마를 두른 도우미 청년이 봉지들을 우리 차에 실어주고 플라스틱 카드를 돌려받으며 "좋은 하루 되십시오!"라고 기분 좋게 인사말을 건넸다. 솔직히 말하자면 조그만 벽돌 건물 앞에서 종종 차들이 줄지어 늘어서 있었고 터널에서 삐걱거리는 컨베이어 벨트가 그 후로 적어도 두 시간은 지나야 안정될 정도로 탄산음료를 뒤흔들어놓았을 테니 그다지 효율적인 시스템은 아니었지만, 모두가 그런 서비스를 좋아하고 칭찬했다.

당시는 디모인에서 어디를 가든 이와 비슷했다. 모든 가게는 자랑할 만한 남다른 특징이 있었다. 번화가의 뉴 유티카 백화점에는 계산대마다 공기수송관이 설치돼 있었다. 우리가 원통에 올려놓은 돈이 관의 구멍에 끼워지면 토네이도처럼 중앙 계산소까지 빨려들어갔다. 돈이 헤아려지고 경제 세계로 되돌아가는 속도가 그만큼 빨라졌다. 뉴 유티카에 쇼핑하러 갈 때마다 우리는 미래 세기를 여행하는 기분이었다.

번화가 로커스트 스트리트에 위치한 프랭클스라는 남성복 가게에는 웅장한 계단이 중2층까지 연결돼 있었다. 중2층에서 이리저리 걷다 보면 배의 갑판을 한가롭게 걷는 것처럼 색다른 기분이 들었다. 그러나 텅 빈 바다가 아니라 활동적인 남자의 세계를 구경할 수 있어 훨씬 재밌었다. 간혹 대화를 엿듣거나, 사람의 머릿속에 감춰진 생각마저 엿볼 수 있었다. 아무 위험도 없이 뭔가를 알아내는 즐거움은 어디에도 비할 바가 아니었다. 아버지가 재킷을 입어보며 오랜 시간을 보내는지, 판매원에게 등척성 운동을 설명하는 데 시간을 보내는지, 그런 것은 중요하지 않았다. 나는 중2층에서 아래층을 내려다보며 느긋하게 말했다.

"아빠, 서둘지 마세요. 한 바퀴 더 돌면 돼요."

구경하는 즐거움으로 말하자면, 월넛 스트리트의 숍스 빌딩이 훨씬 재밌었다. 어렴풋하게나마 무어 양식으로 지어진 7~8층 높이의 낡은 사무실 건물이었지만, 1층 로비에는 사람들로 버글대는 커피숍이 있고 중앙 홀의 천장은 아득히 높았다. 계단과 발코니식 복도가 중앙 홀을 빙빙 두르고 있어, 그 계단을 타고 건물 꼭대기 층까지 올라가는 것이 모든 아이의 꿈이었다.

계단에 접근하려면 커피숍의 여자 지배인을 반드시 지나쳐야 했기 때문에, 그 여자가 한눈파는 틈을 타서 잽싸게 냅다 달려야 했다. 표독스럽고 독수리처럼 이글거리는 눈빛의 머스그로브 부인은 어린아이들을 지독히 미워했다. 물론 그럴 만한 이유가 있기는 했다. 그러나 머스

그로브 부인이 한눈을 파는 적절한 순간을 잡았을지라도 있는 힘을 다해 계단까지 뛰어야 했다. 그리고 까마득히 높은 꼭대기 층까지 전속력으로 달렸다. 꼭대기 층에 올라가면 저 아래에서 밥을 먹는 사람들이 보였다. 이때 매끈하고 공기역학적 모양을 한 M&M 땅콩 초콜릿이면 훨씬 낫겠지만, 딱딱한 사탕이라도 갖고 있으면 7~8층 높이에서 떨어뜨렸다. 거의 20미터 높이에서 떨어뜨린 M&M 땅콩 초콜릿이 토마토 수프 그릇에 빠졌다면 토마토 수프가 얼마나 엄청나게 튀겼을까.

이런 장난은 한 번밖에 할 수 없었다. 거의 언제나 그랬지만 사탕 폭탄이 목표를 맞추지 못하고 식탁으로 떨어졌고, 그때마다 수천 조각으로 멋지게 산산조각나면서 밥 먹는 사람들을 깜짝 놀라게 했기 때문이다. 그러면 전투태세를 갖춘 머스그로브 부인이 M&M 땅콩 초콜릿이 떨어지던 속도가 무색할 만큼 재빠르게 계단을 뛰어 올라왔다. 따라서 우리는 5초 내에 창밖으로 기어나가 비상계단을 통해 자유의 탈출을 시도해야 했다.

디모인에서 가장 큰 상가 건물은 융커 브라더스로, 번화가에서도 중심지에 자리 잡은 백화점이었다. 좁은 골목길을 사이에 둔 두 건물로 이루어진 융커스 백화점은 그야말로 어마어마하게 컸다. 내가 아는 한 신사복에서 화장품까지 모든 것을 볼 수 있는 유일한 백화점이었다. 그런 백화점은 융커스가 유일할지도 모른다고 생각했다. 길 건너편에는 '가정용품 상점'이란 융커스의 지점도 있었다. 백화점의 가구부에 속한 그 지점은 8번가 아래의 지하통로로 린넨류 판매부와 연결돼 있었다. 지하통로를 만든 이유가 뭔지는 몰랐지만, 여하튼 8번가의 동쪽으로 융커스 백화점에 들어가서 잠시 후에 쇼핑을 끝내고 서쪽으로 나오는 것도 무척 재밌는 일이었다. 다른 주에서 온 사람들은 일부러 지하통로로 들어가 길 건너편에서 나오며 "우아, 되게 멋있는데!"라고 소리치곤 했다.

융커스는 아이오와에서 가장 우아하고 최신식이었으며, 효율적인 데다 나무랄 데 없이 도시적인 곳이었다. 융커스에서만 1,200명이 일했다. 또 아이오와에서 에스컬레이터와 에어컨을 가장 먼저 설치한 백화점이기도 했다. 에스컬레이터는 초창기에 '전기 계단'이라 불렸다. 그 밖에 부드럽고 빠르게 돌아가는 회전문과 하얀 장갑을 낀 안내원을 배치한 엘리베이터 등은 손님을 끌어들여 기분 좋게 지갑을 열도록 유혹하려고 고안된 것들이었다. 융커스 백화점은 널찍한 데다 매장이 불규칙하게 배치돼 있기 때문에 무엇이 어디에 있는지 속속들이 아는 사람은 쉽게 만날 수 없었다. 도서 판매부는 비좁은 계단을 지나 비밀이라도 감춘 듯한 그늘진 발코니에 자리 잡고 있었다. 따라서 아늑하고 클럽 같은 분위기가 풍겼고, 책을 좋아하는 독서광에게만 알려진 곳이었다. 어디에 내놓아도 부끄럽지 않은 도서 판매부였는데, 1950년대에 디모인에서 자랐지만 융커스에 도서 판매부가 있었다는 사실을 모르는 사람이 적지 않다.

그러나 융커스의 성소 중에서도 성소는 단연 티룸이었다. 맹목적 사랑을 쏟는 엄마들이 딸을 데려와 쇼핑을 하면서 우아함이 뭔지 맛보이는 곳이었다. 누이가 무심코 어떤 관례를 내뱉기 전까지 나는 티룸에 별로 관심이 없었다. 그런데 티룸에서는 어린 손님에게 백화점을 방문한 기념으로 나무 상자에서 뭐든 하나를 선택하게 해준다고 하지 않는가! 나무 상자에는 하얀 천으로 곱게 싸고 예쁜 리본까지 매단 작은 선물들이 있다는 것이었다. 언젠가 누이는 백화점에서 받았지만 별로 마음에 안 드는 선물을 내게 준 적이 있다. 주물로 만든 마차와 말이었다. 길이는 6.5센티미터밖에 되지 않았지만 무척 정교했다. 마차 문이 열리고,

바퀴도 돌았다. 작은 마부는 가는 금속 고삐를 쥐고 있었다. 태평양에 떠 있는 패전국에서 온 저임금 노동자가 심혈을 기울여서 손으로 만든 것이 분명했다. 나는 그처럼 멋진 것을 본 적이 없고, 가져본 적은 더더욱 없었다.

그 후로 수년 동안 때때로 나는 어머니와 누이에게 티룸에 갈 때 나를 데려가달라고 졸랐다. 그러나 그녀들은 요즘에는 티룸을 별로 좋아하지 않는다거나, 쇼핑할 게 많아서 점심 먹을 시간도 부족하다는 식으로 어정쩡하게 대답하고 넘어갔다. 몇 년이 지난 후에야 나는 어머니와 누이가 매주 티룸에 다녔다는 사실을 알았다. 그것은 생리를 하고 브래지어를 고르는 것처럼 어머니와 딸, 즉 여자들만의 비밀 가운데 하나였다. 그러나 내가 여덟 살인가 아홉 살 무렵, 누이가 없어 내가 어머니를 따라 시내로 쇼핑을 가게 되는 날이 마침내 찾아오고야 말았다. 어머니는 내게 "티룸에 갈래?"라고 물었다.

잘 기억나지는 않지만, 나는 시큰둥하게 어머니의 초대를 받아들이는 척하지 않았을까 싶다. 우리는 엘리베이터를 타고 이제껏 융커스에 있는지도 몰랐던 층까지 올라갔다. 티룸은 내가 그때까지 가본 장소 가운데 가장 우아하게 꾸며놓은 공간이었다. 버킹엄 궁전의 접견실을 마법처럼 미국의 중서부에 옮겨놓은 듯했다. 모든 것이 깔끔하고 고급스러워 보였다. 조용하기도 했다. 또 품위 있는 음악이 나지막이 흐르는 가운데, 포크와 나이프가 도자기 그릇에 부딪히고 얼음물을 조심스레 따르는 소리가 들려왔다. 나는 음식에는 관심이 없었다. 누군가 내게 장난감 상자로 가서 선물을 고르라고 말해줄 때만 기다렸다.

마침내 그 순간이 왔지만, 나는 선물을 결정하기가 쉽지 않았다. 작게 포장된 선물들은 한결같이 하얗고 완벽해 보였다. 또 재밌어 보이기도 했다. 결국 나는 중간 크기에 약간 묵직한 선물을 골라 가볍게 흔들어보았다. 포장 안에 든 것이 덜컹거리며 주물 같은 소리가 들렸다. 나는 그 선물을 자리로 가져와 조심스레 포장을 뜯었다. 작은 인형이었다. 인디언 아기였다. 예쁘게 만들기는 했지만 여자 아이에게나 어울리는 선물이었다. 나는 인형을 대충 다시 싸서 장난감 상자를 관리하는 약간 숫기가 없어 보이는 직원에게 돌려주었다. 그리고 멋쩍은 웃음을 지으며 말했다.

"잘못해서 인형을 골랐어요."

그는 내 선물을 찬찬히 뜯어보며 말했다.

"안됐구나. 그래도 선물을 고를 기회는 한 번밖에 없단다."

"알아요. 하지만 인형이잖아요. 여자에게나 어울린다고요."

"그럼 이 인형을 여자 친구에게 주면 되지 않겠니?"

그는 이렇게 대답하고, 내게 이를 드러내며 웃었다. 게다가 기분 나쁘게 윙크까지 해 보였다.

안타깝게도 그 말은 불쌍한 사람이 티룸에서 남긴 마지막 말이었다. 잠시 후, 그는 짧은 비명을 지르면서 카펫을 더럽히는 얼룩이 되고 말았으니까.

뒤늦기는 했지만 그는 중요한 교훈을 깨달았을 것이다. 선더볼트 키드를 화나게 하지 말지어다!

2

키드의 눈으로
바라본 세계

미시건, 디트로이트(AP통신) - 소년들에게는 너무나 반가운 소식이다! 한 저명한 의사가 남자 아이들을 대신해서 씻지 않을 권리를 옹호하고 나섰다. 잡지 〈패밀리 닥터〉의 발행인인 하비 플랙 박사는 이번에 발간된 9월호에서 "남자 아이들은 피부과학적 진실을 본능적으로 알고 있는 듯하다. 피부 건강을 위해서는 피부 자체의 기름 보호막을 유지하는 것이 중요하다. 너무 자주 씻어서 이 보호막을 교란시켜서는 안 된다."라고 말했다. 〈디모인 레지스터〉, 1958. 8. 28

이 책은 대단한 내용을 다루지 않는다. 작은 것과 작은 것이 조금씩 커가는 과정을 다룬 책이다. 어린 시절이 번개처럼 지나간다는 말은 우리 삶에서 잘못 알려진 신화에 불과하다. 키드의 세계에서 시간은 훨씬 느리게 움직인다. 후텁지근한 오후의 교실에서는 시간이 다섯 배쯤 느리게 흐르고, 어떤 자동차로 여행하든 8킬로미터를 넘는 순간부터는 시간이 여덟 배나 느리게 움직인다. 특히 네브래스카나 펜실베이니아처럼 가로로 길쭉한 주를 횡단할 때는 무려 86배까지 치솟는다. 또 생일, 크리스마스, 여름방학 등을 앞둔 주에는 시간이 굼벵이처럼 흘러간다. 따라서 어른의 기준으로 계산할 때 어린 시절은 족히 수십 년은 된다. 오히려 어른의 삶이 눈 깜짝할 새에 끝난다.

내 어린 시절에 시간이 가장 느리게 흐른 곳은 유령처럼 말라빠진 치과 의사 닥터 브루스터의 가죽으로 된 큼직한 치과 의자 위였다. 그가 기구를 챙겨서 치료를 시작하기를 기다리는 시간은 그야말로 전혀 움직이지 않는 듯했다. 시간이 꼼짝 않고 멈춰버린 듯싶었다.

닥터 브루스터는 미국에서 가장 무지막지한 치과 의사였다. 108세 노인처럼 보이는 데다 부들부들 떠는 손은 파킨슨병의 징후까지 보였다. 어디를 보나 신뢰할 수 없었다. 게다가 그는 자신이 사용하는 치료 장비의 힘에 자기도 걸핏하면 놀랐다. 그래서 그는 삑삑거리는 장비를 잠깐 작동시켜보고는 "우아! 이것 때문에 네가 다칠지도 모르겠다!"라며 나를 겁주었다.

더구나 닥터 브루스터는 마취제 노보케인의 효능을 믿지 않았다. 그는 노보케인이 위험하고 입증되지 않은 약물이라 생각했다. 게다가 닥터 브루스터가 콧노래를 흥얼대며 바위처럼 단단한 어금니를 갈다가 연약하고 부드러운 신경이라도 건드리면, 발가락이 신발을 뚫고 나올 정도로 아팠다.

우리 식구가 그의 유일한 환자인 듯했다. 나는 아버지가 우리를 주기적으로 이처럼 끔찍한 악몽에 밀어 넣는 이유가 궁금할 지경이었다. 언젠가 닥터 브루스터는 우리 아버지가 남다른 용기로 검소한 삶을 산다고 침이 마르도록 칭찬했다. 아버지는 싼 것만 찾아다니는 사람이었기 때문에, 나는 닥터 브루스터가 그렇게 말하는 이유를 충분히 이해할 수 있었다. 닥터 브루스터는 아버지에게 "턱을 완전히 들어내는 것도 아닌데 쓸데없이 돈을 쓰면서까지 위험하게 노보케인을 사용해봤자 좋을 게 없습니다."라고 말했다.

아버지는 크게 고개를 끄덕이며 맞장구쳤다.

"맞습니다!"

그러나 정확히 말해 아버지는 "마아아슴다."라는 식으로 말했다. 아버지는 치과 의자에서 일어난 후로 사흘 동안이나 말을 제대로 못했지만, 그때는 그저 고개를 크게 끄덕일 뿐이었다.

닥터 브루스터는 싱긋이 웃으며 덧붙였다.

"브라이슨 씨, 당신 같은 사람이 많았으면 좋겠소. 3달러나 절약할 수 있을 텐데 말이오."

악동은 무엇으로 사는가

토요일과 일요일은 키드의 세계에서 가장 지루한 날이었다. 계절에 따라 다르기는 했지만, 일요일 아침만도 석 달은 되는 듯했다. 1950년대 아이오와 중부 지역에서는 일요일 아침에 텔레비전이 방송되지 않았다.

　WOI의 직원들도 일요일에는 쉬는지 방송을 느긋하게 시작했다. 11시 25분과 정오 사이에 지역 텔레비전 방송국인 WOI-TV가 지지직거리면서 되살아나 〈스카이 킹〉을 방영할 때까지, 우리는 걸쭉한 시리얼 치리오스 그릇을 안고 화면 조정용 도형을 멍청하게 지켜보며 시간을 보냈다. 멋지게 목도리를 두른 '미국에서 가장 사랑받는 플라잉 카우보이' 커비 그랜트(Kirby Grant)가 주인공이었다. 커비 그랜트는 미국에서 유일하게 하늘을 나는 카우보이였고, 이름을 마음대로 바꿀 수 있는 유일한 카우보이기도 했다. 스카이는 거대한 목장의 주인이었다. 그는 자기가 사랑하는 경비행기 '노래하는 새'를 타고 애리조나 하늘을 누비며 대부분의 시간을 보냈고, 소도둑과 탐욕스런 악당을 감시했다. 보조개가 옴폭 패고 주제넘게 어디나 엉덩이를 들이미는 조카 페니가 그 일을 도왔다. 페니의 역할을 보고 우리는 씩씩한 남자라면 어떻게 행동해야 하는지 처음으로 대충이나마 짐작할 수 있었다.

　여섯 살이었지만, 요컨대 1950년대처럼 지적 능력을 크게 요구하지 않는 나이였지만, 나는 플라잉 카우보이를 보면서 앞으로 그런 액션 시리즈가 계속 방영되리라는 것을 어렵지 않게 내다볼 수 있었다. 스카이는 목장 주변에서 얼쩡대는 악당들을 발견하는 즉시 재빨리 착륙해서 비행기를 안전하게 멈춘 다음 조종석에서 기어 나와 늠름한 자세로 "이놈들, 꼼짝 마라!" 하고 소리쳤다. 그제야 악당들은 부리나케 달아나기 시작했다. 커비 그랜트가 우리처럼 팔팔하고 젊지 않기 때문인지 착륙해서 악당들에게 소리칠 때까지는 거의 1~2분이 걸렸다. 〈스카이 킹〉은 모두 72편이 방영됐지만 실질적인 내용은 똑같았다. 그런데도 내가 열두 살이 될 때까지, 아니 그 이후로도 WOI는 줄기차게, 짐작건대 돈을 아끼려고 반복해서 틀어댔다. 굳이 〈스카이 킹〉의 편에서 얘기를 해야 한다면, 화면 조정용 도형보다 재미는 있었다.

주말에는 할 일이 너무 많았다. 주말은 무조건 무한히 길어야 했다. 운동화 끈을 묶는 데만 아침이 꼬박 걸렸다. 1950년대에 생산된 운동화는 하나같이 좌우에 구멍이 일곱 개 이상씩 있었고, 운동화 끈만도 4미터가 넘었다. 아침마다 침대에서 뛰쳐나와 운동화를 신으려 하면, 어찌된 영문인지 한쪽 운동화의 끈이 1.2미터쯤 길었다. 밤새 바닥에 혼자 널브러져 있던 운동화가 어쩌다 그렇게 변했는지 알아낼 도리가 없었다. 그런 점에서 우리가 세상을 사는 동안 가끔 겪는 궂은 날씨나 수녀와 비슷했다. 어쨌든 끈을 다시 똑바로 매려면 끝없는 인내심과 과학적 판단력이 요구됐다. 낑낑대며 구멍에 맞춰 방향을 돌려가며 끈을 묶고 나면 이상하게도 양쪽에 남는 길이가 달랐다. 그래서 더 신중하게 끈을 묶어보지만 그 차이는 더 커지기 일쑤였다. 기적에 힘입어 마침내 양쪽에 남는 길이를 그런대로 정확히 맞춰놓으면, 반대편 운동화 끈이 자기도 다시 맞춰달라고 달려들었다. 한숨을 푹 쉬면서 다시 시작할 수밖에 없었다.

운동화 제조업자는 복잡한 미로, 미스터리 서클, 상형문자, V자 모형, 분화구, 갈라진 바위 틈 등의 모형을 밑창에 파두기도 했다. 그런데 집을 나서면 세 걸음도 뛰기 전에 개똥처럼 물컹한 것이 기다리고 있었다. 그런 걸 밟는 날이면 또 막대기로 밑창의 틈새를 쑤시면서 다시 시간을 보내야 했다. 혼잣말로 구시렁대기는 했지만 이상하게도 그렇게 기분 나쁘지는 않았다.

주말이면 양말에서 먼지를 털어내고 병뚜껑에서 코르크를 빼내는 데도 적잖은 시간을 보냈다. 또 아이스캔디에서 얼어붙은 포장 종이를 떼어내고, 동그란 초콜릿 판을 깨뜨리거나 안에 든 크림을 흩뜨리지 않고 오레오 쿠키를 나누며, 아무런 이유도 없이 병과 그릇에 붙은 상표를 조심스레 뜯어내는 데도 무지하게 시간을 보냈다.

그런 세계에서는 다치는 걸 무서워하지 몸을 학대하는 건 언제라도 대환영이었다. 어디선가 뾰족한 가시라도 구하면 그걸로 오후 나절을 보냈다. 호기심 많은 친구들을 모아놓고, 가시를 얼마나 깊숙이 찌를 수 있는지 경쟁을 벌였다. 실질적으로 외과 수술에 얼마나 접근할 수 있는가를 경쟁한 셈이었다. 또 햇볕에 까맣게 타면, 언젠가 몸의 크기와 똑같은 투명한 허물을 벗겨낼 수 있는 날을 학수고대하며 기다렸다. 키드의 세계에서 상처의 딱지는 어른들이 가꾸는 난초같이 다뤄졌다. 나는 무릎에 난 딱지를 무려 4년 동안이나 고이고이 간직했다. 딱지의 두께가 거의 4.5센티미터에 육박해서 압정을 박아도 별로 아프지 않았다. 새삼스레 말할 필요도 없겠지만, 코피는 우리에게 최고의 선물이었다. 따라서 코피를 흘리는 친구는 유명 연예인에 버금가는 대우를 받았다. 적어도 코피를 흘리는 동안에는.

낮은 너무 길고 별다른 일도 일어나지 않아서 우리는 재밌는 일이 생기길 기대하며 우두커니 앉아 이리저리 두리번거리면서 기나긴 시간을 보냈다. 한동안 나는 아버지가 목재 하치장에 간다고 할 때마다 모든 걸 내팽개치고 따라나섰다. 목재를 켜는 작업장에서 등받이도 없는 의자에 가만히 앉은 채 무지막지한 소리를 내는 톱으로 주문에 맞게 목재를 다듬는 모리스가 그나마 몇 개 남지 않은 손가락 하나를 공중으로 날려버리는 장면을 현장에서 보고픈 욕심 때문이었다. 모리스는 벌써 예닐곱 개의 손가락을 잃었지만 생생한 사고의 현장을 목격할 가능성은 여전히 남아 있었다.

당시 디모인에서 운행하던 버스들은 전기로 움직였다. 금속 팔이 머리 위로 복잡하게 얽힌 전선에 연결돼 동력을 얻었다. 따라서 습한 날에는 금속 팔이 전선에 스쳐 지날 때마다 멕시코 축제에서 빠지지 않는 불꽃처럼 불똥이 튀면서 사람까지 죽일 수 있는 전기의 위험을 생생하게 가르쳐주었다. 그러나 버스의 금속 팔이 전선에서 떨어질 때가 간혹 있었다. 그럼 운전기사가 긴 막대기를 갖고 나와 팔을 전선에 다시 끼워 넣었다. 그때마다 나는 눈을 부릅뜨고 관심 있게 그 장면을 지켜보았다. 그런 작업을 하다가 운전기사가 전기에 감전돼 죽을 수도 있다는 얘기를 누이에게 들은 적이 있었기 때문이다.

어떤 일이 생길까 상상하면서도 상당한 시간을 보냈다. 성냥불을 끄자마자 뜨거울 때 만지면 어떻게 될까? 성냥의 황을 뜯어 더러운 물에 넣어 조금씩 마시면 어떻게 될까? 딕 삼촌이 꾸벅꾸벅 졸 때 훤히 벗겨진 머리에 돋보기의 초점을 맞추면 어떻게 될까? 실제로 따가운 햇볕이 딕 삼촌의 훤한 대머리에 금세 깊은 화상을 입혀 삼촌과 아이오와 루터 종합병원의 의사들이 그 원인을 두고 한동안 어리둥절한 적이 있다.

이러한 관찰과 그 관찰을 가능하게 해준 넉넉한 시간 덕분에 열 살 무렵의 나는 그 후 어느 때보다 많은 것을 배웠다. 나는 먼저 우리 집에서 알아야 할 모든 것을 알아냈다. 책상과 식탁의 밑면에 쓰인 것을 알아냈고, 책꽂이와 옷장 위로 올라가 우리 집이 어떻게 보이는지도 알아냈다. 또 벽장에서 무엇을 찾아낼 수 있고, 어떤 침대 밑에 가장 큰 먼지 덩어리가 있으며, 어떤 방 천장에 가장 재밌는 얼룩이 번져 있고, 벽지의 모양이 어디에서 정확히 반복되는지도 알았다. 바닥에 발을 대지 않고 방에서 방으로 건너가는 법도 알았고, 아버지가 잔돈을 두는 장소와 아버지에게 들키지 않고 잔돈을 안전하게 빼돌리는 법도 알아냈다. 예컨대 25센트짜리는 7분의 1, 5센트와 10센트짜리는 5분의 1만 가져가야 했지만, 1센트짜리는 한 움큼 집어 가도 아버지가 전혀 눈치 채지 못했다. 또 안락의자에 편하게 앉는 법을 100가지 이상, 바닥에서 편하게 뒹구는 법은 75가지가 넘게 알아냈다. 제너럴푸드에서 만든 젤리 과자인 젤오를 렌즈로 삼아 세상을 보면 어떤 모습인지도 알았다. 축축한 수건, 연필의 쇠테, 동전과 단추, 시계가 붙은 라디오보다 작게 플라스틱으로 만든 거의 모든 것, 온갖 종류의 끈적거리는 것 등 세상에 존재하는 사물이 무슨 맛인지도 알았다. 특히 끈적거리는 것들의 맛을 어떤 식으로 알아냈는지 지금은 기억나지 않는다. 《세계의 명화》에 실린 루벤스의 뚱뚱한 여자부터 〈뉴요커〉의 최근호에 실린 피터 아르노(Peter Arno)의 풍자만화까지 발가벗은 여자의 그림이 우리 집 어디에 있는지도 속속들이 알았다. 아버지가 비밀 장소에 누드잡지로 조그만 도서관까지 꾸며 놓은 것도 알았다. 아버지와 나, 그리고 아버지의 침실에 몰래 드나들던 내 친구들 가운데 '111명'만이 그 비밀 장소를 알았다.

나는 이웃집에 숨어드는 법도 알아냈다. 울타리가 아무리 높고 산울타리가 아무리 촘촘해도 내 앞에서는 무용지물이었다. 리놀륨을 맨살에 대면 차가운 느낌이 들고, 모든 것이 1층에서는 어떤 냄새가 나는지도 알았다. 또 남들이 아는 만큼 고통이 뭔지도 알았다. 예컨대 불에 그슬려서 안쪽이 마그마에 버금가는 온도와 점성을 띠는 마시멜로를 입에 넣었을 때의 느낌처럼 고통은 살벌하면서도 재밌었다. 7월의 오후에는 구름이 어떻게 흘러가고, 빗물은 어떤 맛이며, 무당벌레가 어떻게 날갯짓하고 애벌레가 어떻게 몸을 꿈틀대며, 나무 덤불 속에 앉아 있으면 어떤 기분인지도 알았다. 내 방귀든 남의 방귀든 정말로 좋은 방귀를 구분하는 법도 알아냈다.

여기서 말한 '남'이란 거의 언제나 버디 도버먼이었다. 버디는 좁은 골목길 건너편에 살았다. 그 골목길은 별로 알려지지 않았지만 우리 집 뒤로 이웃한 것처럼 쭉 뻗은 샛길이었다. 버디는 내 삶의 첫 부분에서 최고의 친구였다. 우리는 정말로 친했다. 버디는 내가 항문까지 자세히 들여다본 유일한 사람이다. 정말이다! 항문이 어떻게 생겼는지 알고 싶어서 그랬을 뿐이다. 오해를 살까 약간 걱정스럽기는 하지만, 붉은색을 띠고 바짝 오므려진 모양으로 주름이 잡혀 있었던 것으로 기억한다. 버디는 착했고, 멋진 장난감도 많았다. 그의 부모가 너그러운 데다 부자인 덕분이었다.

버디는 멍청한 편이었다. 내게는 굴러들어온 복덩이였다. 버디와 내가 네 살이었을 때, 버디의 할아버지는 작업장에서 직접 나무로 만든 해적 칼을 우리에게 하나씩 주었다. 우리는 칼을 들고, 반 펠트 부인이 애지중지하는 꽃밭으로 달려갔다. 샛길로는 30미터밖에 되지 않는 곳이었다. 예초기로 꽃밭을 완전히 엉망으로 만들어버린 어떤 정원사보다 수년을 앞서, 우리는 칼을 휘둘러대며 미친 듯이 꽃밭을 짓밟아 반 펠트 부인이 아끼는 백일초를 하나도 남기지 않고 완전히 죽여버렸다. 반 펠트 부인이 농산물 공진회에도 내놓고, 사랑의 말까지 속삭여주던 백일초였다. 백일초는 반 펠트 부인에게 자식이나 다름없었다. 따라서 우리가 엄청난 짓을 저질렀다는 사실을 눈치챈 나는 아버지가 누구도 모르는 치명적인 병에 걸렸기 때문에 문제를 일으킬 형편이 아니라고 말하면서, 버디에게 혼자서 모든 죄를 뒤집어쓰면 어떻겠냐고 넌지시 물었다. 버디는 그렇게 하겠다고 대답했다. 그래서 버디는 오후 3시부터 자기 방에 갇혀 높은 창문에 얼굴을 대고 울먹이면서 온종일을 보내야 했다. 그때 나는 우리 집 뒷베란다 난간에 두 발을 걸치고 앉아, 누이의 휴대용 전축에 엄선한 레코드판을 올려놓고 음악을 들으며 시원한 수박을 먹고 있었다. 그때 나는 중요한 교훈 하나를 터득했다. 거짓말은 어느 경우에나 시도해볼 만한 것이다! 그 후로 나는 무려 6년 동안이나 내게 고약한 일이 생기면 그 책임을 버디에게 미루었다. 버디는 딕 삼촌을 만난 적도 없지만, 나중에는 딕 삼촌의 훤한 머리에 까만 불구멍을 낸 죄까지 뒤집어썼던 듯싶다.

베이비 붐, 아이들이 구름 떼처럼 몰려다니던 시절

지금도 그렇지만 당시에도 디모인은 안전하고 쾌적한 도시였다. 모든 도로가 길고 곧았으며, 가로수가 무성하고 깨끗하기도 했다. 그런 도로들에는 우드랜드, 유니버시티, 플레전트, 그랜드 등 중서부 지역다운 이름이 붙여졌다. 그래서 그랜드 거리에서 똥침을 당한 여자가 플레전트(pleasant, 재밌는) 거리에서 찔린 거라고 생각했다는 재밌는 얘기가 한동안 많은 사람의 입에 오르내리기도 했다. 디모인은 멋진 도시였다. 안락한 도시이기도 했다. 대부분의 상점이 길옆에 있었고, 상점 앞에는 주차장 대신 잔디밭이 있었다. 우체국, 학교, 병원 등 공공건물은 모두 웅장하고 위엄 있어 보였다. 반면에 주유소는 작은 오두막처럼 보였다. 간이식당과 도로변 여관은 낚시하러 가서 흔히 보던 선실을 떠올리게 했다. 자동차를 위해 특별히 마련된 시설은 없었다. 디모인은 녹음이 우거지고 조용하며, 고약한 이웃이 별로 없는 세계였다.

그랜드 거리는 디모인을 관통하는 동맥이었다. 따라서 멀리 떨어진 주택가에 사는 사람들까지 모여들어 일하고, 중요한 쇼핑을 하며 번화가를 지났다. 디모인에서 가장 좋은 집들은 그랜드 거리 남쪽, 도시 전체로는 서쪽 지역에 아름다운 숲이 우거진 언덕배기에 자리 잡고 있었고, 워터워크스 공원과 래쿤 강변까지 이어졌다. 그곳에서는 구불대는 길을 따라 몇 시간을 걸어다녀도 완벽하게 다듬어진 잔디밭, 굵은 나무, 막 세차된 듯한 승용차, 아름답고 행복한 집밖에 보이지 않았다. 아메리칸 드림의 살아 있는 상징이었다. 우리 집이 바로 그곳 남(南)그랜드로 알려진 곳에 있었다.

당시와 지금의 가장 큰 차이라면, 당시에는 그곳에 어린아이들이 무척 많았다는 점이다. 1950년대 중반 미국에는 12세 이하의 어린이가 3,200만 명 정도였고, 해마다 400만 명의 갓난아이가 태어나 기저귀를 갈았다. 따라서 언제 어디에나 지금은 상상조차 할 수 없을 정도로 어린아이가 많았다. 특히 흥미롭고 예사롭지 않은 일이 벌어질 때는 어린아이들이 구름처럼 모여들었다. 해마다 초여름, 그러니까 모기가 활개를 치기 시작할 즈음이면 시 공무원이 불쑥 덮개가 없는 지프를 몰고 동네에 나타나서 사방을 헤집고 돌아다녔다. 지프는 분무기로 울긋불긋한 살충제 연기를 짙게 뿜어대면서 잔디밭과 숲을 가로질렀고, 하수구를 따라 덜컥대며 달렸다. 또 덜거덕거리며 빈터를 들락거리기도 했다. 그때마다 꼬마들은 신나게 트럭 뒤를 쫓아다니며 낮 시간을 보냈다. 살충제 연기는 고약했다. 썩은 맛이 났고, 우리 폐를 분필처럼 하얗게 만들 것만 같았다. 게다가 아무리 문질러도 지워지지 않는 샛노란 가루를 우리 얼굴에 남겨놓았다. 그 후로 수년 동안 나는 기침을 할 때마다 흰 손수건에 울긋불긋한 동그란 가루 덩어리를 뱉어냈다.

그러나 우리를 말리거나 그처럼 숨 막히는 살충제 연기를 뒤집어쓰면서 뛰어다니는 일이 어리석은 짓이라고 말해주는 사람은 아무도 없었다. 오히려 DDT 연기를 실컷 뒤집어쓰면 몸에 좋을 거라고 생각한 듯했다. 그 시대에는 그랬다. 어린아이가 너무 많아서 없어져도 괜찮다고

생각했던 것일까?✱

당시의 아이들은 언제나 집 밖에서 시간을 보냈다는 점도 요즘과 크게 달랐다. 심지어 아침 8시부터 집 밖으로 쫓겨나서, 몸에 불이 붙거나 피를 철철 흘리지 않는 한 저녁 5시까지는 집에 돌아갈 수 없는 아이들이 적지 않았다. 따라서 아이들은 항상 뭔가 할 일을 찾아 헤맸다. 하여간 자전거를 끌고 나가 어떤 구석에라도 서 있으면, 금세 아이들이 우르르 나타나 어디에 가느냐고 물었다. 그중에는 처음 보는 얼굴도 적지 않았다.

이런 질문을 받으면 나는 잠시 생각한 후에 "트레슬에나 가볼까?"라고 대답하곤 했다. 트레슬은 래쿤 강을 지나는 철교였다. 죽은 물고기, 낡은 타이어, 드럼통, 녹조가 낀 진흙, 중금속이 함유된 폐수, 뭔지 알 수 없는 끈적거리는 것 등에 아랑곳하지 않고 우리는 철교에서 뛰어내려 물에서 첨벙거리며 놀았다. 철교는 우리 동네 아이라면 누구나 알고 있는 열 곳의 놀이터 가운데 하나였다. 나머지 아홉 곳은 숲, 공원, 리틀 리그 파크(혹은 야구장), 연못, 래쿤 강, 철도 선로(대부분은 그냥 '철로'라 불렀다), 공터, 그린우드(우리 학교), 그리고 새 집이었다. 건축 중인 집을 가리키는 새 집은 시시때때로 위치가 바뀌었다.

그럼 아이들은 "우리도 따라갈까?"라고 물었다.

이때 주변 아이들이 내 몸집만 하면 "좋아!"라고 대답했고, 나보다 작으면 "따라올 수 있으면 따라와!"라고 말했다. 트레슬이나 공터 또는

✱ 제2차 세계대전 후 1946~1964년에 미국의 어머니들은 모두 7,600만 명의 아기를 낳았다. 1964년에 이르러서야 그때까지 과도하게 일하던 불쌍한 자궁들은 거의 동시에 애 낳기를 중단했다.

연못에 도착할 즈음 그곳에는 이미 600명가량의 아이들이 우글우글 모여 있기 일쑤였다. 두 동네가 만나는 곳, 예컨대 공원처럼 수천 명의 아이들이 모이는 곳을 제외하면 어디에나 600명 정도의 아이들이 항상 있었다. 언젠가 나는 그린우드 파크에 있는 석호에서 아이스하키 경기를 한 적이 있다. 무려 4,000명을 헤아리는 아이들이 참가해서 스틱을 무지막지하게 휘둘러댔다. 우리는 퍽이 사라진지도 모른 채 45분 동안이나 몸싸움을 계속했다.

키드의 세계는 감시받거나 감독받지 않았다. 억세게 물리적이고 때로는 비상식이 지배했지만 평화롭기 그지없는 세계였다. 아이들의 싸움은 결코 지나친 법이 없었다. 조절하기 힘든 아이들의 기분을 고려하면 무척 놀라운 현상이 아닐 수 없다. 내가 여섯 살이었을 때 한 아이가 꽤 멀리 떨어진 어떤 아이에게 돌멩이를 던지는 걸 봤다. 돌멩이는 그 아이의 머리를 정확히 맞혔고, 그 아이는 피를 흘렸다. 그 사건은 오랫동안 얘깃거리가 됐다. 다른 카운티에 사는 사람들까지 그 사건에 대해 알 정도였다. 돌멩이를 던진 아이는 무려 1만 시간 동안이나 훈계를 들었다.

우발적 사고가 아니면 우리는 폭력을 사용하지 않았다. 하지만 우리는 밀턴 밀턴이란 이름을 가진 아이에게는 왜 그렇게 이름이 바보 같고 발동기를 몸에 단 척하느냐며 가끔, 솔직히 거의 버릇처럼 주먹으로 옆구리를 쿡쿡 찔러댔다. 밀턴이 기차나 로봇 등 뭐가 될 운명이었는지는 몰라도, 그는 걸을 때마다 두 팔을 피스톤처럼 움직이며 폭폭 소리를 냈다. 그래서 우리는 그의 옆구리를 주먹으로 쿡쿡 찔렀다. 우리는 그럴 수밖에 없었다. 밀턴 밀턴은 쿡쿡 찔려야 하는 운명으로 태어났으니까.

닥터 알츠하이머의 왕진

우발적인 사고로 피를 흘린 사건과 관련해서 내 자랑을 조금만 해보면, 내가 열 살인가 됐을 때 9월의 어느 조용한 오후에 리오 콜링우드의 뒷마당에서 동네 아이들과 풋볼을 하다가 발생한 유혈극의 주인공이 바로 나였다. 항상 그랬듯이 그날도 150명은 넘을 듯한 아이들이 풋볼 경기를 했다. 따라서 태클을 당해 마시멜로처럼 폭신한 몸뚱이들 위에 넘어지는 일은 다반사였다. 정말로 운이 좋으면 메리 올리어리 위에 넘어져서, 다른 아이들이 몰려들어 떼어놓을 때까지 메리의 품에서 잠시나마 편안하게 누워 있을 수 있었다. 메리에게는 바닐라 냄새가 났다. 아니, 바닐라 향에 산뜻한 풀내가 더해진 냄새였다. 메리의 살은 보들보들하고 깨끗했다. 메리는 가슴이 저리도록 예뻤다. 메리의 위에 넘어지면 황홀하기 그지없었다. 그러나 그날 나는 뒷마당 밖으로 나동그라지며 돌담에 머리를 부딪히고 말았다. 머리끝에서 등 쪽으로 얼얼한 통증이 밀려가는 기분이었다.

나는 힘겹게 일어섰다. 그런데 모두가 똑같이 넋 나간 표정으로 나를 쳐다보며, 내게서 뒷걸음질 치는 듯했다. 로니 브랜코비치는 눈을 감더니 힘없이 주저앉아버렸다. 그의 형이 "네가 죽은 줄 알았어."라고 말했다. 당연히 나는 아이들이 뭣 때문에 내 주변에 모여 있는지 알지 못했다. 그러나 나중에 들은 얘기들을 종합해보면, 잔디에 물을 주는 스프링클러라도 심어놓은 듯 내 머리에서 피가 사방으로 흩뿌려진 듯싶다. 나는 머리를 만져보았다. 축축한 데를 찾아냈다. 트럭이 소화전에 충돌하거나 오클라호마에서 유전이 발견되면서 물이나 기름이 솟구친 것처럼 느껴졌다. 레드 어데어(Red Adair, 미국의 저명한 유전 화재 전문가—옮긴이)에게 일거리가 생긴 듯한 기분이었다.

나는 "집에 가서 보이는 게 좋겠어."라고 차분하게 말했다. 그리고 성큼성큼 걸어서 리오 콜링우드의 뒷마당을 떠났다. 단숨에 집으로 달려간 나는 피를 줄줄 흘리면서 부엌으로 들어갔다. 아버지가 커피 잔을 들고 창가에 선 채로 옆집의 젊은 여주인인 부코브스키 부인을 몰래 훔쳐보고 있었다. 부코브스키 부인은 아이오와에서 처음으로 비키니를 샀고, 세탁물을 널 때 비키니를 입었다. 이윽고 피를 줄줄 흘리는 내 머리를 본 아버지는 잠시 넋을 잃은 표정이었다. 하지만 곧 펄쩍 뛰면서 아니나 다를까 호들갑스레 난리법석을 피우기 시작했다. 동시에 여섯 방향으로 우왕좌왕하면서 절박한 목소리로 어머니를 불렀다. 어머니는 낡은 수건이었지만, 수건을 한 아름 안고 금세 달려왔다. 빌리가 부엌에서 죽을 것처럼 피를 흘리고 있었으니까!

그 이후의 기억은 하나도 분명한 것이 없다. 그래도 내 기억이 맞는다면, 아버지가 나를 식탁 옆에 앉히고 내 머리를 눌러 피가 나오는 걸 막으려 애쓰면서 우리 집 주치의인 닥터 알츠하이머에게 전화를 걸어 도움을 청했다. 한편 언제나 침착하고 냉정한 어머니는 버려도 상관없을 오래된 천 조각이나 이미 붉게 물든 천 조각만을 꼼꼼하게 찾았고, 뒷문으로 하나둘씩 얼굴을 내미는 친구들을 상대하느라 여념이 없었다. 아이들은 내 머리의 일부라고 생각했던지 돌담에서 정성 들여 찾아낸 뼛조각과 잿빛 이물질을 손에 쥐고 있었다.

물론 나는 식탁 옆에서 머리를 눌리고 있어 친구들을 제대로 볼 수 없었다. 그러나 토스터기에 비친 아이들의 모습이 대충은 보였다. 아버지는 내 머리에 난 구멍을 발꿈치까지 밀어 넣을 듯한 기세로 세게 눌렀다. 그러면서도 아버지는 내게 조금도 위안이 되지 않는 말을 닥터 알츠하이머에게 쏟아냈다.

"피가 얼마나 흘렀는지 상상도 못할 겁니다. 헤엄이라도 칠 정도라고요!"

전화기 반대편에서는 닥터 알츠하이머가 아직도 상황을 파악하지 못한 듯 느긋한 목소리로 말했다.

"곧 갈 수 있을 겁니다. 지금은 안 돼요. 골프 중계를 보고 있거든요. 벤 호건이 지금 기적 같은 경기를 펼치고 있단 말입니다. 벤 호건이 생애 최대의 경기를 하는 모습을 놓칠 수는 없지 않겠습니까? 그런데 피가 멈추기는 했습니까?"

"지금도 노력 중입니다."

"좋아요, 잘하고 계십니다. 벌써 피를 상당히 흘렸을 겁니다. 그런데 꼬마 녀석이 아직 숨은 쉬고 있겠죠?"

"그런 것 같습니다."

나는 아버지에게 고개를 끄덕여 보였다.

"예, 아직 숨을 쉬고 있습니다."

"다행이로군요. 잘됐습니다. 일단 이렇게 해보십시오. 아스피린 두 알을 먹이고, 가끔 쿡쿡 찔러서 녀석이 의식을 잃지 않았는지 확인하십시오. 어떤 일이 있어도 의식을 잃도록 내버려둬서는 안 됩니다. 자칫하면 그 불쌍한 녀석이 정말로 죽을지도 모릅니다. 중계가 끝나는 대로 곧 가겠습니다. 저런! 호건이 친 공이 그린을 지나 러프에 빠졌어요!"

그리고 닥터 알츠하이머가 수화기를 내려놓았는지 전화가 끊어진 신호음이 들렸다.

다행히 나는 죽지 않았다. 아버지가 내 의식을 확인하는 일을 세 시간 동안이나 잊은 덕분에 낮잠까지 늘어지게 잘 수 있었다. 여하튼 네 시간 후에는 머리에 붕대를 칭칭 감은 채 침대에 앉아 편히 쉬면서 초콜릿 아이스크림을 통째로 먹고 있었다. 또 왕처럼 버티고 앉아 친구들의 위문을 받았다. 선물을 가져온 친구에게 나를 먼저 만나는 특별한 우선권까지 베풀면서! 닥터 알츠하이머는 약속한 시간보다 훨씬 늦게야 도착했다. 하지만 내 침대에 걸터앉아 바비 존스(Bobby Jones) 등의 골프 선수를 아느냐고 물으면서 대부분의 시간을 보냈다. 내 머리의 상처는 들여다보려 하지도 않았다. 닥터 알츠하이머는 왕진비도 아주 합리적으로 받지 않았을까 싶다.

그때 그 시절, 우리들만의 괴담

아이오와는 믿지 못할 의료진뿐만 아니라 자연의 위험에도 거의 속수무책이었다. 내가 여섯 살이 되던 해, 매미 나나니벌(cicada killer)이 창궐했다. 매미 나나니벌은 매미와 다르다. 물론 매미도 날아다니는 조그만 엽궐련처럼 생겨 흉측하기는 하지만, 내 기억이 맞는다면 매미 나나니벌은 새빨간 눈과 괴상하게 생긴 집게를 가진 벌이었다. 여하튼 매미 나나니벌이 훨씬 나빴다. 매미 나나니벌은 17년을 주기로 땅에서 나왔기 때문에, 어른들도 매미 나나니벌에 대해서는 잘 몰랐다. 따라서 'cicada killer'에서 '살해자'를 뜻하는 'killer'가 매미(cicada)를 죽인다는 뜻인지 매미에게 죽임을 당한다는 뜻인지를 두고 끝없는 논쟁이 벌어졌다. 어른들의 의견은 후자로 모아졌다.

매미 나나니벌은 벌새와 비슷한 크기였고, 온몸에 날카로운 침이 박혀 있어 고약하기 이를 데 없었다. 매미 나나니벌은 두더지처럼 굴 같은 곳에 살았다. 우리가 보금자리를 뒤적거리면 전기톱처럼 섬뜩한 날갯소리를 내면서 갑자기 밑에서 솟구쳐 올라왔다. 매미 나나니벌이 우리 반바지 틈새로 들어와 팬티 속에 갇혀 미친 듯이 발광하기 시작하면 그야말로 악몽이었다. 매미 나나니벌의 침에 쏘인 고추를 응급조치하려면 길가에서라도 바지를 훌렁 벗고 고추를 잘라내야 할 정도였다. 게다가 정통한 소식통에 따르면, 매미 나나니벌은 이상하게도 고추만을 집중 공격한다고 했다. 하지만 나는 길가에서 그런 응급조치를 하는 아이를 본 적이 없었다. 매미 나나니벌이 굴에서 한 마리라도 튀어나오면 누구나 반바지와 다리의 틈새를 꼭 누르고 결사적으로 도망쳤기 때문이 아닐까 싶다.

때를 가리지 않고 우리를 위협하는 최악의 위험요소는 옻나무였다. 하지만 옻나무가 무엇이고, 사람을 어떻게 해치는지 정확히 아는 사람은 보지 못했다. 옻나무가 무섭다는 말은 그야말로 앞뒤가 맞지 않는 헛소문에 불과했다. 그러나 어디에서도 분명한 답을 구할 수 없는 상황에서 우리는 심각한 목소리로 "멀리 가지 않는 게 좋을 거야. 옻나무가 어디에 있을지 모르니까."라고 말했다.

그럼 한 어린 친구가 눈을 크게 뜨면서 물었다.

"옻나무?"

옆에 있던 친구가 그의 어깨를 감싸 안으며 말했다.

"옻나무엔 독이 있어, 지미."

지미가 물었다.

"옻나무가 정말로 나빠?"

나는 거들먹거리며 설명하기 시작했다.

"내가 말해줄게. 형의 친구인 미키 콕스가 전에 옻독이 오른 사람을 봤는데, 옻독이 온몸에 번져서 의사들이 온몸을 잘라내다시피 했대. 그래서 지금은 접시에 얼굴만 남아서, 사람들이 그를 모자 상자에 담아서 갖고 다닌대."

"우아!"

모두가 탄성을 질렀지만 아서 버건만은 예외였다. 아서는 짜증날 정도로 똑똑해서, 절대 모를 듯한 것까지 알았다. 게다가 내가 주변에서 주워들어 아는 내용과 놀랄 정도로 일치했다.

아서가 말했다.

"머리만 남아서는 상자에서 살 수 없어."

"천만에, 사람들이 그 사람을 가끔 상자에서 꺼내준대. 시원한 공기도 쐬게 해주고 텔레비전도 보게 해주려고."

"말도 안 돼. 몸뚱이가 없이 머리만 남아서는 살 수 없어!"

"그 사람은 살았어."

"거짓말이야. 심장이 없는데 머리에 어떻게 산소를 주겠냐?"

"내가 그걸 어떻게 알아? 내가 닥터 킬데어라도 되냐? 하여간 난 그렇게 알고 있어."

"그럴 순 없어, 브라이슨. 네가 잘못 들은 거야. 아니면, 네가 꾸민 얘기든지."

"아니야, 거짓말하는 게 아니라니까!"

"천만에."

"아서, 하나님한테 맹세하지, 내 말은 정말이야."

하나님한테 맹세한다는 말에 곧바로 어색한 침묵이 흘렀다.

지미가 침묵을 깨며 말했다.

"정말이 아니면 그렇게 말해서 형은 지옥에 갈 거야."

그러나 누구나 알고 있기에 전혀 불필요한 말이었다. 모든 아이는 태어날 때부터 자동적으로 그렇게 알고 있었다.

하나님에게 하는 맹세는 최후의 행동이었다. 하나님에게 맹세하고,

그 말이 만에 하나 눈곱만큼이라도 틀리면 맹세한 사람은 지옥에 가야만 했다. 그게 법칙이었다. 하나님은 누구에게도 그 법칙에 예외를 두지 않았다. 따라서 하나님에게 맹세를 하는 순간, 우리는 그 말에 조금이라도 잘못된 데가 있을지도 모른다는 불안감에 휩싸이기 시작했다.

나는 무한한 책임에서 벗어나기 위해 조금이라도 발을 빼지 않을 수 없었다.

"어쨌든 우리 형이 그렇게 말했어."

그러나 아서는 빈틈을 주지 않았다.

"이제 와서 바꿀 순 없어. 네가 벌써 그렇게 말했잖아."

아서 버건이 나중에 상해 전문 변호사가 된 것이 우연은 아닌 듯하다.

나라고 모르는 건 아니었다. 그런 상황에서 할 수 있는 일은 하나밖에 없었다. 밀턴 밀턴의 옆구리를 주먹으로 툭 치는 수밖에.

거의 모든 집의 뒷마당에서 덤불을 이루며 자라는, 과즙이 많은 빨간 딸기도 옻나무 못지않게 위협적인 존재였다. 그런데 나무나 딸기에 분명한 이름이 없어 막연한 면이 있었다. 그냥 '그 빨간 딸기'나 '빨간 딸기가 달린 나무'였다. 그러나 그 딸기에는 독성이 있다고 여겨졌다. 그 딸기를 잠깐이라도 만지거나 쥐었다가 손 씻는 걸 깜빡 잊고 과자나 샌드위치를 먹은 후에 한 시간쯤 지나면 언제라도 죽을 수 있다는 무시무시한 소문이 떠돌았다.

내 어머니도 그 딸기 때문에 걱정이 태산이어서, 걸핏하면 부엌 창문으로 얼굴을 내밀고 우리에게 딸기를 먹지 말라고 소리쳤다. 하지만 1950년대의 아이들은 야생에서 자라는 것을 절대 먹지 않았으므로 쓸데없는 걱정이었다. 우리는 설탕을 입힌 것, 유명한 운동선수나 텔레비전 스타가 선전하는 것, 또 공짜로 선물받은 것 이외에는 먹지 않았다. 따라서 어머니의 잔소리는 우리에게 길에서 발견한 죽은 고양이를 먹지 말라는 말이나 마찬가지였다. 우리가 그런 걸 먹을 생각이라도 했겠는가.

재밌게도 그 딸기에는 독성이 전혀 없었다. 우리가 래니 코왈스키의 동생인 럼피*에게 그 딸기를 무려 2킬로그램 정도나 먹여봤기 때문에 자신 있게 말할 수 있다. 우리는 그 딸기를 먹으면 정말로 죽는지 알고 싶어서 그랬다. 하지만 우리 실험은 신중하기 이를 데 없었다. 우리는 럼피에게 한 번에 하나씩 먹였고, 적당한 간격을 두고 럼피의 눈알이 돌아가는지 유심히 살폈다. 하여간 럼피가 다른 세상으로 넘어가려는 징조를 보이는지 조심스레 살펴보았다. 그렇게 2킬로그램을 먹었지만 럼피는 멀쩡했다.

우리 삶에서 유일한 위험요소는 버터 보이였다. 버터 보이들은 질퍽질퍽한 래쿤 강가를 따라 형성된, 언제나 어둑한 숲 지역에 때가 되면 나타나 엉성한 집들에서 떼 지어 모여 사는 잡종들이었다. 어둑한 숲 지역을 우리는 버텀스(Bottoms)라 불렀다. 봄이 되면 버텀스가 범람해서 버터 보이들은 아칸소나 앨라배마, 여하튼 그들이 떠나온 곳으로 되돌아갔다.

그사이에 버터 보이들은 우리에게 지극히 위협적인 존재였다. 그들의 특기는 자기보다 작은 아이들을 괴롭히는 것이었다. 그들에게 괴롭힘을 당하는 건 언제나 어린아이였다. 버터 보이는 처음부터 무척 컸다. 해마다 먼 길을 다녀야 했기 때문에 같은 또래의 어떤 아이보다 훨씬, 훨씬 몸집이 컸다. 6학년쯤에는 문을 통과할 수 없을 정도로 엄청나게

---

* 그의 중요한 부분이 묵직한 덩어리(lump)처럼 항상 축 늘어져 있어 '럼피(Lumpy)'라고 불렸다. 지금도 그렇기를 바라 마지않는다.

큰 버터 보이도 있었다. 버터 보이들은 지독히 못생겼고, 말도 제대로 못했다. 다람쥐를 잡아먹기도 했다.

버터 보이들에게서 벗어나기 위한 최선의 방법은 어린 꼬마를 제물로 바치는 것이었다. 아픈 것도 모르고 무서운 것도 모르는 럼피 코왈스키가 안성맞춤이었다. 게다가 럼피는 말을 할 줄 몰랐고, 말을 아예 하지도 않았기 때문에 고자질할 염려도 없었다. 버터 보이들도 럼피의 축 늘어진 바짓가랑이에 충격을 받았는지, 럼피에게 잠시 발길질을 하고는 당황한 듯 일그러진 얼굴로 돌아가버렸다.

최악의 결과는 한둘의 버터 보이에게 혼자 사로잡히는 것이었다. 나도 열 살 땐가 버디 버터에게 붙잡혔다. 버디 버터는 나와 같은 학년이었지만 적어도 일곱 살은 많았다. 그는 나를 커다란 소나무 밑으로 끌고 가 꼼짝 못하게 바닥에 눕혀놓고는 밤새 나를 거기에 가둬두겠다고 협박했다.

나는 잠시 기다렸다가 말했다.

"나한테 왜 이러는 거야?"

"그렇게 할 수 있으니까."

내 귀에는 '그렇게 하 수 있으니까'라고 들렸다. 이렇게 말하고 나서는 끈적끈적한 콧물을 들이마시는 듯한 소리를 냈다. 버터 보이의 세계에서는 웃음으로 통하는 소리였다.

내가 다시 말했다.

"하지만 너도 밤새 여기에 있어야 하잖아. 너한테도 무척 지겨울 텐데."

그가 매섭게 말했다.

"상관 마!"

그는 한참 동안 아무 말도 하지 않았다. 그러더니 갑자기 툭 쏘아붙였다.

"어쨌든 나는 그렇게 할 수 있어."

그는 침 매달기 놀이로 나를 위협하기 시작했다. 위에서 침덩어리를 실에 매단 것처럼 천천히 떨어뜨리고 술래의 바로 위에서 살살 흔들어대다가, 술래가 항복하면 침을 잽싸게 빨아들이는 놀이였다. 하지만 실수로 침이 떨어지는 경우가 적지 않았다. 그러나 버터 보이의 침은 내 눈에 침처럼 보이지 않았다. 적어도 인간의 침 같지는 않았다. 커다란 벌레가 앞다리에 토해내고 더듬이로 비벼대는 것처럼 보였다. 이끼처럼 녹색이었고 빨간 핏줄까지 눈에 띄었다. 내 기억으로는 양쪽에 아주 작은 잿빛 깃털까지 돌출돼 있었다. 하여간 침이 무척 크고 반짝거려서 내 얼굴이 반사돼 보였다. 하지만 에셔(M.C. Escher)의 그림처럼 내 얼굴이 뒤틀려 보였다. 그 침이 조금이라도 내 얼굴에 닿으면 그 부분이 지글지글 타면서 영원히 지워지지 않을 상처를 남길 것만 같았다.

다행히 그는 침덩어리를 도로 삼키고 나를 풀어주며 말했다.

"다음부터 조심해, 스컹크, 고양이, 계집애 같은 ×새끼야."

이틀 후, 봄비가 촉촉이 내리기 시작했다. 버텀스가 범람하면서 버터 보이들은 얄팍한 지붕 위로 피신했다. 어른들이 작은 배를 끌고 가서 그들을 하나씩 구해줬다. 많은 아이가 강둑에 서서 어른들에게 박수를 보냈다.

버터 보이들은 몰랐겠지만, 시원한 봄비를 몰고 온 먹구름들은 초원지대의 얌전한 영웅, 작지만 완벽하게 균형 잡힌 몸을 가진 선더볼트 키드의 강력한 투시력에 인도를 받아 하늘을 가로질러 찾아온 것이었다.

3

우리는 모두 영웅이었다

코네티컷, 이스트 햄프턴(AP통신) - 익사자가 있다는 소문 때문에 시작된 포코토포그 호수 수색이 지난 화요일에 취소됐다. 수색 자원봉사자, 이스트 햄프턴에 거주하는 로버트 하우스먼(23세)이 수색 대상자로 밝혀졌기 때문이다. 〈디모인 레지스터〉, 1957. 9. 20

어머니의 건망증

내 어린 시절에, 아니 그 이후에도 어머니는 식사를 준비할 때마다 우리 접시에 커다란 코티지치즈(탈지유로 만든 백색 치즈-옮긴이)를 올려놓았다. 어머니는 응고됐지만 약간 흐물흐물한 것을 끼니때마다 반드시 먹어야 한다고 생각한 듯했다. 그럴 만한 이유가 있기는 하지만 나는 코티지치즈를 싫어했다. 내게 코티지치즈는 토해낼 것이지 먹을 음식처럼 보이지 않았다. 나로서도 이해하기 힘든 수수께끼 같은 문제였다.

우리에게 먼 친척 삼촌인 디는 어렸을 때 크게 다쳐서, 어쨌든 외과적 외상으로 후두(喉頭)를 떼어낸 까닭에 목에 항상 구멍을 달고 다녔다. 지금 생각해보건대 디 삼촌은 실질적인 삼촌이 아니라, 큰 규모의 가족 모임 때만 얼굴을 비춘 낯선 사람이었다. 정확히 말하면, 지금도 나는 디 삼촌의 목에 구멍이 난 이유를 모른다. 삼촌의 목에 난 구멍도 어쩔 수 없는 현실이었다. 1950년대에 아이오와의 시골에는 눈에 띄는 신체적 특징을 가진 사람이 적지 않았다. 나무 의족이나 의수, 유난히 움푹 들어간 머리, 손가락이 없는 손, 혀가 없는 입, 눈동자가 없는 눈, 10센티미터는 넘을 듯한 흉터……. 그들이 어쩌다 그런 지경에 이르렀는지는 아무도 몰랐지만, 신체적 불행으로 고통받는 것만은 틀림없어 보였다.

어쨌든 디 삼촌의 목에는 구멍이 있었고, 삼촌은 그 구멍을 작은 면 거즈로 가리고 다녔다. 그런데 거즈가 가끔 떨어졌다. 삼촌이 흥분하는 일은 거의 없었지만, 간혹이라도 흥분하면 거즈가 목에 달랑달랑 매달리거나 아예 떨어져버렸다. 어떤 경우든 목의 구멍이 훤히 드러났다. 뻥

뚫린 구멍은 새까맸고 25센트 동전 크기만 했다. 디 삼촌은 그 구멍을 통해서 말했다. 정확히는 그 구멍을 통해서 말 같은 소리를 토해냈다. 모두가 인정했듯이 디 삼촌은 능수능란하게 목소리를 냈다. 밖으로 내뱉는 공기의 양을 조절하는 모습은 그야말로 경이로움 그 자체였고, 많은 사람에게 전속력으로 부릉대는 뱃전의 모터를 떠올리게 했다. 하지만 안타깝게도 삼촌이 하는 말을 조금이라도 알아듣는 사람은 전혀 없었다. 친척이라 해도 옆 사람이 구멍을 과감하게 들여다보면서 궁금한 표정을 지으면 삼촌은 감정을 담아 트림을 했다. 때때로 낯선 친척은 "이게 그건가?"라고 말하고는 진지하고 심각한 표정으로 고개를 끄덕였다. 하지만 곧 "난 레모네이드를 좀 마셔야겠네."라고 말하며 서둘러 멀어졌다. 그럼 디 삼촌은 그의 등에 대고 크게 트림을 해댔다.

디 삼촌이 뭔가를 먹지 않을 때는 목의 구멍도 큰 문제가 아니었다. 하지만 삼촌이 뭔가를 먹을 때는 정말 같은 하늘 아래 있고 싶지 않았다. 삼촌이 음식을 입에 가득 넣고도 말을 하려고 했기 때문이다. 삼촌이 먹은 것은 뭐든 목의 구멍을 통해 튀어나왔다. 그래서 작은 털 부스러기 고르는 기계, 아니면 분사식 제설기를 옆에 두고 식사하는 기분이었다. 모두가 서로 사랑하는 누이와 아들과 아버지의 관계였고, 어떤 특별한 날에는 이웃 루터 교회에서 온 두 목사까지 착한 그리스도인답게 한결같이 침착하고 인정 많은 사람들이어서 삼촌에게 아무런 불평도 하지 않았다. 그러나 삼촌의 옆에 앉은 사람들, 특히 맞은편에 앉은 사람들은 어떻게든 의자의 방향을 조금이라도 돌려보려고 진땀을 흘렸다.

디 삼촌의 신체적 조건에서 특히 내 관심을 끈 부분은 초콜릿 크림 파이, 프라이드치킨 스테이크, 삶은 콩을 베이컨과 함께 구운 요리, 시금치, 순무 등 무엇이든 삼촌의 입에 들어간 것이 목의 구멍에 이를 때

쯤이면 희한하게도 코티지치즈로 변한다는 점이었다. 지금 생각해도 그 이유가 아리송하지만, 하여간 그랬다.

어쩌면 그래서 내가 코티지치즈를 지독히 싫어했는지도 모르겠다. 어머니는 내 마음을 조금도 이해하지 못했다. 그러나 어머니는 바다처럼 마음이 넓었고, 대부분의 것을 잊고 지냈다. 우리는 재미 삼아 어머니에게 우리 생일이 며칠인지 아느냐고 물었고, 그런 요구가 너무 가혹하다 싶으면 계절이라도 대보라고 윽박질렀다. 어머니는 우리 중간 이름도 확실하게 기억하지 못했다. 슈퍼마켓에서도 계산대에 가서야 어느 순간부터 남의 쇼핑 카트를 끌고 다닌 걸 알았다. 파인애플, 좌약, 아주 큰 개에게 먹이는 사료 등 쇼핑 카트에 든 물건들이 어머니가 사려던 것이 아니었으니까! 또 어머니는 어떤 옷이 누구의 것인지도 확실히 몰랐다. 물론 우리가 어떤 음식을 특별히 좋아하는지도 전혀 몰랐다.

매일 저녁 나는 길가에 쓰러진 사람에게 담요를 덮어주듯이 내 접시에 수북이 놓인 코티지치즈 위에 빵을 올려놓으면서 어머니에게 말했다.

"엄마, 내가 코티지치즈를 정말 싫어하는 거 알지요."

어머니는 난처하고 당황한 표정을 지으며 말했다.

"그랬니? 그런데 왜?"

"디 삼촌의 목에서 튀어나오는 것처럼 보이거든요."

아버지를 비롯해 식탁에 앉아 있던 모두가 내 말에 수긍하듯 고개를 끄덕였다.

"그래도 조금만 먹어보렴. 먹기 싫은 건 남기고."

"조금도 싫어요, 엄마. 한 조각도 싫어요. 한 조각도 먹기 싫다고요. 그런데 엄마, 우리가 매일 저녁에 똑같은 얘기를 한다는 걸 아세요?"

"하지만 넌 맛을 본 적도 없잖니."

"비둘기 똥도 맛본 적 없어요. 귀지도 맛본 적 없어요. 맛볼 필요도 없는 게 있다고요. 이런 얘기도 저녁마다 했어요."

어머니를 제외한 모두가 다시 고개를 끄덕였다.

"네가 코티지치즈를 싫어한다는 걸 엄마는 정말 몰랐구나."

어머니는 정말로 놀란 듯이 그렇게 말했다. 하지만 다음 날 저녁에도 내 접시에는 어김없이 코티지치즈가 올라왔다.

아주 가끔, 어머니의 건망증은 나를 훨씬 심각한 상황에 몰아넣기도 했다. 특히 어머니가 시간에 쫓길 때 그랬다. 내가 꽤 어릴 때의 일이다. 여하튼 멍청할 정도로 뭐든지 믿을 만큼 아주 어릴 때였다. 아침부터 유난히 부산스럽고 바쁜 날이었다. 어머니는 나에게 누이가 입던 카프리 바지(몸에 꼭 끼는 여성용 평상복 – 옮긴이)를 입혀 학교에 보내려 했다. 밝은 연초록색이었고 몸에 꼭 끼었다. 소변을 보는 구멍도 없었다. 게다가 길이는 내 종아리까지밖에 내려오지 않았다. 내 모습을 거울에 비춰보고는 당황하지 않을 수 없었다. 〈이중 배상〉에 출연한 바바라 스탠윅(Barbara Stanwyck)처럼 보였다.

"엄마, 내 옷이 아닌 것 같아요. 혹시 베티 누나의 카프리 바지 아니에요?"

어머니는 나를 달래듯 말했다.

"아니야, 그건 해적 바지야. 요즘 유행하는 거란다. 쿠키 쿡슨이 〈77 선셋 스트립〉에서 입었던 거야."

당시 최고의 인기를 끌던 텔레비전 프로그램에서 넉넉한 헤어스타일을 자랑하던 주인공 쿠키 쿡슨(Kookie Kookson)은 내게 영웅이었다. 아니, 재밌는 헤어스타일을 좋아한 모든 사람에게 영웅이었다. 쿡슨은 이상한 것도 귀엽게 표현해낼 수 있는 사람이었다. 그래서 많은 사람이 쿡슨을 '괴짜'라는 뜻의 쿠키라고 불렀다. 그렇다손 치더라도 내 바지는 어울리지 않는 듯했다.

"엄마, 쿠키 쿡슨도 이런 바지는 입지 않을 거예요. 이건 여자 바지란 말이에요."

"아니야, 쿠키 쿡슨도 그런 바지를 입었어."

"하나님한테 맹세할 수 있어요?"

어머니가 순간적으로 망설였다.

"음…… 이번 주에 한번 보렴. 틀림없이 쿠기 쿡슨이 그 바지를 입고 나올 테니까."

"하나님한테 맹세할 수 있냐고요?"

어머니가 다시 대답을 망설였다.

"음……."

결국 나는 카프리 바지를 입고 학교에 갔다. 웃음소리가 사방에서 들리는 듯했다. 온종일 웃음소리가 내 귀에서 떠나지 않았다. 평소에는 의자에 불이 나도 엉덩이를 떼지 않을 만큼 무지막지한 거구의 보솜 교장 선생님까지 나를 보려고 일부러 교실까지 찾아와서는, 블라우스 단추가 떨어지는 것도 모른 채 웃어댔다.

물론 쿠키는 카프리 바지를 입지 않았다. 그와 비슷한 바지도 입지 않았다. 학교에서 돌아와 나는 누이에게 쿠키 쿡슨이 카프리 바지를 입은 적이 있었는지 물었다. 누이는 "너, 농담하니? 쿠키 쿡슨은 동성애자가 아니야!"라고 말했다.

어머니의 건망증은 거의 병적이었고, 선천적 기벽(奇癖)이었다. 따라서 어머니의 건망증을 비난할 수만은 없었다. 차라리 두 가지 색인 데다 물방울무늬까지 있는 구두를 좋아한다고 어머니에게 짜증을 내는 편이

나왔다. 어머니는 워낙에 그런 분이었다. 게다가 어머니는 온갖 방법으로 그런 허물을 만회했다. 자상하고 인자했으며, 참고 기다려주며 너그러웠다. 또 잘못하면 곧바로 진지하게 용서를 바랐고, 고치려고 애썼다. 세상사람 모두가 어머니를 좋아했다. 어머니는 누구도 의심하지 않았고, 누구에게도 악의를 갖지 않았다. 목소리를 높이는 일이 없었고, 어떤 부탁도 거절하는 법이 없었다. 또 누구도 험담하지 않았다. 어머니는 모두를 좋아했다. 어머니는 샌드위치를 만들기 위해 살았다. 모두가 행복하게 살기를 바랐다. 또 거의 매주 나를 식당과 영화관에 데려갔다.

미국 중서부의 '샹젤리제'를 거닐며

아버지는 일 때문에 주말이면 대부분 집을 비웠다. 따라서 어머니는 금요일마다 거의 예외 없이 내게 "오늘 저녁은 비숍네 식당에서 먹고, 영화를 볼까?"라고 말했다. 우리가 거의 매주 치른 행사였지만 어머니는 특별히 한턱내는 듯 말했다.

그래서 나는 금요일마다 수업이 끝나는 대로 서둘러 집으로 돌아왔다. 그리고 책을 부엌 식탁에 던져놓고 과자를 한 움큼 쥔 채 시내로 향했다. 때로는 버스를 탔지만, 대부분은 돈을 아끼려고 걸었다. 3킬로미터밖에 되지 않았고, 그랜드 거리를 걸으면 재밌고 볼거리도 많았기 때문이다. 게다가 그랜드 거리에는 버스가 다니지 않았다. 버스들은 길의 세계로 들어가는 입구인 잉거솔 거리로 돌아갔다. 나는 그랜드 거리를 무척 좋아했다. 당시 시내에서 서쪽 교외 지역까지의 거리에는 가장 아름다운 가로수로 가을이면 황금빛 낙엽을 마음껏 흩뿌려대는 우람한 느릅나무들이 늘어서 있었다. 게다가 그랜드 거리는 길이 인간에게 제공해야 하는 느낌을 한껏 안겨주었다. 사무용 건물과 아파트가 길에 바싹 붙어 있어 도로가 이웃이라는 느낌을 주었다. 또 그랜드 거리에서는 장식용의 작은 탑과 선박의 갑판처럼 생긴 현관으로 꾸며진 화려한 저택 등 오래된 집들을 볼 수 있었다. 하지만 그때도 그런 집들은 대부분 사무실이나 장례 회관 등으로 개조돼 사용됐다. 화강암으로 지은 교회들, 천주교에서 운영하는 여자 고등학교, 차로까지의 통로에 차양을 씌우고 맨해튼 냄새를 물씬 풍기던 웅장한 코모도르 호텔, 아이들이 놀거나 창가에 서 있는 모습조차 보이지 않아 으스스한 분위기를 풍기던 고아원, 하얀 깃대에 주기(州旗)가 매달려 있던 주지사의 관저 등 공공건물들도 적절한 간격을 두고 눈에 띄었다. 아무튼 모든 것이 적절한 균형미를 갖추고 제자리를 차지하며 장식을 절제한 듯했다. 한마디로 그랜드 거리는 완벽했다.

거주 지역이 끝나면서, 잡지 〈집과 정원을 더 예쁘게〉를 출간하던 메레디스 출판사 건물을 필두로 번화가가 시작됐다. 여기에서 그랜드 거리는 중요한 약속이라도 갑자기 기억해낸 듯이 왼쪽으로 급격하게 꺾어졌다. 그랜드 거리는 원래 이곳부터 미국 중서부의 샹젤리제라 할 수 있는 번화가를 관통해서 주의회 의사당 계단까지 이어지도록 계획돼 있었다. 다시 말해 그랜드 거리를 한 발짝씩 내딛다 보면 완벽하게 중심을 차지하며 황금색 돔이 얹힌 의사당 건물이 한눈에 들어오도록 할 계획이었다(지금도 의사당 건물은 폴크 카운티에서 가장 아름다운 건물 가운데 하나로 손꼽힌다).

그러나 1800년 후반기 언젠가 길을 조성하고 있을 때 밤새 큰비가 내려 측량 기사들이 꽂아둔 깃대가 이동해서 원래의 계획선에서 밀려났다. 여하튼 우리가 전해들은 바에 따르면 그렇다. 그 결과 의사당이 이상하게 중앙에서 벗어나면서 어디론가 도망치려는 듯 보인다는 것이다.

이런 특이한 특징을 좋아하는 사람도 있지만, 그에 관해서는 입도 뻥긋 하지 않으려는 사람도 있었다. 나는 서쪽에서 번화가 쪽으로 걸을 때마다 기분이 좋았다. 우아하게 보일 정도로 약간 비틀어지고 가슴에 묻어 주고 싶을 만큼 비정상적인 상태로 보이는 풍경을 앞에 두면, 사람들은 중요한 도로를 건설하면서 그 길이 어디로 뻗을지 한 번도 고개를 들고 멀리 내다보지 않는다는 사실을 생각해보곤 했다.

번화가에 들어서서 처음 두 블록은 음산한 분위기를 풍겼지만 그런 대로 견딜 만했다. 거기에는 어둑한 술집들, 평판이 별로 좋지 않은 자그마한 여관들, 우중충한 사무실들, 그리고 고무도장이나 이삭꽃 같이 이상한 물건을 파는 가게들이 있었다. 나는 이 구역을 무척 좋아했다. 언제라도 위층 창문에서 심하게 말다툼하는 소리가 들렸다. 그래서 할리우드 영화에서 보았듯이 곧 총싸움이 벌어져 누군가 창문에서 차양으로 떨어지거나, 피로 흥건한 가슴을 부여잡고 비틀비틀 걸어 나와 길 한복판에서 쓰러지는 장면을 현장에서 목격하길 바랐다.

그 지역을 지나가면 곧바로 진짜 시내가 시작됐다. 품위 있고, 문자 그대로 늘씬한 번화가였다. 아이오와 주도의 약동하는 심장부였지만, 규모는 상당히 작은 편이었다. 가로로 서너 블록, 세로로 네다섯 블록에 불과했다. 그러나 높다란 벽돌 건물이 밀집되고, 사람들과 생동감으로 넘치는 구역이었다. 공기는 약간 텁텁하고 푸른빛을 띠었다. 사람들은 성큼성큼 서둘러 걸었다. 도시의 심장부라는 느낌이 실감났다.

시내에 도착하면 나는 언제나 똑같은 길을 걸었다. 가장 먼저 뱅커스 트러스트 빌딩에 있는 핑키스에 들렀다. 핑키스는 재밌고 신기한 물건들을 파는 가게였다. 안에는 날개가 있는 플라스틱 얼음 덩어리, 말하는 이빨, 모양이 변하는 고무 똥 등 재밌는 물건이 먼지를 뒤집어쓴 채 잔뜩 쌓여 있었다. 하지만 손님은 거의 없었다. 핑키스는 선원이나 이민 노동자와 어린 꼬마가 시내에서 특별한 일도 없이 빈둥거릴 때 시간을 보낼 공간으로만 존재하는 듯했다. 지금 생각해봐도 핑키스가 어떻게 운영됐는지 이해되지 않는다. 1950년대에는 많이 팔지 않아도 그런대로 버틸 수 있었기 때문일 거라고 짐작할 따름이다.*

핑키스에서 볼 만큼 보고 나면 프랭클스의 중2층을 한두 바퀴 돌았다. 그 후에는 융커스 백화점의 서점에 들러 〈하디 보이스〉의 신간이 나왔는지 살펴보았다. 그리고 울워스의 소다수 판매대 앞에 길게 늘어선 줄에 서서 그곳의 자랑거리인 그린 리버스를 사 마셨다. 그린 리버스는 1950년대 학생들이 즐겨 마신 초록색의 발포성 혼합 음료였다. 그런 다음에야 나는 〈레지스터〉와 〈트리뷴〉이 함께 사용하는 건물로 향했다. 거기에 도착해서도 나는 커다란 판유리 창문을 통해 건물 안을 들여다보며 1분 정도를 보냈다. 1층에 있는 널찍한 인쇄실이 훤히 보였다. 인쇄실을 볼 때마다 나는 뭔가를 갈기갈기 찢어내는 모습을 보기에는 최적의 장소라는 생각이 들었다. 그리고 나는 활달하게 돌아가는 회전문을 통해 〈레지스터〉의 로비에 들어갔다. 여기에서도 나는 부속실을 찾아가 유리 상자 안에 담겨 천천히 회전하는 커다란 지구의에 경의를 표하며 적잖은 시간을 보냈다. 그런데 이상하게도 유리 상자를 만지면 온몸이 따뜻해지는 기분이었다.

〈레지스터〉는 이 지구의를 자랑스레 여겼다. 내 기억이 맞는다면, 그 지구의는 당시 세계에서 가장 큰 지구의 가운데 하나였다. 지금도 그만

---

* 그 후 나는 세상일에 밝던 스티븐 카츠를 통해 핑키스가 외설 잡지를 몰래 팔아서 수지를 맞췄다는 걸 알았다. 하지만 그 당시 나는 그런 사실을 전혀 몰랐다.

큰 큰 지구의를 정확히 만들기는 쉽지 않다. 내 몸집의 두 배만 했고, 무척 아름답게 제작되고 색칠이 된 지구의였다. 과학적으로 입증된 각도로 축이 기울어지고, 지구와 똑같은 속도로 자전해서 24시간마다 한 바퀴씩 돌았다. 요컨대 그 지구의는 경이롭고 위대한 작품이었다. 자기만족에 불과하기는 했지만, 그 지구의는 비숍 식당의 원자 변기를 제외하면 디모인에서 가장 정교한 테크놀로지의 산물이었다. 크고 웅장하며 실물에 가까웠기 때문에 진짜 지구를 쳐다보는 기분을 안겨주었다. 나는 그 지구의 주변을 돌면서 하나님이 된 듯한 착각에 빠지곤 했다. 지금도 지구의 한 부분을 차지하는 탕가니카, 로디지아, 동독과 서독, 프렌들리 제도로 알려진 통가 왕국 등을 생각할 때마다 나는 그 지구의에서 보던 위치를 떠올린다. 나 말고도 그 지구의를 좋아한 사람은 많았겠지만, 나만큼 애정 어린 눈빛을 던지는 사람은 보지 못했다.

상상력의 시대, 영화관에서 생긴 일

5시 30분 정각에 나는 엘리베이터를 타고 4층에 있는 편집국으로 올라갔다. 간이 회전문까지 설치된 전형적인 편집국이었다. 나는 〈그의 연인, 프라이데이〉의 여주인공 로잘린드 러셀처럼 의기양양하게 회전문을 밀고 편집국에 들어가, 스포츠부를 지나면서 모두에게 "안녕하세요!"라고 친근하게 인사말을 건넸다. 어쨌든 그들은 모두 아버지의 동료 기자들이었으니까! 그리고 최신 뉴스를 끊임없이 쏟아내는 전신기를 지나, 여성부의 어머니 책상 앞에 섰다. 회색 금속 책상에 반듯하게 앉은 어머니는 머리카락이 약간 옆으로 흘러내린 채 고색창연한 직립형 스미스 코로나 타자기를 열심히 두들기고 있었다. 그 간이 회전문을 지나 스포츠부 남자들과 그들 너머에서 타자기를 열심히 두드리는 사랑하는 어머니를 다시 볼 수 있다면, 나는 무슨 짓이라도 할 수 있을 듯하다.

내가 책상 앞에 서면 어머니는 언제나 똑같이 반가워하며 놀란 표정을 지었다. 그리고 마치 몇 주는 내 얼굴을 못 본 사람처럼 말했다.

"빌리! 웬일이니? 저런, 오늘이 금요일이니?"

"예, 엄마."

"비숍네 식당에서 밥 먹고 영화관에 가겠니?"

"그럼 좋고요."

그래서 우리는 비숍의 식당에서 기분 좋게 저녁 식사를 한 다음 시내에 있는 세 영화관, 파라마운트, 디모인, RKO 오피움 가운데 하나에서 영화를 봤다. 세 영화관 모두 고대 이집트의 전성시대를 떠올리게 하려는 듯 으스스한 조명으로 꾸며놓아 썰렁한 지하 납골당 같았다. 파라마운트와 디모인은 각각 1,600명을 수용할 수 있었고, 오피움은 두 극장에 비해 조금 작았다. 하지만 1950년대 말쯤에는 상영할 때마다 손님이 거의 언제나 30~40명이 고작이었다. 책꽂이에 꽂힌 책의 제목, 달력의 날짜, 지나가는 자동차의 번호판까지 읽을 수 있을 정도로 큰 화면을 앞에 두고 어둑한 영화관에 앉아 버터로 맛을 낸 팝콘을 먹으며 금요일 저녁을 보내기에 이들 세 영화관보다 적합한 곳은 없었고, 앞으로도 없을 것이다. 그 영화관들은 마법의 공간이었다.

1950년대의 영화들은 비길 데 없이 탁월했다. 〈우주 생명체, 블롭〉 〈미지의 혹성에서 온 사나이〉 〈지구 대 비행접시〉 〈성층권의 좀비들〉 〈놀랍도록 거대한 남자〉 〈우주의 침입자〉 〈놀랍도록 줄어든 사나이〉 등은 끝없는 상상력이 지배한 1950년대에 제작된 경이로운 창조물이었다. 하지만 어머니와 나는 이런 영화들을 보지 않았다. 우리는 리처드 콘트, 리자베스 스코트, 라나 터너, 댄 두리에이, 제프 챈들러 등의 중하급 배우가 주연한 멜로드라마를 주로 봤다. 나는 이런 영화들에 사람들이 혹하는 이유를 이해할 수 없었다. 1950년대 영화의 등장인물들이 흔히 그러하듯, 심각하고 침울하며 비난하는 투의 말이 끝없이 이어질 뿐이었다. 등장인물들은 거의 언제나 얼굴을 돌리면서 말했다. 그래서 그들 앞에 서 있는 사람이 아니라 책꽂이나 스탠드를 상대로 말을 하는 듯했다. 어떤 때는 음악이 갑자기 커졌고, 그런데도 한 사람이 커튼 뒤에 숨어서 말을 했다. 그래서 두 사람이 서로에게 무슨 말을 하는지도 모른 채 헤어졌다.

"나도!"

나는 어머니에게 이렇게 빈정대듯 말하고는 기분 전환을 하려고 남자 화장실로 느릿느릿 걸어갔다. 시내 영화관의 남자 화장실은 널찍하고 상당히 고급스러웠다. 또 불빛도 안락한 분위기를 자아냈다. 게다가 전신 거울이 있어 총을 재빨리 꺼내는 연습도 할 수 있었다. 빗이나 콘돔 등을 파는 희한한 기계들도 있었다. 하지만 팔을 쭉 뻗어야 닿을 만한 곳에 설치돼 있었다. 화장실 칸 앞에는 어른들이 길게 줄을 서 있기 일쑤였고, 아래쪽이 뜬 칸막이로 나뉘어 옆 칸에 있는 사람의 발이 보였다. 그렇게 만든 이유를 그때나 지금이나 이해할 수가 없다. 옆 칸에 있는 사람의 발을 볼 수 있어 유리한 상황은 대체 어떤 경우일까? 아무리 머리를 쥐어짜도 나로서는 생각해내기 힘들다. 나는 버릇처럼 가장 왼쪽에 있는 칸에 들어가서 문을 잠갔다. 그리고 옆 칸으로 기어들어가 그곳까지 잠갔다. 거기에서 멈추지 않고 계속 옆 칸으로 기어들어가 그 줄에 있는 모든 칸의 문을 잠갔다. 그렇게 하고 나면 이상한 성취감이 느껴졌다.

이런 작은 위업을 성취하려고 내가 어디를 기어다녔겠는가! 하지만 그때 나는 정말 어리석었다. 그랬다, 정말 아무 생각이 없었다. 여섯 살 때는 영화를 볼 생각은 하지 않고, 재밌게도 내 좌석 밑에서 향긋한 냄새가 나는 것을 기계로 제작한 의자의 일부라 생각하고는 열심히 뜯어내기도 했다. 좌석 밑에 들어가 낑낑대며 뜯어내고 나서야 앞 손님이 남겨놓은 껌이란 걸 알았지만.

그렇게 기상천외하고 비위생적인 짓을 한 덕분에 거의 2년 동안이나 나는 속이 느글거려 죽을 뻔했다. 더구나 다른 사람이 씹다가 버린 껌을 헤집던 손으로 처클스를 하나씩 꺼내 먹고, 버터로 맛을 낸 팝콘을 집어 먹지 않았던가. 심지어 그 손가락을 쪽쪽 빨기도 하지 않았던가. 매독균과 뭔지 모를 세균을 그들이 씹다 버린 리글리 껌과 주시 프루트 껌에서 내 깨끗한 입과 토실토실한 소화관으로 열심히 옮긴 셈이었다. 시간의 문제일 뿐이었다. 서너 시간 후에는 정신착란에 빠져 헛소리를 해대고, 온몸에 열이 펄펄 나면서 서서히 고통 속에 죽어갈 듯싶었다.

영화가 끝난 후 우리는 토들 하우스에 들러 파이를 사 먹었다. 토들 하우스는 기름불이 춤을 추고 연기가 자욱한 조그만 식당이었다. 직원들의 성질이 고약하긴 했지만 그랜드 거리에서 가장 아늑한 곳이었다. 벽돌로 지은 오두막만 했고, 빙빙 돌아가는 의자들이 놓인 카운터 하나가 전부였다. 그러나 토들 하우스처럼 협소하면서도 쌀쌀한 밤에 코끝을 달콤하게 자극하는 따뜻한 온기와 기막히게 맛있는 음식을 제공하는 곳은 어디에도 없었다. 한 겹씩 얇게 벗겨지고 크림을 듬뿍 채워서 언제나 큼직하게 잘라주는 파이는 접시 위의 천국이었다. 평소 같으면 한없이 즐거운 저녁 시간이었겠지만, 그날 밤 나는 미칠 것만 같고 울적한 마음을 달랠 길이 없었다. 온몸이 더럽혀지고 저주를 받을 것 같았다. 그런 최악의 상황이 내게 닥칠 줄은 꿈에도 몰랐다. 하지만 이미 엎질러진 물이었다. 나는 카운터에 앉아 바나나크림 파이를 포크로 뒤적거리기만 했다. 나 자신과 저주받은 창자에게 한없이 미안했다. 나는 물을 마셨다. 그런데 내 옆에 앉은 노인도 그 물 잔으로 물을 마시는 것이 아닌가. 200살은 넘어 보였고, 입가에는 회색 침이 질질 흘렀다. 노인이 물 잔을 내려놓았다. 하얀 찌꺼기가 물에 둥둥 떠 있는 게 보였다. 무시무시한 공포가 밀려왔다. 나는 두 손을 목구멍까지 밀어 넣고 소리쳤다.

"아악! 악!"

그 바람에 내 포크가 바닥에 떨어지며 요란한 소리를 냈다.

노인은 싱긋이 웃으면서 말했다.

"내가 네 물을 마셨다고 그러는 게냐?"

"예!"

나는 숨을 헐떡이며 소리치고는 노인의 접시를 쳐다보았다.

"할아버지가 먹고 있는 게… 삶은 달걀."

삶은 달걀은 제대로 씻지 않는 노인과 절대 나눠 먹지 말아야 할 두 번째 것이었다. 물론 첫 번째는 코티지치즈였다. 하지만 간발의 차이로 첫째일 뿐이었다. 그 둘의 부산물은 육안으로 거의 구분되지 않았다.

고양이가 뱃속에 뭉친 솜뭉치를 토해내려고 발버둥치듯 나는 접시에 얼굴을 대고 구역질을 해댔다.

"병균이 네 몸속에 안 들어갔기를 바라마!"

노인은 이렇게 말하고 내 등을 툭 치며 일어나 계산을 치렀다.

나는 어리둥절해서 노인을 쳐다보았다. 노인은 계산을 끝냈는지 이쑤시개를 입가에 물고는 어기적거리며 픽업트럭을 향해 걸어갔다.

노인을 그냥 놓아줄 수는 없었다. 노인이 픽업트럭의 문을 열려는 순간, 화가 나서 부릅뜬 내 눈에서 전기 광선이 뿜어져 노인의 몸을 때렸다. 노인은 잠시 비틀거렸다. 그리고 몸을 뒤틀며 고통에 찬 신음을 나지막이 내뱉더니 쭉 뻗어버렸다.

선더볼트 키드의 강력한 눈빛 선더비전은 그렇게 탄생했다. 따라서 세상은 어리석은 멍텅구리들에게 위험한 곳이 됐다.

영웅을 위한 비망록

선더볼트 키드가 어떻게 강력한 힘을 얻게 됐는지에 대한 해석은 분분하다. 너무 많아서 나조차도 헷갈릴 지경이다. 그러나 내가 지구인이 아니라 다른 행성, 나중에야 알았지만 지즈 은하계에 속한 엘렉트로 별에서 왔다는 단서를 어머니와 아버지의 대화에서 찾아냈다. 나는 두 분의 대화를 엿들으면서 어린 시절을 보냈다. 정확히 말하자면, 엿들은 게 아니라 감시한 것이다. 두 분은 이상하게도 행복한 착란 지경에 빠져 춤을 추는 듯이 엄청나게 긴 대화를 자주 나누었다. 어느 날 아버지가 뭔가 쓰인 종이를 들고 집에 돌아왔다. 무척 흥분한 기색이 역력했다. 거기엔 '셰즈 롱그(chaise longue, 프랑스어로 '긴 의자'라는 뜻-옮긴이)'라고 쓰여 있었다. 아버지가 그 종이를 어머니에게 내밀며 물었다.

"이 단어를 읽을 줄 알아요?"

어머니는 아이오와 주민답게 '셰즈 라운지'라고 발음했다. 아마 미국인이라면 누구나 그렇게 발음했을 것이다. 당시 셰즈 롱그는 그즈음에 유행하던 조절 가능한 테라스용 긴 의자(lounger)를 뜻했다.

아버지가 어머니를 몰아세우며 다시 말했다.

"다시 봐요."

어머니는 아버지의 협박에 굴하지 않고 똑같이 발음했다.

"셰즈 라운지."

"아니라니까. 두 번째 단어를 잘 봐요."

어머니가 종이를 뚫어지게 쳐다보았다.

"오, 그렇군요."

그제야 눈치챈 듯 어머니는 천천히 다시 발음했다.

"셰즈 론 궤이."

"롱이오."

아버지는 점잖게 말했다. 하지만 프랑스어처럼 가르랑대며 발음해 보였다.

"셰즈 로오옹그. 대단하지 않소? 이 단어를 100번이나 봤지만 '라운지'가 아닌 걸 알아차리지 못했다니까."

어머니가 감탄하는 듯한 목소리로 말했다.

"롱그. 곧 익숙해지겠죠."

아버지가 말했다.

"프랑스어요."

"그럴 줄 알았어요. 그런데 무슨 뜻인지 궁금하네요."

아버지가 창밖을 내다보며 말했다.

"나도 모르지. 저길 봐, 밥이 퇴근하는군. 밥에게 실험해봐야지."

그래서 아버지는 밥 아저씨를 현관 앞에서 붙잡아 세웠다. 두 분은 10분 정도 재밌게 얘기를 나누었다. 그 후에도 아버지는 한 시간 동안이나 골목길을 서성댔고, 때로는 큰길까지 나가서 이웃들에게 그 종이를 보여주었다. 그때마다 그들은 재밌게 얘기를 주고받았다. 나중에는 밥 아저씨가 우리 집에 찾아와, 자기 부인에게 보여줘야겠다면서 그 종이를 빌려줄 수 있는지 물었다.

이때쯤 나는 지구인이 아니고, 어머니와 아버지가 나의 생물학적 부모가 아닐지도 모른다고 의심하기 시작했다.

그리고 내가 여섯 살도 채 되지 않은 어느 날, 나는 지하실에 들어가기 전에 보지 못하고 넘어간 날카롭고 불에 타는 것이 있는지 찾아보려고 사방을 뒤적거렸다. 고개를 쭉 내밀어 난로 뒤를 기웃거리자 아주 멋진 순모 스웨터가 눈에 띄었다. 나는 그 스웨터를 얼른 입어보았다. 엄청나게 컸다. 소매를 계속해서 잡아당기지 않으면 바닥에 닿을 지경이었다. 그러나 내가 그때까지 본 스웨터 가운데 가장 멋졌다. 기름을 바른 듯 윤기가 흐르는 스웨터였다. 색깔도 짙은 초록색인 데다 따뜻하고 묵직했다. 약간 따끔거리고 좀먹은 구멍이 간혹 눈에 띄었지만 정말 황홀할 정도로 멋진 스웨터였다. 가슴에는 색이 많이 바랬지만 선더볼트(번개) 모양의 무늬가 있었다. 흥미롭게도 그 스웨터가 누구의 것인지 아는 사람이 없었다. 아버지는 옛날 제1차 세계대전 전에 대학 풋볼 선수나 아이스하키 선수가 입었던 게 아닐까 생각했다. 그러나 그 스웨터가 어떻게 우리 집에 오게 됐는지는 전혀 몰랐다. 예전 집주인이 지하실 난로 뒤에 걸어두었다가 이사 가면서 잊었을 거라고 추측할 뿐이었다.

그러나 나는 아버지보다 더 많은 것을 알았다. 그것은 재프의 신성한 스웨터가 분명했다. 소박하지만 건축적으로 무한히 발전한 우리 별 엘렉트로가 폭발하면서 파스텔 색깔로 산산조각 나기 직전, 즉 지구 해로 1951년, 엘렉트로의 해로는 21,000,047,002년, 은빛 우주선에 나를 태우고 지구에 왔던 나의 생부 볼튼 왕이 내게 남긴 유산이 확실했다. 볼튼 왕은 미국 중부에서 살아가던 이 착한 가족의 품에 나를 맡겼고, 그들에게 최면을 걸어 내가 지구인이라고 믿게 했던 것이다. 그래서 나는 엘렉트로의 힘과 신조를 고스란히 간직할 수 있었다.

그 스웨터는 내 초능력의 원천이었다. 그 스웨터를 입으면 나는 초능력자로 변했다. 그 스웨터는 엄청난 괴력, 불끈대는 근육, 엑스레이 투시 광선, 공중을 날고 천장에 거꾸로 매달려 걷는 능력, 언제든 투명인간으로 변신할 수 있는 능력, 올가미를 던져 멀리 있는 사람의 총을 빼서 쏘는 카우보이 같은 솜씨, 야영장의 모닥불 옆에서 노래하는 감미로운 목소리, 정수리에 꼬불꼬불 말린 푸르스름하면서도 검은 머리카락 등을 내게 주었다. 한마디로 그 스웨터를 입은 나는 남녀를 불문하고 모두가 가까이 오고 싶어하는 사람으로 변했다.

나는 옛날부터 고이 간직하던 보물함에서 쓸 만한 부속물을 꺼내 그 스웨터에 더했다. 조로의 채찍과 칼, 스카이 킹의 목도리와 비밀 호루라기로도 사용되는 목도리 고리, 로빈 후드의 활과 화살, 로이 로저스의 카우보이 조끼와 딸랑거리는 양철 박차가 달린 장화 등도 내게 힘을 더해주고 나를 빛나게 해주는 것이었다. 허리띠에는 알루미늄으로 만든 육군용 수통을 매달았다. 그 안에 뭔가 넣으면 이상하게 금속 맛이 났다. 황야에서도 푸짐한 식사를 즐기고, 살쾡이와 회색 곰과 소아성애자인 보이스카우트 단장을 무찌르는 데 필요한 온갖 장비들이 갖춰진 보이스카우트 캠핑 용구와 나침반도 빠뜨리지 않았다. 구름에 메시지를 보내기 위해 표식이 부착된 배트맨 회중전등과 고무 칼도 준비했다.

때로는 육군용 배낭에 간단한 먹을거리와 여분의 탄약을 담아 갖고 다니기도 했다. 그러나 배낭이 이상하게 고양이 오줌 냄새를 지독하게 풍기는 데다 싸우려고 목에 두른 빨간 수건이 자연스럽게 휘날리는 걸 방해해서, 가능하면 배낭을 갖고 다니지 않았다. 잠깐 동안이기는 했지만, 슈퍼맨처럼 청바지 위에 팬티를 입기도 했다. 그러나 그런 옷차림을 보고 아이들이 낄낄대고 웃는 바람에 나는 곧 슈퍼맨처럼 변장하는 걸 포기하고 말았다. 나도 슈퍼맨이 왜 그렇게 입고 다녔는지 도무지 이해할 수가 없었다.

나는 계절에 따라 초록색 펠트 카우보이 모자나, 데이비 크로케트(Davy Crockett, 19세기 개척자이자 정치인-옮긴이)의 너구리 모자를 썼다. 공중을 날아다닐 때는 조니 유니타스(Johnny Unitas, 유명한 쿼터백-옮긴이)가 인정한 플라스틱 얼굴 가리개가 달린 풋볼 헬멧을 썼다. 이런 장비들을 모두 모으면 30킬로그램이 조금 넘었다. 따라서 나는 그런 장비를 입었다기보다 질질 끌고 다녔다. 그래도 완전히 갖춰 입으면 선더볼트 키드가 됐다(나중에는 선더볼트 선장). 선더볼트 키드! 온갖 장비를 갖춘 내 모습을 본 아버지가 감탄해 마지않으며 싱긋이 웃으면서 내게 붙여준 이름이었다. 그때 아버지는 내 칼이 계단에 걸린 모습을 보고는 나를 번쩍 들어 뒤쪽 현관의 나무 층계를 다섯 계단이나 한꺼번에 오르게 해주었다. 덕분에 나는 무거운 몸을 끌고 진땀을 흘려야 했을 10분을 절약할 수 있었다.

다행히 나는 많이 움직일 필요가 없었다. 나쁜 사람을 붙잡거나 보통 사람들을 위해 좋은 일을 하는 데는 내 초능력이 통하지 않았다. 나는 엑스레이 투시 광선을 사용하는 데 뛰어나서 예쁜 여자의 옷 속을 꿰뚫어보거나, 내 즐거움을 방해하는 사람들, 예컨대 선생님, 아기를 봐주는 사람, 뽀뽀를 해달라는 할머니를 숯으로 만들어 없애버렸다. 그 시대의 영웅들에게는 나름대로 전공 분야가 있었다. 슈퍼맨은 진리 및 정의와 미국의 성공을 위해 싸웠다. 로이 로저스는 급수 시설에 독을 풀거나, 미국식 삶을 방해하고 공격하려는 음모를 꾸미는 공산국가 간첩들에 맞서 싸웠다. 조로는 분명하지는 않지만 틀림없이 건전한 이유로 바보 같은 가르시아 상사를 괴롭혔다. 또 론 레인저는 초기 서부 개척 시대에 법과 질서를 위해서 싸웠다. 나는 멍텅구리들을 죽였다. 지금도 그 임무를 충실히 수행하고 있다.

　나는 엑스레이 투시 광선을 어떻게 작동시키는지 몰라서 그 비밀을 알아내려고 고민을 거듭했다. 다시 말해 옷을 꿰뚫어볼 수 있다면 피부까지 관통해 몸속을 들여다볼 수 있어야 했다. 그래서 핏줄, 맥박이 뛰는 기관, 소화돼서 꼬불꼬불한 창자를 내려가는 음식물, 그 밖에 추하고 불쾌한 것까지 모두 볼 수 있었다. 가령 발그스레한 피부에 엑스레이 투시 광선을 비추면 몸이 매력적이고 자연스런 상태가 아니라, 보이지 않는 속옷에 눌리고 뒤틀려 보였다. 일례로 여자의 가슴은 보이지 않는 브래지어에 갇혀서 이상할 정도로 짓눌리고 들려 있었다. 자연스럽게 흔들리지도 않고, 편안해 보이지도 않았다. 조금도 만족스럽지 않았다. 여하튼 썩 만족스럽지는 않았다. 따라서 살갗이나 겉옷에 피해를 주지 않고 속옷까지 벗겨낼 수 있는 레이저 같은 눈빛, 즉 선더비전을 완벽하게 가다듬어야 했다. 선더비전은 한 단계 높여 목표물에 좀더 집중하면 성가신 사람을 연기로 만들어버리는 강력한 무기로도 활용할 수 있었다. 반갑지만 부수적인 힘을 더하는 것에 불과했다.

　슈퍼맨과 달리 나에게는 내 힘의 근원에 대해 설명해줄 사람이 없었다. 나는 혼자 힘으로 초능력의 세계를 개척하고 역할 모델을 찾아야 했다. 쉽지 않은 일이었다. 1950년대는 영웅들에게도 바쁜 시대였고, 낯선 시대였다. 또 그 시대의 영웅은 대부분 괴짜였고 불안한 기색도 있었다. 게다가 노래하는 카우보이인 로이 로저스를 제외하고 모든 영웅이 남자와 함께 살았다. 로이 로저스는 데일 에반스라는 여자와 함께 살기는 했지만, 데일은 남자처럼 옷을 입고 다녔다. 배트맨과 로빈은 누가 뭐래도 동성애의 관계인 듯했고, 슈퍼맨도 크게 나을 바 없었다. 헷갈리게도 슈퍼맨은 둘이나 있었다. 하나는 만화책의 슈퍼맨으로, 푸르스름한 머리카락에 웃는 법이 없었다. 또 누구에게도 호되게 당하지는 않았다. 다른 하나는 텔레비전의 슈퍼맨이었다. 만화책의 슈퍼맨보다 훨씬 친절했고, 젖꼭지 부근이 늘어진 편이었다. 또 시간이 지날수록 나약해지고 부드럽게 변해갔다.

  론 레인저는 어떤 일이 있어도 2인용 작은 천막을 함께 사용하고 싶지 않을 만큼 이상한 영웅이었다. 텔레비전에서 론 레인저 역할을 맡은 배우는 둘이나 됐다. 1949~1951년, 또 1954~1957년은 클레이튼 무어, 그 사이에는 존 하트였다. 그러나 지역 방송에서는 그 프로그램을 아무 때나 재방영하는 바람에, 론 레인저가 아무도 속지 않는 조그만 가면을 썼을 뿐 아니라 때때로 변신까지 한다는 느낌이었다. 론 레인저는 번개처럼 달리고 먼지구름을 일으키는 야생마 '하이요 실버'를 타고 다녔다. 나는 〈론 레인저〉의 절반 정도를 봤지만 그의 말에 어떻게 그런 이름이 붙여졌는지 이해할 수 없었다. 한마디로 아무 의미도 없는 이름이었다.

  내가 진정한 영웅으로 삼았던 로이 로저스는 여러 가지 점에서 당혹스럽기 그지없었다. 무엇보다 그는 시대에 어울리지 않았다. 서부에 위치한 미네럴 시티에 살았지만, 미네럴 시티라는 곳은 19세기의 마을로만 보였다. 인도에 나무를 깔았고, 말을 매는 말뚝까지 있었다. 집에서는 호롱불로 불을 밝혔고, 모두가 말을 타고 6연발 권총을 차고 다녔다. 보안관도 가슴에 배지를 달았을 뿐 옷차림은 카우보이와 똑같았다. 그러나 데일의 카페에 들어가 커피를 주문하면 전기 발열판에 얹힌 유리 주전자에서 커피를 따라주었다. 게다가 때로는 현대판 경찰이나 FBI 요원이 자동차나 경비행기를 타고 나타나 도망치는 공산주의자를 추격했다. 그런 장면이 나올 때마다 나는 '제길, 대체 뭐 하자는 거야?'라고 속으로 중얼거렸다. 아무튼 다섯 살짜리가 투덜댈 수 있는 말을 혼자서 중얼거렸다.

칼을 마음대로 다루는 방법을 정말로 알았던 조로를 제외하면, 싸움은 언제나 간단하게 끝났다. 피도 흘리지 않았고, 병원에 실려 가는 사람도 없었다. 당연히 혼수상태에 빠지거나, 상처를 크게 입고 죽는 사람도 없었다. 큰 바위 위에 숨어 있던 사람이 말을 타고 지나가는 사람 위로 뛰어내리면서 두 사람이 격렬하게 몸싸움을 벌이는 식이었다. 하지만 금세 두 사람은 벌떡 일어섰고, 결국에는 좋은 사람이 나쁜 사람을 때려눕혔다. 로이와 데일은 총을 갖고 다녔다. 아니, 모두가 총을 갖고 다녔다. 심지어 그들의 우스꽝스런 흑인 하인 매그놀리아와 요리사 패트 브래디에게도 총이 있었다. 하지만 로이와 데일은 총으로 사람을 죽이지 않았다. 총을 쏘아 나쁜 사람의 손에 있는 총을 떨어뜨리고는 주먹으로 적을 때려눕힐 뿐이었다.

아버지가 가끔 텔레비전 방을 지나갈 때마다 버릇처럼 내뱉은 말 때문에 잊히지 않는 또 하나의 얘깃거리는, 광고 포스터에서 로이의 애마인 트리거가 로이의 아내인 데일 에반스보다 위에 소개됐다는 것이다.

아버지는 그때마다 이렇게 말했다.

"하기야 트리거의 연기가 훨씬 낫지!"

"더 늘씬하기도 해요!"

"그래, 더 잘빠졌지."

이렇게 아버지와 나는 합창하듯 말했다, 진지하게!

누가 뭐래도 우리는 행복한 부자였다.

4

모든 꿈이
가능했던 시대

펜실베이니아, 필라델피아(AP통신) - 식사하기 전 두 잔의 칵테일, 어쩌면 석 잔까지도 심장에 전혀 무리를 주지 않는다. 오히려 건강에 좋을 수도 있다. 란켄아우 종합병원 연구팀은 남동 지역 펜실베이니아 심장학회의 지원을 받아 진행한 연구에서 이 같은 결론을 내렸다. 〈디모인 레지스터〉, 1958. 8. 12

의사들이 즐기는 담배와 버섯구름 시사회

1950년대를 이끌어가던 사람들이 어떻게 그런 결론에 이르렀는지는 모르겠지만, 그들은 세상에 존재하는 거의 모든 것이 우리에게 좋다고 말했다. 식사하기 전의 음주? 많이 마실수록 좋다! 흡연? 두말하면 잔소리다. 담배는 우리를 더 건강하게 해준다! 불안감을 달래주고, 지친 정신을 예민하게 만들어준다. 적어도 당시의 광고에 따르면 그렇다. L&M 담배는 '의사들이 즐겨 태우는 담배!'라며, 1960년대까지 담배 광고가 허용되던 〈미국 의학협회지 Journal of the American Medical Association〉에 광고를 하기도 했다. 엑스레이도 나쁠 것이 없었다. 구두 가게도 발 크기를 측정하는 데 엑스레이를 사용하는 특수한 기계를 설치해서 우리 발바닥에서 머리끝까지 엑스레이로 세례를 주었다. 그 마법의 광선에 쪼이지 않는 몸의 조직이 없을 지경이었다. 따라서 그 특수한 기계에서 내려올 때는 에너지를 얻은 기분이었고, 발에 딱 맞는 케즈 구두를 머릿속에 그렸다.

다행히 우리는 강철 같은 사람들이었다. 안전벨트와 에어백, 화재경보기나 생수도 필요 없었다. 목에 걸린 이물질을 제거하는 하임리히 응급법(Heimlich maneuver)도 필요하지 않았다. 물론 어린아이들은 열지 못하도록 약병에 안전뚜껑을 설치하지도 않았다. 자전거를 타면서 헬멧도 쓰지 않았고, 스케이트를 탈 때 무릎과 팔꿈치를 보호하기 위한 안전 패드도 매지 않았다. 특별한 경고문이 없어도 표백제가 음료수가 아님을 알았고, 휘발유에 성냥을 가까이 대면 불이 붙을 수도 있다는 사실을 알았다. 거의 모든 음식이 우리 몸에 좋았기 때문에 무엇을 먹어야 할지 걱정할 필요도 없었다. 설탕은 우리에게 에너지를 주었고, 붉은 살코기는 강한 힘을 주었다. 또 아이스크림은 뼈를 건강하게 만들고, 커피는 우리 정신을 맑게 일깨워 생산력을 높이는 식품이었다.

우리 삶을 윤택하고 신속하며 편리하게 해줄 새로운 상품이 개발됐다는 흥미로운 소식이 거의 매주 전해졌다. 기상천외하고 터무니없는 소식은 별로 없었다. 1959년 6월 8일, 〈디모인 레지스터〉는 흥분과 자부심을 감추지 못한 어조로 '유도미사일로 배달되는 우편물'이란 기사를 내보냈다. 미국 우정공사가 3,000여 통의 특급 편지를 대서양의 잠수함에서 160킬로미터나 떨어진 플로리다 메이포트의 공군기지로 운반하는 레굴루스 1호 로켓을 시험 발사한 직후에 발표된 기사였다. 그 기사에 따르면, 조만간 우편물을 잔뜩 실은 로켓들이 미국의 하늘을 수놓을 것만 같았다. 하지만 특별 배달 편지를 실은 로켓이 시간마다 뒷마당에 떨어질 거라고 걱정하는 목소리도 있었다.

아서 서머필드 우정공사 총재는 행복에 겨운 목소리로 "미사일을 이용한 초특급 우편물 배달 시스템을 조만간 만족할 수준까지 개발하게 될 것이다."라고 말했다. 하지만 그 후로 미사일 우편물에 관련된 소식은 더 이상 들리지 않았다. 시험용 로켓이 불행히 목표를 빗나가서 공장이나 병원의 지붕을 뚫어버렸거나, 애꿎게 공중에서 폭발해버렸거나, 지나가던 비행기를 맞춰서 개발을 중단했던 것은 아닐까. 또 로켓을 발사할 때마다 수만 달러가 소요돼 우편요금을 최고 120달러까지 올려야 했기 때문일지도 모른다.

사실 로켓을 이용한 우편물 배달은 현실적 제안으로 고려된 적이 없다. 그런 실험에는 한 푼도 투자되지 않았다. 하지만 상관없었다. 미국이 원하면 언제라도 우편물을 로켓으로 배달할 수 있다는 사실을 우리가 알았다는 점이 중요할 뿐이었다. 한마디로 당시는 꿈을 꾸는 시대였다.

지금 와서 돌이켜볼 때 당시에는 흥분되지 않을 일이 없었다. 머리를 깎는 것도 미치도록 재밌는 일이었다. 1955년 아버지와 형은 이발소에 가서 차렷 자세를 한 것처럼 머리카락을 똑바로 세우고 돌아왔다. 달리 말해 윗부분을 평평하게 깎는 상고머리였다. 그 후로 1950년대 내내 아버지와 형은 언제라도 작은 실험용 비행기에 착륙장이라도 제공할 듯, 또 소형 미사일이 배달하는 특급 우편물이라도 받으려는 양 상고머리를 고수했다. 그런 아버지와 형만큼 우스꽝스러우면서도 행복해 보인 사람은 없었다.

당시는 사랑스런 순진함도 곳곳에 살아 있던 시대였다. 1956년 4월 3일, 메릴랜드 헤이저스타운에 사는 줄리아 체이스란 여자가 백악관을 관광하다가 일행에서 떨어져 백악관 심장부까지 들어가게 됐다는 기사가 실렸다. 나중에 밝혀진 바에 따르면, 체이스 부인은 '머리가 헝클어지고 넋이 나간' 모습으로 백악관을 헤집고 다니며 작은 소동을 일으켰다. 그것도 다섯 번이나! 당시에 백악관의 보안이 얼마나 허술했는지 단적으로 보여주는 사건이었다. 그다지 똑똑하지도 못한 여자가 대통령 관저를 거의 한나절 동안이나 누구의 눈에도 띄지 않고 돌아다닐 수 있었다니 말이다. 지금 그런 일이 벌어진다면 어떻게 될까. 곧바로 경보가 울리면서 공군 전투기가 발진하고, 특수기동대 SWAT팀이 천장을 뚫고 낙하할 것이다. 게다가 탱크가 백악관 잔디밭을 엉망으로 짓누르고, 목표 지점을 향해 90분 동안 집중사격이 계속될 것이다. 이런 소동이 벌어진 후에는 백악관을 지킨 공로로 대대적인 포상 잔치가 벌어지기 마련이다. 또 버지니아와 동메릴랜드에서는 우리 편의 오발로 사망한 주민 76명을 애도하는 추모식도 열릴 것이다. 그러나 1956년에는 달랐다. 백악관에서 발견된 체이스 부인은 직원용 주방으로 내려가 따뜻한 차 한 잔을 대접받고, 가족의 품으로 돌려보내졌다. 그 후로 체이스 부인에 대한 소식은 들려오지 않았다.

부엌에서도 재밌는 일이 적잖게 일어났다. 〈타임〉은 1959년 한 표지 기사에서 "수년 전에 가정주부는 4인 가족을 위한 식사를 준비하는 데 평균 5.5시간을 보냈다. 그러나 지금은 90분 남짓으로 왕이나 까다로운 남편이 만족할 만한 식사를 준비할 수 있다."고 보도했다. 내가 장담하건대 우리 어머니는 이 기사를 누구보다 열심히 읽었을 것이다. 또 〈타임〉은 익명의 제보자의 말들을 인용하며 어디에서나 어렵지 않게 구할 수 있는 환상적인 새로운 인스턴트식품들을 줄줄이 나열했다. 냉동 샐러드, 분무식 마요네즈, 나이프로 빵에 바를 수 있는 치즈, 분무기 통에 담긴 액상 즉석커피, 튜브에 포장된 한 끼분의 피자…….

이런 변화에 깊이 공감하는 어조로 일관한 이 기사에 따르면, 제너럴 푸드의 회장이며 식품계의 최고 선각자인 찰스 그리노 모티머(Charles Greenough Mortimer)는 흐물흐물하고 색도 선명하지 못한 재래식 야채의 참담한 미래를 안타까워하면서 최고의 학자들을 자사의 실험실에 가둬 놓고 '새로운' 야채를 개발하는 데 최선을 다하라고 독촉했다. 때마침 모티머의 마법사들은 롤레츠라는 상품을 개발해냈다. 완두콩, 홍당무, 리마콩 등 다양한 채소를 퓌레 식으로 걸쭉하게 만들어 혼합한 후에 막대 모양으로 동결시킨 것이다. 따라서 바쁜 주부는 그걸 접시에 올려놓고 오븐에 데우기만 하면 그만이었다.

롤레츠는 찰스 그리노 모티머와 함께 로켓 우편물과 똑같은 운명의 길을 걸었지만, 그 밖의 많은 식품은 우리 위와 심장에서 한자리를 차지했다. 1950년대 말에 이르러 미국의 소비자들은 100여 종의 아이스크림과, 아침 식사를 대신해서 500여 종의 시리얼과 그만큼의 커피를 즐길 수 있었다. 그와 동시에 식품 공장들은 소비자를 현혹하기 위해 달콤한 염료와 방부제투성이의 상품들을 쏟아냈다. 한 조사에서도 밝혀졌듯이 슈퍼마켓에 진열된 식품들에는 '9종의 유화제, 31종의 안정제와 침전제, 85종의 계면활성제, 7종의 응결방지제, 28종의 산화방지제, 44종의 격리제'를 비롯해 무려 2,000여 종의 화학 첨가제가 함유돼 있었다. 어찌 생각하면 화학 첨가제에 식품이 포함됐다고 말할 수도 있다.

때로는 죽음까지 재밋거리가 됐다. 특히 나는 안전하면서 남에게 무자비하게 가해지는 죽음의 향연만큼 재밌는 것은 없었다. 1951년 〈포퓰러 사이언스〉는 미국에서 자타가 공인하는 유명 과학 전문 기자들에게 향후 12개월 내에 실현될 가능성이 큰 과학적 성과를 예측해달라고 요청했다. 그들 가운데 정확히 절반이 핵무장의 개선을 언급했고, 기발한 예측을 한 사람도 적잖았다. 예컨대 〈시카고 데일리 뉴스〉의 아서 스나이더는 미국의 지상군이 조만간 개인용 핵탄두로 무장할 거라고 지적하며, "소규모 원자포병대가 병력의 집결지를 포격할 수 있게 됨으로써 전쟁의 전술이 혁명적으로 바뀔 것이다! 과거에는 몇 주나 몇 달의 포위 공격에도 너끈히 견디던 지역이 앞으로는 며칠, 아니 몇 시간이면 지구에서 지워져버릴 것이다."라고 열변을 토했다.

사람들은 원자폭탄이 갖는 무기로서의 지존한 위치와 막강한 위력에 매료되고 홀딱 빠졌다. 군부가 라스베이거스 외곽 네바다 사막 지역의 프렌치맨 플랫이란 말라붙은 호수 바닥에서 원자폭탄의 실험을 시작하자, 그곳은 갑자기 라스베이거스에서 최고의 관광 명소가 됐다. 사람들은 도박을 하러 라스베이거스에 가는 것이 아니었다. 적어도 도박만을 하러 가는 것은 아니었다. 사막의 끝자락에 서서 발밑에서 흔들거리는 땅을 느끼고, 그들 앞에서 연기와 먼지가 기둥을 이루며 치솟아 오르는 광경을 보고 싶어했다. 관광객들은 아토믹 뷰 모텔에 여장을 풀고, 그 지역의 칵테일 라운지들에서 아토믹 칵테일(보드카와 브랜디와 샴페인을 똑같은 양으로 섞고 셰리주를 한 방울 떨어뜨린 칵테일)을 마셨다. 또 아토믹 햄버거를 먹었고, 아토믹 스타일로 머리를 깎았으며, 1년에 한 번씩은 미스 원자폭탄 선발대회를 보거나 '아토믹 블라스트(폭발-옮긴이)'를 자처하는 캔디스 킹이란 스트립 댄서의 유혹적인 춤을 보면서 밤 시간을 보냈다.

한창때는 네바다에서 한 달에 네 번 정도 핵폭발 실험이 실시됐다. 라스베이거스의 어떤 주차장에서도 버섯구름을 확연히 볼 수 있었다.＊ 그러나 대부분의 관광객은 점심 도시락을 싸들고 폭파지역 끝자락으로 달려가 실험을 지켜보았고, 심지어 그 후의 낙진까지 즐겼다. 엄청나게 큰 폭발이었다. 태평양 너머 수백 킬로미터 밖을 운항하던 항공기 조종사의 눈에 버섯구름이 보이는 일도 있었다. 방사능 먼지는 라스베이거스 전역을 뒤덮고, 평평한 곳 어디에나 수북이 쌓였다. 초기에는 폭발 실험 이후에 하얀 실험실 가운을 입은 정부 기술자들이 도시를 헤집고

＊ 당시 라스베이거스는 지금처럼 번잡한 도시가 아니었다. 1950년대까지만 해도 라스베이거스는 뜨겁고 한적한 곳에 위치한 조그만 휴양 도시였다. 샐린 덴튼과 로저 모리스가 함께 쓴 《돈과 권력 : 라스베이거스의 역사, 1947-2000(The money and the power: The making of Lasvegas and it's hold on America 1947-2000)》에 따르면, 교통 신호등은 1952년에 처음 설치됐고 엘리베이터는 1955년에 리비에라 호텔에서 첫선을 보였다.

다니며 방사능을 측정하는 가이거계수관을 사방에 들이밀었다. 사람들도 자신들이 방사능에 얼마나 노출됐는지 확인하려고 줄을 서서 기다렸다. 이 모든 일이 재밌게만 여겨졌다. 죽지만 않으면 모든 것이 재밌었다.

텔레비전의, 텔레비전에 의한, 텔레비전을 위한

핵폭발을 가까이에서 지켜보고 뜨거운 방사능 빛에 몸을 쏘이는 것도 즐겁고 재밌는 일이었지만, 1950년대 최고의 볼거리는 텔레비전이었다. 상고머리, 우편물을 배달하는 로켓, 분무식 마요네즈, 원자폭탄 등을 모두 합쳐도 텔레비전만큼 재밌지는 않았다. 당시 텔레비전이 얼마나 환영받았는지 지금 사람은 죽었다 깨도 모를 것이다.

1950년 미국에서도 텔레비전이 있는 가정은 그다지 많지 않았다. 또 미국인 가운데 40퍼센트가 텔레비전 방송을 한 번도 본 적이 없었다. 나는 그때 태어났고, 미국은 광란의 시대를 맞았다. 물론 이 두 사건은 아무런 관계도 없다. 아무튼 1952년쯤에는 미국 가정의 3분의 2, 요컨대 약 2,000만 가구가 텔레비전을 구입했다. 그때까지 대부분의 시골 지역은 시청 범위에 속하지 않았고, 전기조차 들어오지 않았다. 만약 상황이 따라주었다면 텔레비전은 훨씬 많이 보급됐을 것이다.

반면 도시에서는 텔레비전이 무척 빠른 속도로 보급되고 있었다. 1953년 5월, AP통신 보도에 따르면 보스턴에는 텔레비전(78만)의 수가 욕조(72만)의 수보다 많았다. 한 여론조사에서도 텔레비전 없이 사느니 차라리 굶겠다는 놀라운 대답을 한 사람이 많았다. 실제로 많은 사람이 그렇게 살지 않았을까 싶다. 1950년대 초 공장 노동자의 세후 평균 소득이 주당 100달러에 훨씬 못 미쳤던 반면에 텔레비전의 가격은 500달러를 넘었으니 말이다.*

텔레비전은 정말 재밌었다. 그래서 의류 회사인 맥그리거는 텔레비전의 발전에 발맞춘 옷을 연속으로 출시하며, "텔레비전의 눈부신 성장으로 수백만의 미국인이 실내에 머물고 있습니다. 이렇게 혁명적으로 변한 삶의 방식에 동참하기 위해서 맥그리거는 운동복의 혁명을 주도하기로 결정했습니다. 보는 사람에게나 보이는 사람에게나 새로운 관점을 제시하는 운동복을 즐겨보시기 바랍니다."라고 광고했다.

그렇게 만든 운동복들에는 '비데오'란 이름까지 붙여졌다. 그 운동복의 판매 촉진을 위해 맥그리거는 노먼 로크웰(Norman Rockwell)의 그림처럼 섬세하게 그린 삽화까지 제작했다. 건강한 운동선수처럼 보이는 네 명의 젊은 남자가 비데오 브랜드가 붙은 신제품을 자랑스레 입은 채 집에 편안하게 누워 텔레비전을 보는 삽화였다. 뒤집어 입을 수 있는 글렌체크 재킷, 사계절용 호스트 트리 쓰레트 재킷, 헐거운 바지에 어울리는 도로신 호스트 캐주얼 재킷, 그리고 개버딘에 정교한 무늬를 넣어 동성애자를 위한 옷처럼 보이지만 사계절용의 어떤 재킷에도 어울릴 법한 아라비안 나이츠 스포츠 셔츠……. 삽화 속의 네 청년은 무척 만족스런 표정이었다. 텔레비전과 의상, 가지런한 치아와 깨끗한 피부 등 모든 것에 만족한 듯했다. 그들의 옷이 야외 활동을 위해 특별히 제작된 거라는 사실에는 괘념치 않는 모습이었다. 우리가 키슬러 씨의 집에서 그랬듯이, 맥그리거는 네 청년이 이웃집 꽃밭에라도 서서 창문으로 텔레비

* 1959년 무렵 텔레비전 가격이 크게 떨어지긴 했지만 4인 가족 부양 공장 노동자의 세후 평균 소득은 주당 81.03달러, 홀몸인 공장 노동자의 세후 평균 소득은 주당 73.49달러였다.

전을 훔쳐보기를 바랐던 것일까. 어쨌든 맥그리거의 비데오 브랜드는 큰 성공을 거두지 못했다.

텔레비전을 보는 데 특별한 옷은 필요하지 않았다. 그러나 사람들은 특별한 음식을 원했다. 오마하의 스완슨 앤드 선스가 텔레비전에 완벽하게 어울리는 먹을거리를 1954년에 만들어냈다. 즉석 냉동식품인 텔레비전 디너스였다. 정식 명칭이 텔레비전 브랜드 디너스(TV Brand Dinners)였던 이 냉동식품은 좋게 말해 지금까지 만들어진 것 가운데 최고의 불량식품이었다. 텔레비전 디너스는 칸막이가 있는 알루미늄 접시에 담긴 한 끼분의 식사였다. 우리는 나이프와 포크만 준비하면 됐다. 으깬 감자에 바를 버터까지 준비하면 금상첨화였다. 미지근하고 축축한 프라이드치킨부터 지독히 뜨거운 수프와 야채, 반쯤은 얼어붙은 으깬 감자까지 다양한 온도를 체험케 해주는 완벽한 한 끼의 식사였다. 아무튼 우리 집에 배달되는 텔레비전 디너스는 그랬다. 게다가 희한하게도 어떤 음식에서나 금속 맛이 났다. 하지만 새롭고 그와 같은 것이 달리 없었기 때문에 그런대로 맛있기는 했다. 그 후로도 다른 혁신적이고 기발한 도시락들이 줄줄이 생산됨으로써 우리는 텔레비전을 보면서 배를 채울 수 있었다. 그때가 어린아이, 아니 수컷이란 인간이 식탁에 자발적으로 앉은 마지막 시대가 아니었나 싶다.

물론 텔레비전도 지금의 텔레비전과는 달랐다. 한 예로 광고가 프로그램 도중에 끼어들어도 요사스럽기는커녕 재밌게만 느껴졌다. 내가 즐겨보던 〈번스와 앨런 쇼〉라는 프로그램에서는 중간쯤에 해리 본 젤이란 아나운서가 불쑥 등장해 조지와 그레이시의 부엌을 서성대며 부엌 식탁에 놓인 카네이션 농축우유를 광고했다. 그동안 조지와 그레이시는 해리가 그 주의 재밌는 얘기를 마저 끝낼 때까지 우두커니 기다렸다.

텔레비전이 이윤을 추구하는 사업이란 점을 시청자들에게 확실하게 각인시켜주려는 듯 프로그램 제목에도 광고주의 이름이 들어가기 일쑤였다. 〈콜게이트 코미디 아워〉〈럭스 슬리츠 플레이하우스〉〈다이너 쇼 어 셰비 쇼〉〈제너럴일렉트릭 시어터〉〈질레트 스포츠〉가 대표적인 예였다. 심지어 〈카이저 딜러가 카이저 프레이저를 '미스터리 여행'으로 안내하다〉처럼 광고주의 이름이 반복되는 경우도 있었다. 광고주는 프로그램의 제작 과정에도 관여했다. 예컨대 카멜 담배가 광고주인 프로그램의 작가는 담배 피는 악당을 등장시킬 수 없었고, 화재와 방화 등 바람직하지 않은 상황에서 담배의 관련성을 언급할 수 없었으며, 어떤 이유로도 흡연자가 기침하는 모습을 보여줄 수 없었다. 로널드 오클리(J. Ronald Oakley)의 《하나님의 나라 : 1950년대의 미국》에 따르면, 〈당신의 부인을 믿습니까?〉라는 프로그램에서 한 출연자가 아내의 별자리가 게자리(Cancer)라고 대답하자 "프로그램의 광고주였던 담배 회사가 그 부인의 별자리를 양자리로 바꿔 프로그램을 다시 제작하라고 압력을 넣을 정도였다." 광고주의 압력은 거기에서 그치지 않았다. 〈플레이하우스 90〉이란 시리즈물에서 〈뉘른베르크의 재판〉은 광고주였던 미국가스협회의 압력으로 대본에서 가스실과 가스를 이용한 유대인 학살에 관련된 대사를 없애야 했다.

자동차에 살리라

텔레비전을 향한 미국인의 사랑을 능가한 것은 단 하나, 바로 자동차를 향한 애정뿐이었다. 1950년대의 미국만큼 자동차에 집착한 나라는 없었다.

제2차 세계대전이 끝났을 무렵 미국의 도로에 있는 자동차는 3,000만

대에 불과했다. 1920년대와 거의 비슷한 수치였다. 그러나 1950년대 들어 모든 것이 확연히 달라졌다. 〈뉴욕 타임스〉의 보도를 인용하면, 그 후 40년 동안 "미국은 주간 고속도로 6만 8,876킬로미터를 건설하고 3억 대의 자동차를 사서 드라이브를 하러 다녔다." 미국인이 새로 사들인 자동차의 수는 1945년에 6만 9,000여 대에 불과했지만, 4년 후에는 무려 500만 대에 달했다. 1950년대 중반 미국인들은 해마다 800만 대의 신차를 구입했다. 당시 미국의 총가구수는 약 4,000만 세대였다.

미국인들은 자동차를 소유하기를 바라는 데 그치지 않고 반드시 가져야 했다. 아이젠하워 대통령 시대에는 연방 교통 예산의 75퍼센트가량을 도로 건설에 쏟아부었지만, 대중교통수단의 개선에 할당된 예산은 1퍼센트 미만이었다. 따라서 어디론가 가고자 한다면 자가용을 이용하는 수밖에 없었다. 1950년대 중반 미국은 이미 한 가구에 두 대의 승용차를 소유하는 나라로 변모해갔다. 1956년의 시보레 광고도 "두 대의 승용차를 가진 가족은 두 배의 일을 해낼 수 있습니다. 따라서 더 많은 시간을 가족과 함께 즐길 수 있습니다!"라며 자동차의 구매를 부추겼다.

멋진 차들이었다. 한 증인의 표현을 빌리자면, 모든 자동차가 밝게 빛나며 경쟁을 벌이는 듯했다. 자동차 회사의 광고를 곧이곧대로 믿으면 자동차가 하늘을 날아다닐 것만 같았다. 폰티액은 스트라토 스트리크 8기통 엔진과 스트라토 플라이트 유압식 변속기를 장착했고, 크라이슬러는 파워플라이트 자동 변속기와 토션 에어 완충장치를 채택했다. 한편 시보레 벨에어는 트리플 터빈 터보글라이드라는 유압식 변속기를 자랑했다. 1958년에 포드는 5.8미터가 넘는 링컨을 처음 선보였다. 1961년쯤에는 350가지 이상의 모델을 두고 어떤 차를 선택할지 고민해야 했다.

미국인들은 자동차에 푹 빠져 아예 자동차 안에서 살려는 사람까지 있었다. 그들은 자동차를 탄 채 들어가는 드라이브인 식당에서 식사를 했고, 드라이브인 영화관에서 저녁 시간을 보냈다. 또 드라이브인 은행에서 은행 일을 보았고, 드라이브인 세탁소에 세탁물을 맡겼다. 그런데 내 아버지는 이런 유행을 거들떠보지도 않았다. 오히려 마땅찮게 생각하는 듯했다. 아버지는 칸막이가 없거나 식탁에 식탁용 매트가 깔리지 않은 식당에는 들어가지 않았다. 굳이 덧붙이자면, 아버지는 칸막이와 식탁용 매트 이상을 갖춘 최고급 식당도 그다지 좋아하지 않았다. 그래서 나는 리키 레이먼 덕분에 드라이브인 식당에 처음 들어가봤다. 리키에게는 아버지가 없었지만, 그녀의 어머니에게는 빨간 폰티액 컨버터블이 있었다. 리키는 자동차 덮개를 연 채 음악을 크게 틀어놓고 전속력으로 달리기를 좋아했다. 또 디모인 동쪽 주박람회장 옆에 있는 A&W 드라이브인 식당에 자주 들렀다. 그래서 나는 리키를 좋아했다. 리키는 십중팔구 차 안에서, 어쩌면 A&W 드라이브인 식당에서 밥을 먹다가 임신했을 것이다.

1950년대 말 미국의 도로에는 거의 7,400만 대의 자동차가 돌아다녔다. 10년 전에 비해 두 배가 증가한 셈이었다. 로스앤젤레스에 있는 자동차만 해도 아시아보다 많았다. 경제 단위로만 따지면 제너럴모터스가 벨기에보다 더 컸다.

텔레비전과 자동차는 완벽하게 어울리는 한 쌍이었다. 텔레비전은 라스베이거스의 원자폭탄, 플로리다의 놀이공원 사이프러스 가든에서 수상스키를 타는 갓난아기, 뉴욕 시의 추수감사절 시가행렬 등 흥미진진한 세계를 보여주었고, 자동차는 그런 곳에 찾아가도록 해주는 수단이었다.

저 너머의 세상, 디즈니랜드

월트 디즈니는 이런 변화를 누구보다 정확히 꿰뚫어보았다. 1955년 월트 디즈니가 로스앤젤레스에서 남쪽으로 37킬로미터 떨어진 애너하임이란 벽촌 근처 24만 제곱미터의 땅에 디즈니랜드를 개장했을 때, 많은 사람은 그가 미쳤다고 생각했다. 1950년대에 놀이공원은 미국에서 죽어가고 있었다. 놀이공원은 가난한 사람과 이민자, 임시 상륙 허가를 받은 선원 등 지갑이 얄팍한 사람들의 피난처였다. 그러나 디즈니랜드는 처음부터 달랐다. 무엇보다 대중교통수단으로는 갈 수가 없었기에, 가난한 사람은 디즈니랜드에 갈 방법이 없었다.* 설령 그럭저럭 정문에 도착해도 경비원의 눈을 피해 안으로 들어갈 여지가 없었다.

그러나 디즈니는 텔레비전의 가치를 최대한 활용하는 입신의 솜씨를 보였다. 디즈니랜드를 개장하기 1년 전, 디즈니는 디즈니랜드의 사업 내용을 홍보하는 텔레비전용 시리즈를 1주일에 한 시간씩 방영하기 시작했다. 그 프로그램은 처음 4년 동안 아예 '디즈니랜드'라 불렸다. 첫 방송을 비롯해 시리즈에 포함된 많은 프로그램은 스모그로 자욱한 캘리포니아의 끝자락에 있는 오렌지 과수원에서 시작되는 환상적이고 손에 땀을 쥐게 하는 이야기로 꾸며지며, 그런 낙원에 대한 관심을 불러일으키는 데 초점이 맞춰져 있었다.

디즈니랜드가 개장하자, 사람들은 앞다퉈 그 놀이공원을 향해 달려갔다. 2년 만에 디즈니랜드는 연간 450만 명의 관람객을 끌어들였다.

---

* 디즈니랜드의 주차장은 거의 40만 제곱미터에 달해 24만 제곱미터인 디즈니랜드 자체보다 넓었다. 한꺼번에 1만 2,175대가 주차할 수 있었다. 그 수는 디즈니랜드를 건설하는 동안 뽑아낸 오렌지 나무의 수와 거의 일치했다.

〈타임〉에 따르면, 입장객 1인당 하루 평균 4.90달러를 디즈니랜드에서 썼다. 놀이기구 이용료와 입장료로 2.72달러, 먹는 데 2달러, 기념품을 사는 데 0.18달러를 썼다. 지금 생각하면 상당히 합리적인 비용이지만, 당시로서는 충격적인 가격이었다. 〈타임〉의 보도에서도 확인되듯이, 처음 2년 동안 디즈니랜드를 이용한 입장객의 가장 큰 불만은 비용이었다.

따라서 뇌수술 전문의나 치열교정 전문의 아버지를 둔 아이만 디즈니랜드에 갈 수 있었다. 다른 아이들에게 디즈니랜드는 너무 멀고 너무 비싼 곳이었다. 우리 집도 예외일 수 없었다. 아버지는 우리 모두를 한 차에 밀어 넣고 어디라도 갔지만, 돈이 별로 안 들고 교육적 효과가 있는 곳뿐이었다. 예컨대 학살이라든지 보기 드문 역경이 있었던 곳, 남다른 속도로 우편배달이 이루어진 곳 등 미국의 영광스런 과거가 잊혀가는 곳을 주로 찾아다녔다. 한 번 타는 데 15센트나 내야 하는 회전찻잔은 그런 곳이 아니었다.

우리 집에서 1년 중 가장 재미없는 때는 동지 무렵이었다. 그때가 되면 아버지는 서재에 틀어박혀 도로 지도와 여행 안내서, 미국의 역사를 다룬 곰팡내 나는 책들, 각종 단체들이 아버지의 관심에 놀라면서도 반색하며 보내준 안내 책자에 파묻혀 지냈다. 우리 가족의 다음해 여름휴가 장소는 그렇게 결정됐다.

아버지는 이틀쯤 지나 서재에서 나와 우리에게 성명서라도 발표하듯 말했다.

"모두, 들어라. 내년에는 별로 알려지지 않은 전쟁터로 휴가를 갈 생각이다. 필리핀 심부름꾼들의 전쟁이 일어났던 곳이다."

아버지의 표정에서는 우리가 뜨겁게 손뼉 치며 화답해주기를 바라는 마음이 고스란히 읽혔다.

어머니가 그런 아버지의 마음을 읽고 들뜬 척하며 말했다.

"그런 전쟁이 있었다는 말은 처음 듣네요."

"전쟁이라기보다 학살에 가까웠소. 세 시간 만에 끝났으니까. 하지만 헤이스택스에 있는 국립 농기구박물관이 가까이에 있다더군. 700종의 괭이가 전시돼 있고."

이렇게 말하며 아버지는 미국 서부 지도를 쭉 펼치고 캔자스인가 다코타의 한구석을 가리켰다. 외부인이라면 결코 제 발로 들어가지 않을 곳이었다. 휴가철에 우리는 거의 언제나 서쪽으로 갔지만, 디즈니랜드와 캘리포니아까지는 가지 않았다. 로키 산맥을 넘지도 않았다. 처음에는 네브래스카의 뗏장 집을 지겹게 보았다.

"웨스트 윈드삭에는 증기엔진박물관도 있단다."

아버지는 작은 책 한 권을 내려놓았다. 하지만 누구도 그 책에 손을 대지 않았다. 그래도 아버지는 흥에 겨워 계속 말했다.

"이틀을 이용할 수 있는 가족용 입장권까지 있다는구나. 합리적이지 않니? 빌리, 증기를 이용한 피아노를 본 적 있니? 없지? 당연하지. 증기 피아노를 본 사람은 거의 없을 테니까!"

서쪽으로 여행할 때마다 우리는 오마하에 들러 어머니의 친척들을 만났다. 우리에게는 기억하고 싶지 않은 시간이었다. 우리뿐 아니라 우리가 방문하는 사람에게도 고통스런 일이었다. 나는 왜 오마하에 들르는지 이해할 수 없었다. 그러나 집에 돌아오는 길이면 어김없이 오마하에 들렀다. 내 생각에, 아버지가 공짜 커피에 이끌렸던 게 아닌가 싶다.

어머니는 판잣집이나 다름없는 코딱지만 한 집에서 무척 가난하게 자랐다. 오마하에서도 유명한 가축 사육장 부근이었다. 작은 뒷마당은 거의 수직으로 떨어지는 절벽과 곧바로 이어졌고, 까마득히 아래쪽에

모든 꿈이 가능했던 시대 · 109

안개로 자욱한 가축 사육장이 있었다. 거기까지 수천 킬로미터를 끌려 왔을 암소들은 신경질적으로 울어대며 똥을 질질 흘렸다. 하지만 햄버 거용 고기가 되기 위해 어디론가 다시 끌려가야 할 운명이었다. 가축 사 육장에서 피어오르는 악취는 정말 지독했다. 특히 따가운 햇볕이 내리 쬐는 날에는 견디기 힘들었다. 게다가 암소들이 울부짖는 소리가 끊임 없이 이어져 귀까지 먹먹했다. 울음소리가 구름에 반사돼 메아리쳐 오 는 듯했다. 그 때문인지 오마하를 다녀온 후에는 거의 한 달 동안 모든 육류를 다시 쳐다보곤 했다.

어머니의 아버지인 마이클 맥과이어는 인정 많은 아일랜드계 가톨릭 신자였다. 외할아버지는 성년이 된 후로 평생 동안 그 가축 사육장에서 인부로 일했다. 쥐꼬리만 한 봉급을 받으려고! 어머니의 어머니, 즉 외 할머니는 어머니가 아주 어렸을 때 세상을 떠났다. 그래서 외할아버지 가 다섯 자녀를 거의 혼자서 키워야 했고, 내 어머니와 어머니의 여동생 프랜시스 이모가 집안 살림을 도맡았다. 어머니는 고등학교 3학년 때 웅변대회에서 최우수상을 받았고, 그 덕분에 디모인의 드레이크 대학교 에 장학생으로 진학할 수 있었다. 대학교에서 언론학을 공부하던 어머 니는 여름이면 집에 돌아가지 않고 〈레지스터〉에서 일했다. 그 때문에 어머니는 항상 죄책감을 느꼈지만 〈레지스터〉에서 아버지를 만났다. 당 시 사진을 보면 아버지는 활짝 웃고 있으며, 요란한 넥타이를 유난히 좋 아한 젊은 스포츠 담당 기자였다. 프랜시스 이모도 결국 집을 떠나, 소 심하고 내성적인 성격답게 수녀가 됐다. 외할아버지도 상당히 젊은 나 이에 세상을 떠나면서 세 아들, 조이와 조니와 레오에게 집을 남겼다. 내가 태어나기 훨씬 전이었다. 이상하게도 세 아들은 내 어머니와 달리 성격이 활달하지 못했다.

어린 내가 보기에도 어머니와 다른 형제들은 같은 뱃속에서 태어났을까 의심스러울 정도로 확연히 달랐다. 어머니도 조금은 그렇게 생각하는 듯했다. 아버지는 어머니의 남동생들을 '세 똘마니'라고 불렀다. 손가락으로 서로 눈을 찌르는 척하는 놀이는 말할 것도 없고, 삶의 원기와 재미를 전혀 느낄 수 없다는 뜻이 담긴 별명이었다. 내가 봐도 그들은 세상에서 가장 재미없는 3형제였다. 그들은 그 조그만 집에서 평생을 살았다. 어쩌면 침대까지 함께 썼을지도 모른다. 한 사람이라도 밖에서 일하거나, 빈둥대더라도 밖에서 오랫동안 있는 것을 보지 못했다. 막내 레오 삼촌에게는 전기 기타와 작은 앰프가 있었다. 전기 기타를 연주해달라고 하면, 레오 삼촌은 침실에 들어가서 20분이나 뭔가를 했다. 그러고는 초록색 금속조각으로 장식된 카우보이 옷을 입고 불쑥 나타나 우리를 놀라게 했다. 삼촌은 기타를 연주해달라는 말을 더없이 좋아했지만, 딱 두 가지 노래밖에 몰랐다. 게다가 노래가 바뀌어도 똑같은 코드를 똑같은 순서로 연주했다. 레오 삼촌의 리사이틀이 금세 끝나서 그나마 다행이었다. 조니 삼촌은 썰렁한 식탁에 앉아 조용히 술을 마시면서 시간을 죽였다. 그 때문에 조니 삼촌의 코는 환상적으로 빨갰다. 조이 삼촌에게도 본받을 점이라곤 없었다. 조이 삼촌이 죽었을 때 크게 슬퍼한 사람이 있었을까 싶다. 내 생각이지만, 사람들이 삼촌의 시신을 벼랑 끝까지 굴려가서 떨어뜨렸을 것만 같다. 어쨌든 삼촌 집에 가서 우리는 특별히 할 일이 없었다. 텔레비전도 없었다. 갖고 놀 장난감도 없고, 풋볼 공도 없었다. 모두 한꺼번에 앉을 만큼 의자가 충분하지도 않았다.

몇 년이 지나 조니 삼촌이 죽고 나서야 어머니는 조니 삼촌에게 사실혼 관계의 부인이 있다는 사실을 알았다. 하지만 조니 삼촌은 그 여자에 대해 어머니에게 일언반구도 하지 않았던 것이다. 우리가 거기에 갔을 때 그 여자는 어디에 있었을까? 벽장 안이나 마룻바닥 아래에 숨어 있었던 걸까? 우리가 1분이라도 빨리 떠나주길 바라는 눈치를 보이던 이유가 그제야 설명되는 듯했다.

1960년 내가 아홉 번째 생일을 맞기 직전에 꿈에도 생각지 못한 일이 일어났다. 아버지가 크리스마스 방학 기간에 우리를 데리고 겨울휴가 여행을 떠나겠다고 말했다! 하지만 어디로 갈지는 말하지 않았다.

가을부터 조짐이 이상하기는 했다. 특히 아버지에게는 운이 좋은 가을이었다. 아버지는 그 세대 최고의 야구 전문 기자였다. 물론 내 생각에 불과하기는 하지만, 실제로 1960년 가을에 아버지는 자신이 최고의 야구 기자라는 사실을 증명해 보였다. 대부분의 스포츠 기사가 열정은 있지만 약간의 글재주를 가진 열네 살짜리 꼬마가 쓴 듯 답답하게 읽히던 시절, 아버지는 상대적으로 생각이 담기고 우아한 문체로 세련된 기사를 썼다. 아버지는 타자기에서 종이를 빼낼 때마다 만족스런 미소를 흘리면서 "화려하게 꾸미지 않은 품위 있는 글이야!"라고 말했다. 마감 시간에 임박해 글을 쓸 때는 누구도 아버지를 건드리지 않았다. 1960년 10월 13일, 피츠버그에서 열린 월드 시리즈를 다룬 기사로 아버지는 자신에 관련된 그동안의 논란을 완전히 잠재워버렸다.

그해의 월드 시리즈는 당시 야구에서만 기대할 수 있던 극적인 장면으로 승부가 결정됐다. 빌 마제로스키가 9회말에 홈런을 날림으로써 양키스로부터 승리를 빼앗아 천박한 해적들, 즉 피츠버그의 파이레츠에게 기적적으로 우승을 안겼다. 누구도 예상하지 못한 승리였다. 그런데 미국의 거의 모든 신문은 아무런 감흥도 없이 밋밋한 어조로 그 소식을 보도했다. 예컨대 다음날 아침 〈뉴욕 타임스〉는 한 면을 할애한 기사를 다음과 같이 시작했다.

빌 마제로스키가 9회말 포브스필드의 왼쪽 담장을 넘기는 역사적인 홈런을 기록하면서, 파이레츠는 35년의 역사에서 처음으로 피츠버그에 월드 시리즈 우승을 안겨주었다.

반면에 아이오와 주민들은 다음과 같은 기사를 읽었다.

지난 목요일 오후, 피츠버그 야구사에서 가장 성스런 재산이 흙에 더럽혀진 회색 스포츠 재킷에 싸인 채 경찰의 호위를 받으며 포브스필드를 떠났다. 물론 그 재산은 빌 마제로스키가 모두에게 전율을 안겨준 홈런을 때린 후 밟은 홈플레이트였다. 또한 구심 빌 자코브스키가 가슴을 쭉 펴고 두 팔을 뻗어, 밀려드는 폭도들을 밀어내며 빌이 확실히 밟는 것을 확인한 홈플레이트이기도 했다.
9회말 마제로스키가 양키스 투수 랠프 테리의 두 번째 공을 친 순간, 그 유서 깊은 야구장에 모인 군중의 함성은 피츠버그의 철강 공장들을 압도하고도 남았다. 공이 담쟁이덩굴로 덮인 벽돌 담장을 넘어가자 군중은 관중석을 박차고 물밀듯이 운동장으로 쏟아져 내려오기 시작했다. 승리의 감격을 주체하지 못해 미치광이로 변한 군중 때문에 마제로스키는 오만한 양키스를 10대 9로 물리치고 파이레츠에 우승을 안겨준 홈런을 치고도 홈플레이트를 밟지 못할 뻔했다.

이 기사는 여유 있는 가운데 쓰인 것이 아니라, 경기가 끝난 직후 시끌벅적한 기자석에서 소음과 씨름하면서 쓰였다. 생각할 틈도 없고 문장을 다듬을 시간적 여유도 없었다. '가슴을 쭉 펴고 두 팔을 뻗어'처럼 고상한 표현을 미리 준비할 여지는 더더욱 없었다. 마제로스키의 홈런

모든 꿈이 가능했던 시대 · 113

은 '오만한 양키스'의 승리로 굳어지던 경기를 단숨에 뒤엎어버렸기 때문에, 모든 스포츠 기자는 한 타자 전까지 머릿속에 대충 그리고 있던 기사를 지워버리고 다시 시작해야 했다. 당시 월드 시리즈 경기에 대한 기사를 아무리 뒤져봐도 아버지의 기사보다 나은 기사를 찾아볼 수 없었다. 눈에 띄는 기사는 아버지가 쓴 또 다른 기사뿐이었다.*

그러나 그때 나는 아버지가 이렇게 멋진 글을 썼다는 사실을 전혀 몰랐다. 그저 아버지가 월드 시리즈의 취재를 마치고 평소와 달리 의기양양하게 집으로 돌아와서, 크리스마스 방학 기간에 우리를 데리고 미지의 장소로 여행을 떠나겠다는 뜻밖의 계획을 발표했다는 사실밖에 몰랐다.

아버지는 어디에 가냐는 질문에 "기다려라. 좋은 곳이야. 가보면 안다."라고 대답할 뿐이었다. 우리는 무분별하고 성급하게 일을 처리하는 가족이 아니었다. 게다가 계절에 맞지 않는 여행은 해본 적이 없었다. 그 때문에 우리는 말할 수 없이 궁금하고 흥분됐다. 하지만 똑같은 이유에서 불안하고 걱정스럽기도 했다. 그린우드 초등학교의 학생들이 3주간의 크리스마스 방학을 시작하며 눈 덮인 거리로 쏟아져 나온 12월 16일, 아버지의 램블러가 눈 덮인 초원을 가로지를 준비를 끝내고 교문 앞에서 기다리고 있었다. 그길로 우리는 평소처럼 서쪽으로 향했다. 카운실 블러프스에서 거세게 흐르는 미주리 강을 건넜고, 오마하까지 지났다. 그 후로도 우리는 계속해서 서쪽으로 달렸다. 눈이 퍼붓는 평원을

---

* 내 아버지의 일기이기 때문에 내가 과장해서 말하는 것일 수도 있다. 그러나 이런 평가가 나만의 생각은 아니다. 디모인에서 자란 NBC뉴스의 마이클 가트너 전(前) 사장은 2000년 〈콜롬비아 저널리즘 리뷰〉에 기고한 글에서, 내 아버지 빌 브라이슨을 '역사상 최고의 야구 기자'로 손꼽았다.

정말로 며칠 동안 하염없이 달렸다.

우리는 포니 속달우편 역, 들소들이 소금을 핥으러 모이는 함염지, 재밌게 생긴 큰 바위 등 볼거리를 하나씩 지났다. 아버지는 그런 것들에는 곁눈질조차 하지 않았다. 어머니가 조금씩 걱정하기 시작했다.

셋째 날 아침, 우리는 로키 산맥을 처음 보았다. 지평선 너머로 지평선이 아닌 다른 무언가를 본 것은 그때가 처음이었다. 하지만 아버지는 서쪽으로 계속 달렸다. 울퉁불퉁한 산길을 지나 반대편으로 빠져나왔다. 마침내 캘리포니아가 눈에 들어왔다. 따뜻한 햇살이 우리를 맞아주었다. 우리는 웅대한 삼나무 숲, 녹음이 우거진 임페리얼 밸리, 빅서, 로스앤젤레스 등 경이로운 자연을 몸으로 체험했고, 12월에 우리 얼굴과 팔에 따갑게 쏟아지는 감미로운 햇살을 즐겼다. 겨울이 아닌 겨울이었다.

나는 아버지가 그처럼 너그럽고 즐거워하는 모습을 거의 본 적이 없었다. 아니, 내가 무슨 말을 하고 있는가? 거의가 아니라 한 번도 없었다. 산루이스 오비스포에서 점심을 먹을 때, 아버지는 내게 핫 퍼지 선디(Hot fudge sundae, 세계적으로 유명한 아이스크림 브랜드의 간판 메뉴─옮긴이)를 먹어보라고 권했다. 아니, 독촉했다. 내가 "아빠, 정말 먹어도 돼요?"라고 묻자, 아버지는 "그럼, 네가 한 번 살지 두 번 살겠니."라고 대답했다. 전에는 아버지에게 눈곱만치도 기대할 수 없던 말이었다.

크리스마스 날, 우리는 산타모니카 해변을 거닐며 하루를 보냈다. 다음 날에는 차를 타고 구불대는 도로를 따라 남쪽으로 내려갔다. 로스앤젤레스에서도 아지랑이가 피어오르는 따뜻한 미지의 땅을 지났다. 마침내 우리는 어마어마하게 큰 주차장에 차를 세웠다. 우습게도 주차장은 텅 비어 있었다. 대여섯 대, 그것도 모두 캘리포니아 외 지역의 번호판을 단 자동차였다. 우리는 웅장하게 꾸민 출입문을 향해 걸어갔다. 우리는 주머니에 손을 넣고 연철로 만든 커다란 전시물을 올려다보았다.

"빌리, 여기가 어딘 줄 아니?"

아버지가 물었다. 쓸데없는 질문이었다. 이 세상에 그 유명한 정문 출입구를 모르는 아이가 어디 있단 말인가!

"디즈니랜드요!"

"맞았다."

그리고 아버지는 정문 출입구를 지그시 바라보았다. 마치 당신이 개인적으로 주문한 물건인 것처럼…….

잠깐이긴 했지만, 우리가 정문 출입구만 보고 감탄사를 연발하고는 곧바로 자동차로 돌아가 다른 곳으로 가는 것은 아닐까 하는 불안감이 엄습했다. 그러나 아버지는 우리에게 그 자리에서 기다리라고 말하고는 의기양양하게 매표소로 걸어갔다. 그리고 매표소 직원에게 씩씩하게 돈을 건넸다. 내가 아버지의 지갑에서 20달러 지폐가 한꺼번에 두 장씩이나 나오는 광경을 본 것은 그때가 처음이자 마지막이었다. 아버지는 뒤로 돌아 우리에게 환한 미소를 지어 보였고 손까지 살짝 흔들었다.

내가 어머니에게 물었다.

"엄마, 내가 백혈병 같은 몹쓸 병에 걸렸나요?"

"아니."

"그럼 아빠가 백혈병에 걸렸나요?"

"아니, 우리 식구는 모두 건강하단다. 아빠가 크리스마스 분위기에 들뜬 모양이구나."

그 전에나 그 후로도 나는 그날만큼 놀라고 즐겁고 행복한 때가 없었다. 거의 우리만을 위한 놀이공원에서 마음껏 즐겼다. 우리는 사람만큼 큰 찻잔을 타고 빙빙 돌았고, 하늘을 나는 아기 코끼리 덤보에 올라타기도 했다. 또 몬산토가 플라스틱으로만 만든 미래의 집 투모로우랜드에서는 재밌고 희한한 물건들에 감탄사를 연발했다. 잠수함도 탔고, 강배를 타고 사냥도 했다. 로켓을 타고 달나라까지 다녀왔다. 좌석이 실감나게 흔들렸다. "와!" 우리가 즐거운 탄성을 내질렀다. 당시 디즈니랜드는 지금만큼 정교하고 사실적이지 않았다. 그러나 그때까지 내가 경험한 최고의 놀이공원이었다. 아니, 당시 미국에 존재한 최고의 놀이공원이었다. 아버지는 깔끔하고 유익하게 꾸며지고, 상상의 세계를 아름답게 표현해낸 디즈니랜드에 넋이 나간 듯했다. 왜 우리 세계는 디즈니랜드와 같을 수 없는지 궁금해했다. 그러나 아버지는 어느새 본래의 모습으로 돌아와 "하기야 우리 세상이 훨씬 싸지."라고 말하고는 기념품점을 교묘하게 지나갔다.

다음날 아침, 우리는 다시 차에 올라 사막과 산과 초원을 지나 디모인으로 향했다. 머나먼 여정이었다. 그러나 모두가 즐거웠다. 오마하에도 들르지 않았다. 천천히 달리지도 않았다. 앞만 보고 계속 달렸다. 오마하에 들르지 않고도 겨울휴가를 멋지게 마무리 지을 방법이 많겠지만, 나는 그것만으로도 행복했다.

5

소박하지만 모두를 열광시켰던 놀잇거리들

디트로이트의 도로시 반 돈 부인은 남편이 ①모든 음식을 냉장고에 보관하고, ②냉장고 문을 잠가놓으며, ③그녀가 먹는 음식값은 그녀에게 지불하게 하고, ④미시건 주의 소비세 3퍼센트를 그녀에게 떠넘긴다며 이혼 소송을 제기했다. 〈타임〉, 1951. 12. 10

밀턴 씨의 '화려한' 다이빙

1950년대의 재밋거리는 지금과 달랐다. 재밋거리가 별로 없었기 때문이기도 하겠지만, 어쨌든 재밋거리는 나쁜 것이 아니었다. 대단한 것도 아니었지만, 나쁜 것도 아니었다. 재밋거리를 기다릴 줄 알아야 했고, 재밋거리가 찾아오면 재빨리 알아챌 수 있어야 했다.

1959년 8월의 무척 더운 어느 날, 그때까지의 내 삶에서 가장 재밌는 일이 일어났다. 어머니가 내 생각도 묻지 않고 하루 동안 아카비 호수로 놀러 가자는 밀턴 밀턴네 가족의 초대를 받아들인 직후였다. 내가 좋아하리라 확신하고 성급하게 그 초대를 받아들였기 때문에 즐거웠던 것은 아니다. 밀턴 밀턴은 세상에서 가장 짜증나고 가장 귀찮은 데다 눈물까지 많은 바보였다. 게다가 그의 부모와 누이는 훨씬 더 심했다. 걸핏하면 핏대를 올리며 말다툼을 벌여서 시끄러웠고, 멍청한 우스갯소리까지 해댔다. 또 입을 너무 크게 벌리고 먹어서 목젖은 물론이고 목구멍 속까지 훤히 들여다보였다. 밀턴 씨는 디즈니 만화의 주인공 구피와 섬뜩할 정도로 닮았고, 목 앞에 불룩 나온 후골(Adam's apple)은 샴페인 병의 코르크 마개만 했다. 밀턴 부인도 머리숱이 약간 더 많을 뿐 남편과 똑같이 생겼다.

그들에게는 한 접시 가득한 피그 뉴턴(Fig Newton, 무화과 잼이 든 파이—옮긴이)을 먹는 것도 커다란 잔치였다. 하지만 피그 뉴턴은 인류가 만들어낸 최악의 과자였다. 게다가 그들은 꼭꼭 씹은 피그 뉴턴이 목구멍으로 넘어가기 직전에 어떤 모습인지 우리에게 보여줄 기회라도 잡은 양 입을 크게 벌리고 시끌벅적하게 웃었다. 아무튼 그때의 피그 뉴턴은 검은 빛을 띠고 끈적거려 소름이 돋았다. 밀턴네 가족과 한 시간을 지내고 나면 지옥을 두 바퀴나 돈 듯한 기분이었다. 말할 필요도 없이 나는 선더비전으로 그들을 몇 번이고 불태워 죽였지만, 이상하게도 그들은 번번이 되살아났다.

전에도 나는 밀턴 가족의 환대가 어떤 것인지 실감나게 경험한 적이 있었다. 내가 유일한 초대 손님인, 아니 어쩌면 많은 친구가 초대받았지만 나만 바보처럼 응했을지도 모를 파자마 파티에서 밀턴 부인은 얇게 썬 훈제 쇠고기를 넣은 토스트를 만들어주었다. 내 눈에는 토해낸 것을 본떠 만든 듯했다. 그런데 밀턴 부인은 내게 그 토스트를 억지로 먹였다. 게다가 밀턴이 〈난 비밀을 알아냈다〉라는 어린이용 퀴즈 프로그램을 절반밖에 보지 않았는데도 증기 삽을 16시간이나 놀린 사람처럼 지쳐버리자, 저녁 8시 30분에 우리를 강제로 재웠다.

따라서 어머니가 때 이른 치매 증상을 보이며 밀턴 가족의 초대를 받아들였다고 말했을 때 나는 하늘이 무너지고 땅이 꺼지는 기분이었다.

"엄마, 제발 농담이었다고 말해주세요."

나는 초조하게 카펫 위를 뱅뱅 돌면서 덧붙여 말했다.

"엄마, 그냥 악몽일 뿐이라고 말해주세요."

"네가 밀턴을 좋아하는 줄 알았어. 파자마 파티에도 갔잖니."

"엄마, 그 파자마 파티는 내 평생에 최악의 밤이었어요. 기억 안 나요? 밀턴 부인이 토한 토스트를 내게 억지로 먹였다고 말했잖아요. 게다가 밀턴의 칫솔까지 쓰게 했다고요. 엄마가 칫솔을 준비해주지 않기는 했지만."

"엄마가 그랬었니?"

나는 화를 꾹꾹 눌러 참으며 고개를 끄덕였다. 그때 어머니는 실수로 누이의 세면 가방을 내게 챙겨주었다. 그 안에는 종이에 싸인 탐폰 두 개와 샤워 캡이 들어 있었다. 내 칫솔은 물론이고, 내가 밀턴에게 굳게 약속했던 야식은 눈을 씻고 찾아봐도 없었다. 그래서 나는 혼수상태에 빠진 밀턴의 머리를 탐폰으로 두드리며 저녁 시간을 보냈다.

"내 평생 그날 밤처럼 지겨운 땐 없었어요. 전에도 말했잖아요."

"그랬니? 정말 하나도 기억이 나지 않는구나."

"엄마, 밀턴 밀턴이 피그 뉴턴을 먹고 나서 이를 닦은 칫솔을 써야 했다고요!"

어머니는 내게 미안한 듯이 몸을 움츠렸다.

"엄마, 제발 나 좀 살려줘요. 밀턴네와는 아카비 호수에 가고 싶지 않아요."

어머니는 잠시 생각에 잠겼다.

"알았다. 하지만 거기에 가지 않으면 우리랑 곤자가 수녀님한테 가야 하는데."

곤자가 수녀님은 외가 쪽의 많은 수녀 가운데 한 분으로, 겁나는 체구의 이모할머니였다. 180센티미터가 넘는 키에 무척 무서운 얼굴이었다. 빳빳하게 풀을 먹인 수녀복 아래로 무성한 가슴털이 감춰진 듯했다. 그래서 이모할머니가 실제로는 남자일지 모른다고 우리끼리 수군대기도 했다. 1959년 여름, 곤자가 수녀 할머니가 병원에서 죽어가고 있었다. 하지만 갑자기 사망했다는 소식이 날아올 정도로 위독하지는 않았다. '임종을 맞는 수녀를 위한 집'에서, 특히 곤자가 수녀의 병실에서 오후 나절을 보내는 일도 밀턴네와 외출하는 것만큼 끔찍한 일이었다. 어쩌면 그보다 더 악몽 같은 일이었다.

그래서 나는 도살장에 끌려가는 소처럼 낙심해서 아카비 호수에 갔다. 그것도 밀턴네의 낡고 작은 내쉬(Nash)에 짐짝처럼 실려서! 최악의 경우를 예상하다가 고스란히 당한 셈이었다. 우리는 주의사항 바로 근처에서 길을 잃고 헤맸다. 디모인에 사는 정상적인 사람이라면 거의 있을 수 없는 일이었다. 우여곡절 끝에 아카비 호수에 도착해서도 우리는 입씨름을 하며 90분을 더 보냈다. 여하튼 차에서 짐을 내리고, 조그만 인공 해변 옆의 그늘진 잔디밭에 자리를 잡았다. 밀턴 부인이 샌드위치를 나눠주었다. 내 할머니가 잇몸에 틀니를 확실히 고정시키려고 사용하던 것처럼 보이는 분홍색 반죽으로 만든 샌드위치였다. 나는 샌드위치를 받아들고 잠깐 산책을 하러 나갔다. 아무도 안 보는 틈을 타서 샌드위치를 지나가는 개에게 던져주었지만, 그 개는 샌드위치에 눈길조차 주지 않았다. 나중에 확인했을 때는 개미들까지 샌드위치를 피해 멀찌감치 돌아갔다.

배를 채우고 나서 우리는 4분 정도 조용히 앉아 있어야 했다. 수영을 하다가 쥐가 나서 15센티미터 깊이의 물에 빠져 비참하게 죽지 않으려면 그래야만 한다는 것이었다. 또 커피색의 아카비 호수 깊은 곳에는 어린 꼬마의 고추를 맛있는 먹을거리로 착각해서 덥석 물어뜯는 고약한 악어거북이 살고 있다는 소문이 끊이지 않아, 얕은 곳도 어린 남자에게는 깊은 물만큼이나 위험하다는 협박도 나돌았다. 밀턴 부인은 달걀을 삶을 때 쓰는 시계로 지루한 시간을 재며, 수영할 시간이 될 때까지 우리에게 눈을 감고 잠시 잠을 자라고 말했다.

호수 저쪽에 커다란 나무판이 떠 있고, 그 위로 까마득히 높은 다이빙대가 설치돼 있었다. 나무로 만든 에펠탑처럼 보였다. 중서부 전체까지는 아니어도 아이오와에서는 가장 높은 목조 구조물인 듯싶었다. 나무판이 호반에서 너무 멀리 있었기 때문인지 거기까지 가는 사람은 거의 없었다. 아주 가끔 물불을 가리지 않는 10대들이 그곳까지 헤엄쳐 가서 주변을 둘러보았다. 또 사다리를 타고 조심스레 다이빙대에 올라서기는 했지만, 까마득히 아래로 보이는 물로 뛰어드는 것은 자살 행위라 생각했던지 주춤대며 뒤로 물러섰다. 하기야 그때까지 다이빙대에서 뛰어내렸다는 사람은 한 명도 없었다.

마침내 시계가 요란하게 울면서 우리에게 해방의 소식을 알렸다. 그때 깜짝 놀랄 일이 벌어졌다. 목을 빙빙 돌리고 팔다리를 쭉쭉 뻗으며 준비운동을 시작하던 밀턴 씨가 저 높은 다이빙대에서 뛰어내리겠다고 소리치는 게 아닌가! 밀턴 씨와 3분만 함께 지낸 사람이면 누구나 알고 있는 사실이긴 하지만, 그는 링컨 고등학교에 다닐 때 꽤 이름을 날리던 다이빙 선수였다. 그러나 실내 수영장에 있는 3미터 높이의 다이빙대에서나 뛰어내리지 않았던가. 아카비 호수는 실내 수영장과 규모부터 달랐다. 밀턴 씨는 제정신이 아닌 것이 분명했다. 그러나 밀턴 부인은 조금도 당황하지 않았다. 오히려 느긋한 목소리로 "그래요, 당신이 다녀와서 먹게 피그 뉴턴을 준비해둘게요."라고 말했다.

구피처럼 생긴 남자의 정신 나간 호언장담이 순식간에 호반에 퍼져나갔다. 밀턴 씨는 터벅터벅 물가로 걸어가 물살을 가르며 다이빙대로 헤엄쳐 나아갔다. 마침내 밀턴 씨가 나무판에 도착해 올라섰다. 그 거리에서 밀턴 씨는 조그맣고 말라빠진 나뭇가지처럼 보였지만, 높다란 다이빙대는 여전히 거대한 탑처럼 보였다. 금방이라도 구름을 긁어댈 것처럼 보이기도 했다. 밀턴 씨가 사다리를 올라가는 데만도 족히 20분은 걸렸다. 마침내 꼭대기에 올라서서 밀턴 씨는 발판을 몇 번 왔다 갔다 했다. 발판도 엄청나게 길었다. 저 아래의 나무판 끝을 넘어서려면 길 수밖에 없었다. 밀턴 씨는 시험 삼아 발판을 두세 번 굴러보았다. 그리고 심호흡을 몇 번 하더니, 발판의 고정된 끝에서 두 손을 옆구리에 붙이고 자세를 잡았다. 침착하고 자신만만한 자세로 보아 금방이라도 뛰어내릴 듯했다.

그때 호숫가와 호수 안에 있던 사람들 모두, 하여튼 수백 명이 하던 일을 멈추고 밀턴 씨를 지켜봤다. 밀턴 씨는 한동안 꼼짝 않고 서 있었다. 마침내 멋들어지게 두 팔을 추켜올리더니 긴 발판을 전속력으로 질주했다. 올림픽 경기에서 체조 선수가 멀리 떨어진 구름판을 향해 전속력으로 질주하는 모습을 머릿속에 그려보면 밀턴 씨가 어떻게 달렸는지 대충 짐작할 수 있을 것이다. 밀턴 씨는 발판 끝을 힘껏 구르고, 발판 밖으로 높이 솟아올랐다. 그리고 백조처럼 완벽한 자세로 뛰어내렸다. 솔직히 말해서, 아름다웠다. 밀턴 씨는 완벽한 자세로 허공을 갈랐다. 밀턴 씨는 그 자세를 흐트러뜨리지 않았다. 너무나 아름다운 순간이었고, 모두가 숨을 죽이고 지켜보기만 했다. 호수 주변에서 들리는 소리라곤 밀턴 씨의 몸이 저 아래에 있는 물을 향해 공기를 가르는 희미한 소리뿐이었다. 내 상상일지 모르지만, 밀턴 씨의 몸이 지구로 떨어지는 별똥별처럼 빨갛게 달아올랐다. 밀턴 씨는 정말로 물을 향해 떨어지고 있었다.

그런데 밀턴 씨가 겁을 먹었던 것일까, 아니면 살인적인 속도로 물을 향해 떨어지고 있다는 사실을 그제야 깨달은 것일까? 공중에서 약 4분의 3쯤 떨어졌을 때 밀턴 씨가 전체적인 과정을 다시 생각해본 듯 갑자기 두 팔을 도리깨처럼 휘둘러대기 시작했다. 악몽 때문에 침대에서 허우적대는 사람처럼 보였다. 하지만 낙하산은 없었다. 물까지 10미터쯤 남았을 때 밀턴 씨는 도리깨질을 포기하고 다른 자세를 취했다. 두 팔과 두 다리를 X자 모양으로 쫙 폈다. 표면적을 최대한 넓혀서라도 낙하 속도를 줄여보려는 안타까운 심정이 엿보였다.

그러나 그 바람은 수포로 돌아가고 말았다.

밀턴 씨는 시속 950킬로미터에 가까운 속도로 물을 때렸다. 정확히 말하면, 물에 충돌했다. 엄청난 폭음에 나무에 앉아 있던 새들이 혼비백산해서 푸드덕 날아올랐다. 그 엄청난 속도에 물이 돌덩이로 변했는지 밀턴 씨는 물에 빠져들지 않고 5미터쯤 튕겨 올라갔다. 그러고는 가을의 낙엽처럼 팔다리를 축 늘어뜨린 채 물 위에 떠서 그 자리를 천천히 맴돌았다. 때마침 배를 타고 지나가던 두 어부가 밀턴 씨를 호숫가로 끌고 나왔고, 대여섯 명의 구경꾼이 재빨리 달려가서 풀밭으로 부축해 온 다음 낡은 담요 위에 눕혔다. 밀턴 씨는 팔다리를 약간 구부린 채 오후 내내 누워 있어야 했다. 산업용 사포 등으로 상상할 수 없는 고문을 받은 사람처럼 이마부터 발톱까지 앞부분의 피부가 벗겨져 생살이 드러난 듯했다. 밀턴 씨는 가끔 물을 조금씩 홀짝거리긴 했지만 정신적으로 엄청난 충격을 받았던지 말은 한마디도 하지 못했다.

그날 오후 늦게는 밀턴 밀턴이 만지지 말라는 손도끼를 갖고 놀다가 상처를 입고 말았다. 밀턴 밀턴은 피를 줄줄 흘리고, 아파서 낑낑거렸다. 내 삶에서 최고로 재밌는 날이었다.

밀랍 사탕과 불량식품 전성시대

밀턴 씨 사건이 있기 전에는 우리가 별로 좋아하지 않는 시프코비치 선생님이 링컨 로그를 핥던 때를 내 삶에서 최고의 날로 꼽았다는 점을 고려하면, 밀턴 씨 얘기도 전혀 과장이 아니다.

링컨 로그는 요새, 농장 주택, 울타리, 오두막, 가축우리 등 카우보이에게 필요한 뭐든 만들 수 있는 나무 장난감 블록이었다. 원통형의 상자에 그려진 그림에 따르면 그랬지만, 문 하나와 창문 하나가 달린 직사각형 오두막을 조그맣게 만들기에도 블록이 부족했다.

어느 날 버디 도버먼과 내가 아주 멋진 비밀을 알아냈다. 그 비밀은 바로 링컨 로그에 오줌을 누면 블록이 하얗게 탈색된다는 것이었다. 그래서 우리는 서너 주를 투자해서 세계 최초로 백피증에 걸린 링컨 로그 오두막을 만들었고, 에이브러햄 링컨의 어린 시절에 대한 프로젝트의 일부로 학교에 가져갔다. 물론 우리는 블록을 어떻게 하얗게 만들었는지 누구에게도 말하지 않았다. 아이들에게는 물론이고, 선생님에게도 그 비밀을 알아내보라고 꼬드겼다.

시프코비치 선생님이 "틀림없이 레몬 주스로 하얗게 만들었겠지!"라고 말했다. 시프코비치 선생님은 젊었지만 밉살스럽고 건방졌다. 또 번쩍거리는 넥타이를 좋아하는 부적절한 취향을 가졌고, 한 학기 동안이기는 했지만 그린우드 초등학교에서 유일한 남자 선생님이란 특혜를 누렸다. 하여간 우리가 말릴 틈도 없이, 물론 말리고 싶지도 않고 말릴 생각도 없었지만, 시프코비치 선생님은 파충류처럼 긴 혀를 쭉 내밀고는 오두막 뒷담에 쓴 가장 긴 블록을 맛있게 핥았다. 우리에게 눈까지 찡긋거리면서! 그런데 그 블록은 우리가 그날 아침에야 끼워 넣은 것이어서 그때까지 축축한 기운이 남아 있었다.

시프코비치 선생님은 비밀을 알아냈다는 듯 흡족한 표정으로 말했다.

"레몬 맛이야! 그렇지?"

우리가 큰 소리로 대답했다.

"틀렸어요!"

시프코비치 선생님이 다시 블록을 혀로 핥았다.

"맞을 텐데. 레몬이 틀림없어. 시큼한 맛이 나는데."

시프코비치 선생님은 다시 혀를 내밀었다. 이번에는 혀를 블록에 바싹 밀어붙이면서 맛을 보았다. 잠시나마 우리는 시프코비치 선생님이 쇼크에 빠져 뒤로 넘어갈 거라고 생각했다. 그러나 시프코비치 선생님 나름대로 맛을 보는 방법일 뿐이었다.

"틀림없어, 레몬이야!"

이렇게 말하며 시프코비치 선생님은 아주 만족스런 표정으로 우리에게 오두막을 돌려주었다.

물론 시프코비치 선생님이 오줌에 적신 블록을 자발적으로 핥은 일도 재밌었지만, 우리가 링컨 로그를 정말로 재밌게 갖고 노는 법을 알아낸 역사상 최초의 소년들이라는 데 그날의 진짜 즐거움이 있었다. 당시 거의 모든 장난감과 마찬가지로 링컨 로그 역시 무의미하고 지루하기 이를 데 없었다.

1950년대에 가장 실망스럽고 따분한 장난감이 무엇이었다고 말하기는 어렵다. 대부분의 장난감이 따분하지 않으면 실망스러웠고, 아니면 둘 다였기 때문이다. 그래도 이런 생각을 할 때마다 내 머리에 번뜩 떠오르는 가장 불만스럽던 장난감은 실리 퍼티였다. 실리 퍼티는 기름처럼 매끄러운 분홍색 플라스틱 재질로 제멋대로 튕기다가 빗물 배수관으로 사라지기 일쑤였다. 차라리 그렇게라도 없어지는 편이 나았다. 하지만 뻔뻔스러울 정도로 재미없던 미스터 포테이토 헤드('포테이토 헤드'는 '바보, 멍청이'라는 뜻-옮긴이)를 가장 얼빠진 장난감으로 꼽을 사람도 적지 않을 것이다. 미스터 포테이토 헤드는 귀, 팔과 다리, 얼빠진 미소 등으로 죽은 감자 줄기는 죽은 감자 줄기라는 기초적인 진리를 아이들에게 가르쳐주는 플라스틱 조각들이었다.

따분한 장난감으로 말하자면 슬링키도 빠질 수 없었다. 슬링키는 위 아래로 뒤집히면서 계단을 내려가는 것 이외에는 어떤 짓도 할 수 없는 금속 코일이었다. 그러나 럼피 코왈스키라든지, 여하튼 누군가에게 한 쪽 끝을 붙잡게 한 다음 반대편 끝을 힘껏 잡아당기면서 길 건너편으로 달려가다가 도중에 놓아버리면 대포알처럼 날아가 상대방을 맞혔다. 이런 재미가 있어 슬링키는 조금이나마 면죄부를 받았다. 훌라후프도 마찬가지였다. 아장아장 걷는 아기에게 씌워서 넘어뜨리고 싶을 때는 쓸모가 있었지만, 그 외에는 무의미하기 짝이 없는 커다란 고리에 불과했다.

내 어린 시절에 재밋거리가 얼마나 적었는지는 당시 가장 인기 있는 사탕이 밀랍으로 만들어졌다는 사실에서도 단적으로 알 수 있다. 밀랍으로 온갖 모형을 만든 덕분에 우리는 밀랍 이빨, 밀랍 확대경, 밀랍 통, 밀랍 해골 등에서 골라 가질 수 있었다. 물론 그 안에는 기침 감기약 맛이 나는 착색되고 걸쭉한 소량의 액체가 들어 있었다. 감격할 정도는 아니었지만 즐거운 마음으로 밀랍 사탕을 삼키고 적어도 열 시간 동안은 밀랍을 씹어댔다. 결국 색깔이 없어지는 밀랍을 씹는 것을 깨닫고 아까운 돈을 버렸다는 생각이 들면 즐거움이 크게 떨어지지 않았느냐고 물을 수도 있다. 맞는 말이다. 그러나 우리는 밀랍 사탕이라도 재밌게 씹을 수밖에 없었다. 그보다 나은 것을 어디에서도 찾을 수 없었으니까. 향도 없고 영양분도 없는 걸 먹기는 했지만 그래도 좋은 점, 예컨대 건강적으로 절제된 면이 있었다.

푸석푸석한 분필 같은 것으로 만든 인공 아이스크림콘, 모래가 구멍에 빨려들어가는 것처럼 얼굴 전체가 입 안으로 말려들어갈 듯 지독히 시큼한 맛이 나고 꺼끌꺼끌한 설탕이 씹히던 빨대 모양의 사탕, 루트 비어라는 이름 그대로 나무뿌리 등에서 짜낸 즙에 당밀을 더한 탄산음료, 계피로 만든 새빨간 공, 감초로 만든 마차 바퀴와 채찍, 미끈거리는 벌레 모양의 사탕도 있었다. 정말 찝찝하고 색다른 과일 맛이 났지만 적어도 세 시간은 먹을 수 있어 좋던 아교 같은 사탕도 있었다. 그런데 그 사탕을 먹고 나면 어금니에 낀 끈적거리는 잔존물을 빼내는 데도 세 시간 이상이 걸렸다. 당구공처럼 크고 딱딱한 사탕은 석 달을 너끈히 빨아댈 수 있어 그야말로 최고였다. 게다가 여러 층으로 돼 있어 열심히 한 층씩 녹여가면 혀의 색까지 바뀌는 재미가 있었다.

비숍 식당의 계산대 옆에는 정성스레 구색을 갖춰놓은 1센트짜리 사탕들이 놓여 있었다. 여기에서는 상대적으로 맛있는 감초 사탕을 맛볼 수 있었다. 그 감초 사탕은 깜둥이 젖먹이로 알려졌지만, 무척 민감한 문제여서 내 할머니를 제외하고 누구도 실제로는 그 이름을 입에 올리지 않았다. 할머니는 가끔 고향인 윈필드에서 우리 집을 찾아와 비숍 식당에서 저녁 식사를 했는데, 그때마다 우리 둘이 나중에 먹자면서 내게 25센트짜리 동전 하나를 밀어주고는 사탕을 사 오라고 말했다.

"*깜둥이 젖먹이*도 잊지 말고 가져오너라!"

할머니는 널찍한 식당이 떠나가도록 큰 소리로 말해서 나는 창피해 죽을 맛이었다. 그때마다 100명 남짓한 손님들이 모두 고개를 번쩍 들고 우리를 쏘아보았으니 말이다.

5분쯤 지난 뒤 내가 사탕을 갖고 돌아와 할머니 눈에 띄지 않으려고 벽 쪽에 바싹 엎드려 숨어보지만 소용이 없었다. 할머니는 어느새 나를 찾아내고는 큰 소리로 말했다.

"아, 빌리 왔구나. 그래 *깜둥이 젖먹이*는 잊지 않고 가져왔겠지? 뭐냐, 그… *깜둥이 젖먹이*가 내 입맛에는 딱 맞더라."

나는 재빨리 할머니에게 다가가 나지막이 말했다.

"할머니, 제발 그렇게 말하지 마세요."

"뭘 말이냐, **깜둥이 젖먹이**?"

"예, 요즘엔 감초 젖먹이라고 해요."

어머니가 나를 대신해서 설명했다.

"깜둥이 젖먹이란 이름은 귀에 좀 거슬리잖아요."

할머니는 도시 사람들의 예민한 태도가 이상하다는 표정을 지워내지 못하고, 마지못해 대답했다.

"그렇다면 미안하구나."

그 뒤 할머니와 함께 다시 비숍 식당을 찾았을 때, 할머니는 "빌리야, 25센트다. 가서 사탕 좀 사 오너라. 그게 이름이 뭐였지? 그래, **감초 깜둥이**!"라고 말했다.

잉거솔 애비뉴에 위치한 조그만 잡화점 그룬드에서도 1센트짜리 사탕을 구할 수 있었다. 그룬드는 디모인에 최후까지 남아 있던 구멍가게 가운데 하나다. 어쨌든 우리 동네에서는 끝까지 남은 유일한 구멍가게였다. 존경하고 싶을 만큼 꼼꼼하고 나이를 예측할 수 없을 만큼 늙은 그룬드 부부가 운영하는 구멍가게였다. 진열된 물건 가운데 새것은 하나도 없었고, 심지어 1929년 이후로는 팔리지 않는 물건도 있었다. 따라서 큼직한 가게에서는 구경조차 할 수 없는 물건도 있었다. 오사인 미백 화장품, 펠스 나프타 비누에 인쇄된 글로리아 스완슨(Gloria Swanson, 여배우)의 모습은 무척 매력적이었고, 코미디언 조 브라운(Joe E. Brown)의 사진이 인쇄된 와일드 루트 헤어 토닉도 눈에 띄었다. 먼지를 두텁게 뒤집어쓰지 않은 물건이 없었다. 그룬드 부인도 마찬가지였다. 지금 생각해보면, 그룬드 부인은 수년 전부터 죽었던 게 아닌가 싶다. 하지만 그룬드 씨는 생기가 넘쳤고, 가게 문에 달린 종이 울리면서 손님이 왔다는 걸 알리면 몹시 반가워했다. 손님은 언제나 어린애였고, 그 어린애가 수북이 쌓인 1센트짜리 사탕을 훔치려는 발칙한 목적에서 찾은 손님이어도 그룬드 씨는 반갑게 맞아주었다.

어쩌면 내 어린 시절에서 가장 창피스런 얘기가 될 수 있겠지만, 1만 2,000명이 넘는 아이들이 경험했을 얘기이기도 하다. 모두가 그룬드 가게에서는 뭔가를 훔칠 수 있고, 결코 들키지 않는다는 걸 알았다. 토요일마다 중서부 전역에서 아이들이 몰려왔다. 내 기억이 맞는다면, 주말에 먹을 것을 잔뜩 장만하려고 전세 버스를 타고 오는 아이들도 있었다. 그룬드 씨는 우리의 못된 짓을 눈치채지 못했다. 우리는 마음만 먹으면 그룬드 씨의 안경을 벗기고 넥타이를 풀어낼 수 있었다. 심지어 그룬드 씨의 바지까지도 천천히 벗길 수 있었다. 그래도 그룬드 씨는 우리를 조금도 의심하지 않을 사람이었다. 간혹 우리는 돈을 내고 물건을 사기도 했다. 그러나 그룬드 씨가 몸을 돌려 낡은 금전등록기와 씨름하는 틈을 노려 100여 개의 작은 손이 큼직한 사탕 그릇을 뒤적대면서 사탕을 마음껏 훔치기 위한 술책에 불과했다. 좀 큰 아이들은 사탕 그릇을 통째로 훔쳐가기도 했다. 하지만 우리가 그룬드 씨의 하루를 즐겁게 해줬다는 점만은 인정받고 싶다. 결국 우리가 그를 파산하게 했지만 말이다.

최고의 광고와 최악의 장난감

적어도 사탕은 우리에게 실질적인 즐거움을 주었다. 당연히 재밌을 거라고 여겼던 대부분은 눈곱만큼도 재미가 없었다. 대표적인 예로 모형 만들기를 들 수 있다. 모형 만들기는 엄청나게 재밌다는 소문이 자자했다. 그러나 소년이라면 누구나 어린 시절 한 번은 겪어야 할 불가사의한 시련이었다. 모형 상자는 재밌게 보였다. 상자에는 공중전을 벌이면서 날개에 장착한 기관포에서 빨갛고 노란 화염을 토해내는 전투기들이 실감나게 그려져 있었다. 또 배경에는 포탄에 맞은 독일 전투기 메서슈미트가 나선형을 그리며 추락하고, 겁에 질린 독일 조종사가 방탄유리 밖으로 절규하는 모습이 예외 없이 그려졌다. 그처럼 강렬한 그림을 보면 3차원으로 재현해내고픈 욕심이 솟구치지 않을 수 없었다.

그러나 모형 상자를 집에 가져와 열어보면 내용물은 완전히 달랐다. 천편일률적으로 우중충한 회색이나 황록색인 6만여 개의 작은 부품이, 칵테일을 만들 때 거품을 내는 막대처럼 생긴 플라스틱 대에 떨어지지 않게 유기적으로 따닥따닥 붙어 있었다. 양성자만큼 작은 부품도 있었다. 반면 접착제통은 큼직한 반죽통만 했다. 따라서 아무리 살살 눌러도 끈적거리는 접착제가 한 움큼씩 벌컥 쏟아지면서 거의 본능인 양 사람의 손가락이나 거실의 커튼, 지나가던 애완견의 털에 달라붙었다. 게다가 좀처럼 끊어지지 않고 한없이 늘어졌다.

어떻게든 끊어보려 하면 가닥의 수가 점점 늘어나기 일쑤였고, 축 늘어진 수백 개의 가닥이 순식간에 우리 몸을 칭칭 감았다. 하여간 접착제는 모형 전투기나 제2차 세계대전과 관계없는 것에는 척척 달라붙었다. 그런데 신기하게도 플라스틱 모형 조각에는 아무런 효과가 없었다. 플라스틱 모형 조각에서는 접착제가 미끄러운 윤활제로 변해버려, 두 부품이 끝없이 밀려나며 서로 붙지 않았다. 따라서 40분 정도 한눈팔지 않고 진땀을 흘려가며 모형과 씨름하고 나면, 나는 물론이고 주변 사람까지 번쩍이는 접착제 거미줄을 뒤집어썼다. 또 전투기 동체에는 날개 하나가 뒤집힌 채 접착되고, 조종사의 모자는 조종실 천장에 달라붙어 떨어지지 않았다. 이쯤에서 우리가 접착제 냄새에 흠뻑 취한 나머지 조종사와 모형 등에 똥이라도 누지 않는 것이 그나마 다행이었다.

1950년대의 놀잇거리는 실망스럽기 이를 데 없었지만, 희한하게도 우리는 언제나 새로운 놀잇거리에 열광했다. 광고가 그만큼 잘 만들어졌다는 뜻이기도 하다. 광고가 그처럼 유혹적이고 교묘한 적은 없었다. 광고업자들은 하찮고 허정한 것을 환상적인 것으로 꾸미는 데 명수였다. 그 전은 물론이고 그 후에도 상업 광고는 그처럼 달콤한 목소리로, 하찮은 물건에서도 오르가슴에 비견되는 짜릿한 행복감을 맛볼 수 있다고 꾸며내지 못했다. 내 마음의 눈으로는 지금도 〈소년생활〉에 나온 코네티컷 뉴헤이번의 A.C. 길버트 컴퍼니의 선전들이 훤히 보일 정도다. 길버트 컴퍼니는 자체 개발한 화학실험 세트, 현미경, 세계적으로 유명한 이렉터 세트에서 건전한 즐거움을 한껏 누릴 수 있을 거라고 선전했다. 이렉터 세트는 볼트를 이용한 조립용 장난감이었다. 선전대로라면 조그만 철제 대들보를 비롯해 남자다운 부품들로 다리와 산업용 기중기는 물론이고 박람회장의 놀이기구, 원동기로 움직이는 로봇까지 공학의 경이로운 발명품을 무엇이든 만들 수 있었다. 또 식탁 위에서 주물럭거려 만들고, 놀이가 끝나면 서랍 속에 넣어둘 수 있는 장난감이 아니었다. 탄탄한 바닥에 널찍한 공간이 필요한 장난감이었다. 심지어 한 소년이 6미터 높이의 사다리 꼭대기에 올라가 페리스 회전 놀이기구의 조립을 끝내고, 동생을 놀이기구에 태워 실험해보는 광고까지 있었다.

그러나 광고에서 말하지 않은 부분이 있었다. 상자에 그려진 대로 놀이를 즐길 수 있을 만큼 널찍한 저택에 사는 부잣집 아이가 세상에 여섯 명이나 됐을까? A.C. 길버트의 손자들은 그렇게 놀았을지도 모르겠다. 어느 해인가 아버지는 크리스마스에 옴커스 백화점에 진열된 거대한 이렉트 세트의 가격표를 보더니, "이 돈이면 뷰익이라도 살 수 있겠다!"라고 소리쳤다. 게다가 아버지는 지나가는 남자들을 멈춰 세우고는 이렉트 세트의 가격표를 보여주기 시작했다. 곧 아버지 주변으로 남자들이 구름처럼 몰려들어 탄식을 내뱉었다. 그래서 나는 결코 이렉트 세트를 갖지 못하리란 것을 일찍이 눈치챘다.

이렉트 세트를 포기한 후로 나는 화학실험 세트를 목표로 공작을 벌이기 시작했다. 역시 〈소년생활〉에 양면으로 멋지게 소개된 광고에서 본 것이었다. 광고에 따르면, 첨단 과학적인 실험 도구로 원자력 실험을 해보고, 보이지 않는 글로 어른들을 골탕 먹이며, FBI처럼 지문 감식의 대가가 될 수 있었다. 또 세상에서 가장 고약한 냄새를 만들어낼 수도 있었다. 물론 광고에서 악취를 만들어낼 수 있다고 노골적으로 말하지는 않았지만, 당시에 판매되던 모든 화학실험 세트가 그런 의미를 은근히 풍겼다.

어느 크리스마스 아침에 눈을 떴을 때 내 머리맡에는 화학실험 세트가 놓여 있었다. 실험 세트는 시가 상자만 했다. 잡지에 실린 사진을 보고는 커다란 여행가방 정도로 클 거라고 생각했는데……. 그러나 시험관과 깔끔한 시험관 설치대, 깔때기, 핀셋, 코르크, 십중팔구 고약한 냄새를 가진 화학약품을 포함해서 다양한 색을 띤 화학약품이 담긴 20개 남짓의 작은 유리병, 두툼한 사용설명서 등 기대되는 물건들로 오밀조밀하게 채워져 있었다. 나는 저녁 즈음이면 내 작업대에서 조그만 버섯구름을 만들어낼 수 있으리라 기대하며 곧바로 원자력 부분을 찾아 설명서를 뒤적거렸다. 내 기억이 맞는다면, 모든 물질이 원자로 이루어지고 모든 원자는 에너지를 갖기 때문에 모든 것이 원자력을 갖는다는 말이 설명서에 쓰인 전부였다. 비커에 어떤 물질이든 두 물질을 한꺼번에 넣은 다음 기합 소리를 더해서 힘껏 흔들면 원자핵 반응을 일으킬 수 있었다!

　모든 실험이 그런 식이었다. 그나마 내가 고안해낸 실험이 유일하게 약간 재밌었다. 나는 실험 세트에서 제공한 모든 화학약품과 함께 세탁용 가루비누, 테레빈유, 약간의 탄산수소나트륨, 두 숟갈 정도의 흰 후추, 소량의 서양고추냉이, 면도용 로션을 한꺼번에 비커에 넣고 흔들었다. 그러자 금세 부피가 걷잡을 수 없이 늘어나면서 비커에서 넘쳐, 새로 장만한 부엌 조리대로 흘러내렸다. 조리대를 덮친 거품은 쉬익 소리를 내면서 부피가 쪼그라들었고, 연기가 뭉실뭉실 피어올랐다. 그리고 포마이카 이음매에 영원히 지워지지 않을 분홍빛 상처를 남겼다. 그 후 아버지는 조리대의 가장자리에 남은 상흔을 볼 때마다 가슴 아파하고, 머리를 갸우뚱하면서 "도무지 이해할 수가 없어. 내가 접착제를 잘못 쓴 게 분명해."라고 중얼거렸다.

　그러나 1950년대, 아니 전 시대를 통틀어 최악의 장난감은 일렉트릭 풋볼이었다. 일렉트릭 풋볼은 1950년대 어느 해인가 모든 남자 아이가 크리스마스 선물로 무조건 받아야 하는 게임기였다. 역시 상자에는 자극적이지만 엉뚱한 그림이 그려져 있었다. 하여간 아침 식사 접시만 한 주석판에 미식축구장처럼 보이는 경기장이 그려진 장난감이었다. 스위치를 올리면 주석판이 심하게 흔들리면서 22개의 조그만 선수 인형이 뻣뻣한 몸을 세운 채 미친 듯이 이리저리 돌아다녔다. 게임을 다시 시작하려면 부지하세월이었다. 인형들이 짜증나게 계속 넘어지기 때문이기도 했지만, 어떤 대형이 합법적이고 누가 마지막 사람을 놓느냐를 두고 상대와 끝없이 입씨름을 벌어야 했기 때문이다. 하기야 마지막 순간까지 기다렸다가 방해하는 수비 선수들이 없는 옆줄 쪽으로 러닝백을 달리게 하면 무척 유리하기 마련이었다. 따라서 손가락을 살짝 튕겨 상대의 선수들을 넘어뜨려 게임이 중단되기 일쑤였고, 결국에는 지독한 입씨름으로 끝났다.

하지만 일렉트릭 풋볼 선수들은 의도한 방향대로 움직이지 않았기 때문에 선수들을 어떻게 배치하느냐는 중요하지 않았다. 스위치를 넣는 순간 선수의 절반이 넘어졌고, 극심한 위경련이라도 일어난 듯이 바들바들 떨었다. 더구나 똑바로 서 있는 선수들도 제멋대로 돌아다니다가 결국에는 한구석에 모여서 꿈쩍도 하지 않는 벽을 밀어댔다. 화염에 싸인 나이트클럽에서 자물쇠로 잠긴 비상구를 밀어내는 불쌍한 사람들과 다를 바 없었다. 그래도 예외가 있다면 러닝백이었다. 러닝백은 제자리에서 5~6분 동안 덜덜 떨다가 천천히 몸을 돌려 아무런 방해도 받지 않고 자기편 엔드존으로 향했다. 하지만 우리 가운데 하나가 짜증을 내며 손가락을 쑥 내밀어 러닝백을 넘어뜨렸다. 그럼 우리는 자연스레 말다툼을 벌였다.

이쯤에서 우리는 스위치를 내리고 쓰러진 선수들을 다시 일으켜 세웠다. 그리고 선수들을 배치하는 과정을 끈덕지게 되풀이했다. 이런 식으로 세 번쯤 놀고 나면, 우리 가운데 하나가 "그만하고 나가서 슬링키로 럼피 코왈스키나 때려줄까?"라고 말했다. 그리고 우리는 게임판을 침대 밑에 밀어 넣고 다시는 건드리지 않았다.

만화책과 로큰롤의 집단최면
진짜 짜릿한 재미를 준 것은 만화책이었다. 당시는 만화의 황금시대였다. 1950년대 중반에는 월평균 거의 1억 권의 만화책이 발행됐다. 당시 만화가 미국 어린이의 삶에서 얼마나 중요한 위치를 차지했는지 지금 와서 상상하기란 거의 불가능하다. 어린아이만 만화를 좋아한 것도 아니었다. 한 조사에 따르면, 전국 교사의 12퍼센트가 만화책의 열렬한 독자였다. 물론 만화광이라고 인정한 사람만 12퍼센트였다는 뜻이다.

선더볼트 키드였던 나도 만화책을 좋아했다. 의학의 발전에서 뒤처지지 않기 위해 〈뉴잉글랜드 의학회지 New England Journal of Medicine〉를 탐독하는 의사처럼, 나도 만화책을 열심히 읽었다. 어쨌든 나는 지독한 만화광이었다. 내 초능력을 갈고 닦기 위한 직업적 열망까지는 없었지만 만화책을 탐독했다.

그러나 우리가 한참 만화책에 몰두하고 있을 무렵 위기가 닥쳤다. 생산비용의 증가와 텔레비전이란 호적수의 등장에 판매가 줄어들기 시작한 것이다. 아이들은 슈퍼맨과 조로를 텔레비전에서 편하게 볼 수 있는데 굳이 왜 책장을 넘겨가며 글을 읽는 고생을 해야 하느냐고 생각했다. 키디 코랄에서도 그런 변덕스런 배반자들이 떠나기 시작했다. 솔직히 말해서 우리는 그런 배신자가 떠나서 기뻤지만, 만화업계에는 치명타였다. 만화책의 종수는 2년 만에 650종에서 250종으로 뚝 떨어졌다.

만화책 생산자들은 아이들의 관심을 되돌리려고 필사적인 조치를 취하기도 했다. 여주인공들이 갑자기 낯부끄러울 정도로 섹시하게 변했다. 나도 아스베스토스 레이디를 처음 봤을 때 깜짝 놀랐지만 온몸이 기분 좋게 뜨뜻해지던 느낌이 아직도 생생하다. 아스베스토스 레이디의 대포알 같은 유방과 날씬한 허리가 한 주먹만 한 천조각에 들어간 모습을 어느 천재적인 만화가가 완벽하게 그려냈다.

새로운 시대를 맞으면서 감상주의도 사라졌다. 만화 주인공 캡틴 아메리카의 10대 친구인 버키가 몇 권에선가 총에 맞아 병원으로 실려 갔고, 그 후로 버키는 등장하지 않았다. 버키가 죽었는지, 겨우 회복돼 평생을 휠체어에 앉아 지냈는지 아무도 몰랐다. 솔직히 말해서, 관심조차 없었다. 그 후로 캡틴 아메리카는 다리가 늘씬하고 예쁘장한 골든 걸의 도움을 받았다. 그리고 계속해서 선 걸과 레이디 로토스, 검은 머리카락의 팬텀 레이디가 나왔고, 이외에도 올록볼록한 몸매의 많은 여자가 줄지어 등장했다.

안타깝게도 그렇게 좋은 것은 오래 지속되지 못했다. 독일 태생의 뉴욕 정신과 의사 프레드릭 웨덤(Fredric Wertham)이 어린이에게 나쁜 영향을 미치는 만화를 세상에서 추방하려는 운동을 대대적으로 펼치기 시작했던 것이다. 폭발적인 판매를 기록하며 엄청난 영향력을 미친 《순수함 파괴하는 유혹Seduction of the Innocent》(1954년)이란 책에서 웨덤은 만화책이 폭력과 고문, 범죄와 마약 복용, 무분별한 자위를 조장한다고 주장했지만, 만화책이 그 못된 짓을 한꺼번에 부추긴다고 말하지는 않았다. 또한 그가 상담한 한 소년을 예로 들며 만화책을 읽은 후에 "섹스광이 되고 싶다."는 소년의 고백을 언급했지만, 만화책을 읽든 안 읽든 대부분의 남자 아이가 '섹스' '광(狂)' '되고 싶다'는 단어를 아주 편하게 쓴다는 사실에는 눈감아버렸다.

웨덤은 문자 그대로 모든 어둠에서 섹스를 찾아냈다. 그는 액션 만화의 한 장면에서 남자 어깨 위의 음영을 다른 각도에서 상상력을 발휘해 뚫어지게 쳐다보면 여자의 외음부로 보인다고 지적했다. 실제로 그랬다. 이 점에 대해서는 반론의 여지가 없었다. 또 웨덤은 만화의 주인공들이 여자와 입맞춤하고 싶어하는 붉은 피의 떳떳한 남자가 아니라는 걸 우리가 내심으로는 알고 있지만 인정하려 하지 않는다고도 지적했다. 특히 그는 배트맨과 로빈을 거론하며 '함께 살고 싶어하는 두 동성애자의 꿈같은 바람'이라고 평가했다. 반박하기 힘든 비난이었다. 그들의 몸에 꼭 끼는 바지만 보더라도 웨덤의 비난을 인정할 수밖에 없었다.

웨덤은 청소년 범죄의 원인을 조사하던 상원위원회에서 증언을 하면서 명성과 영향력을 더해갔다. 바로 그해, 볼티모어의 심리학자 로버트 린더(Robert Linder)는 "요즘의 10대는 로큰롤 때문에 '일종의 집단 정신질환'을 앓고 있다."고 말했다. 그런데 웨덤까지 만화책의 어둡고 지저분한 면을 비난하고 나선 것이었다.

제임스 패터슨(James T. Patterson)의 저서 《위대한 유산들 Grand Expectations》에 따르면, "1955년경 13개 주에서 만화책의 제작과 유통과 판매를 규제하는 법을 통과시켰다." 만화책 산업계는 이런 조치에 놀라고, 더 강력한 규제가 시행될까 두려워하며 풍만한 몸매의 여자와 무자비한 살육, 눈을 가늘게 뜨고 봐야 하는 그림자, 요컨대 짜릿한 재미를 주는 모든 것을 자발적으로 포기해버렸다. 우리에게는 야만적 타격이었다.

순수주의자에게는 실망스럽게도 키디 코랄은 밍밍한 만화로 채워지기 시작했다. 아치와 저그헤드가 주인공인 만화책들, 오리인 주제에 사람처럼 옷을 입고 모자를 썼지만 그다지 볼품도 없고 특별히 건강해 보이지도 않는 허리 아래로는 아무것도 입지 않은 도널드 덕과 그의 조카인 휴이와 듀이와 루이 등의 디즈니 만화책들로 채워졌다. 그러자 키디 코랄에 여자 아이들이 모이기 시작했다. 여자 아이들은 다과회라도 하는 것처럼 〈리틀 룰루〉나 〈착한 유령, 캐스퍼〉의 최근호를 두고 재잘거렸다. 어떤 바보가 그런 짓을 했는지는 모르겠지만, 유명한 문학작품을 만화책으로 각색한 클래식 코믹북까지 있었다. 물론 그런 만화책은 곧바로 내던져지고 말았다.

새삼스레 말할 필요도 없겠지만, 나는 웨덤을 없애버렸다. 그러나 때가 너무 늦었던 것일까? 웨덤이 남긴 피해는 엄청났다. 예전보다 재미를 찾기가 훨씬 힘들어졌다. 우리에게 가장 절실하게 필요한 것은 구하기 가장 힘든 것이었다. 물론 욕정을 말하는 것이다. 그러나 욕정은 다른 얘기이니 다음 장에서 따로 얘기하도록 하자.

6

섹스 그리고
호기심 천국

영국, 런던(AP통신) - 지난 수요일 예능인 리버레이스가 〈런던 데일리 미러〉를 상대로 한 명예 훼손 소송에서, 고등법원 배심원단은 〈미러〉가 손해 배상액 8,000파운드(2만 2,400달러)를 배상하라고 판결에 부쳤다. 배심원들은 3시간 30분간의 논의 끝에, 1957년 〈미러〉의 기자 윌리엄 N. 코너가 보도한 기사가 리버레이스를 동성애자로 은근히 규정짓고 있다는 결론을 내렸다. 이번 소송에서 리버레이스는 '그 또는 그녀, 혹은 그것이 원할 수 있는 모든 것'이란 코너의 글을 특히 문제로 삼았다. 또 기자는 리버레이스를 '과일 향을 띤 사람'이라고 표현하기도 했다. 〈디모인 레지스터〉, 1959. 6. 18

I dreamed I went to work in my maidenform* bra

CHANSONETTE* with famous 'circular-spoke' stitching

Notice two patterns of stitching on the cups of this bra? Circles that uplift and support, spokes that discreetly emphasize your curves. This fine detailing shapes your figure naturally—keeps the bra shapely, even after machine-washing. The triangular cut-out between the cups gives you extra "breathing room" as the lower elastic insert expands. In white or black: A, B, C cups. **2.00**

Other styles: Broadcloth: Cotton, "Dacron" *Polyester 2.50; Lace, 3.50; with all-elastic back, 3.00; Contour, 3.00; Full-length, 3.50.
*REG. U.S. PAT. OFF. ©1960 BY **Maidenform, Inc.**, makers of bras, girdles, swimwear, and active sportswear.

영화관으로 가는 비밀의 숲

1957년에 개봉된 〈페이튼 플레이스〉는 당시 보기 드물게 선정적인 영화였고, 예고편을 통해 놓치면 안 된다고 노골적으로 우리에게 선전하던 영화였다. 온 국민이 학수고대하던 〈페이튼 플레이스〉가 개봉되자, 누이는 나를 데리고 그 영화를 보러 가기로 결정했다. 왜 누이가 나를 데리고 갔는지는 지금도 모르겠다. 나를 알리바이 제공자로 삼았을 수도 있고, 누이가 부모에게 들키지 않고 집에서 빠져나가려면 내 베이비시터 역할을 맡아야 했기 때문일 수도 있다. 여하튼 우리가 토요일에 점심 식사를 한 후에 잉거솔 시어터까지 걸어갈 텐데, 누구에게도 말해서는 안 된다는 다짐을 누이에게 받았던 기억밖에 없다. 무척 흥분되는 제안이었다.

영화관에 가는 길에 누이는 그 영화에 등장하는 많은 인물, 십중팔구 대부분의 인물이 섹스를 할 거라고 내게 말했다. 당시 누이는 섹스에 관한 한 세계 최고의 권위자였다. 적어도 나에게는 그렇게 보였다. 누이의 특기는 동성애자인 유명인을 집어내는 것이었다. 살 미네오, 앤서니 퍼킨스, 셜록 홈스와 왓슨 박사, 배트맨과 로빈, 찰스 로턴, 랜돌프 스코트, 그리고 내 눈에는 지극히 정상적으로 보이던 로렌스 웰크 오케스트라의 세 번째 줄에 앉은 남자까지…… 모두가 누이의 날카로운 시선에서는 가면이 벗겨졌다. 누이는 1959년에 록 허드슨이 게이라고 내게 말하기도 했다. 세상 사람들이 그렇게 추측하기 훨씬 전의 일이었다. 또 누이는 리처드 체임벌린이 게이가 되기 전부터 게이라는 걸 알았다. 한마디로 누이는 동성애자를 찾아내는 데 초인적인 능력을 과시했다.

우리는 숲 속 깊이 들어가 나무들 사이의 좁은 오솔길을 앞뒤로 걸었다. 누이가 느닷없이 "너, 섹스가 뭔지 알아?"라고 내게 물었다. 마침 겨울이라 새로 산 빨간 모직 코트를 입은 누이가 솜털로 뒤덮인 하얀 모자를 쓰고 턱 아래로 끈까지 묶고 있던 모습이 아직도 기억에 생생하다. 그날 누이는 내게 무척 세련되고 다 큰 어른처럼 보였다.

"몰라, 내가 그런 걸 어떻게 알겠어."

아무튼 나는 이런 식으로 대답했다. 그러자 누이는 목소리까지 낮추고, 자기만 아는 특별한 정보라도 되는 듯 단어를 신중하게 골라가며 섹스에 대해 알고 있는 모든 것을 말해주었다. 하지만 그때 내게는 열한 살에 불과한 누이의 지식이 백과사전에 쓰인 내용만도 못한 듯했다. 어쨌든 내가 이해한 바에 따르면, 남자가 자기 물건을 여자의 물건 안에 밀어 넣고 잠시 거기에 머무르면 한참 후에 둘이서 아기를 갖게 된다는 것이 섹스의 핵심이었다. 누이가 물건이라고 한 것이 뭔지 나는 궁금했다. 남자가 손가락을 여자의 귀에 넣는 건가? 남자가 모자를 여자의 모자 상자에 넣는 건가? 누구한테 물어보면 정확히 말해줄까? 여하튼 남자와 여자는 발가벗은 채 그런 비밀스런 행동을 하고, 그 후에는 부모가 된다는 것만은 이해했다.

솔직히 나는 아기가 어떻게 만들어지는지 별로 궁금하지 않았다. 우리가 부모도 모르게 비밀스런 짓을 하고, 엘름우드 거리와 그랜드 거리 사이에 거의 끝없이 자리 잡은 슈바르츠발트(Schwarzwald, 검은 숲을 가리키는 독일식 이름-옮긴이), 즉 숲 속을 걷고 있다는 사실이 훨씬 더 흥분됐다. 여섯 살 무렵 나는 때때로 친구들과 위험을 무릅쓰고 숲에 들어갔지만, 길이 보이는 곳에 머물며 전쟁놀이를 하고는 맑은 공기와 따사로운 햇살이 있는 세계로 기분 좋게 걸어 나왔다. 거의 언제나 바비 스팀슨

덩굴옻나무에 올라 울음을 터뜨린 후이기는 했지만. 숲에 들어가면 몸이 나른해졌다. 공기가 탁했고 숨이 막혔다. 주변에서 들리는 소리도 달랐다. 숲 속에 깊이 들어가면 다시 나오지 못할 것만 같았다. 누구도 숲을 산책로로 이용할 생각을 하지 않았다. 산책하기에는 너무 넓었다. 따라서 나에게는 거의 무의미하긴 했지만 어쨌든 비밀스런 얘기를 들으면서 믿을 수 있고 걸음걸이가 맵시 있는 사람과 함께 숲길을 걷자, 어떤 말로도 표현할 수 없을 만큼 짜릿하고 오싹한 재미가 있었다. 나는 숲길을 걸으며 숲의 장엄한 어둠에 감탄사를 연발하면서도 실눈을 뜨고 케이크로 만든 오두막과 늑대를 찾아 두리번거렸다.

숲길에서 나눈 재미로도 부족했던지, 누이는 그랜드 거리로 나오자마자 나를 두 아파트 사이에 있는 비밀 통로로 데려갔다. 곧 잉거솔 거리에 있는 바우더 약국의 뒷길을 지났다. 그때까지 나는 바우더 약국의 뒤쪽으로 길이 있는 줄도 몰랐다. 뒷길을 빠져나오자 영화관이 바로 눈앞에 보였다. 정말 기막힌 길이었다. 잉거솔 거리에는 차들이 많이 다니기 때문에 누이가 내 손을 잡고 능숙하게 반대편으로 건너갔다. 나는 흉내조차 낼 수 없는 또 하나의 멋진 솜씨였다. 내가 지구인에게 놀라고, 그런 지구인과 함께 있는 것을 자랑스러워했다는 사실이 믿기지 않았다.

매표소에서도 그랬다. 입장권을 파는 여자가 머뭇거리자, 누이는 그녀에게 캘리포니아에 사는 우리 사촌이 영화에 출연했는데 어머니가 중요한 일을 하는 바쁜 사람("우리 엄마가 〈레지스터〉의 칼럼니스트예요!")이라 우리가 대신 영화를 보고 나중에 줄거리를 자세히 말해주기로 약속했다고 말했다. 별로 설득력 있게 들리지 않는 말이었지만 누이는 천사의 얼굴을 한 데다 예의 바르게 행동했고 순진한 털모자까지 쓰고 있지 않았던가! 이런 조건들이 겹치면서 누이를 믿지 않을 도리가 없었다. 매표소 여직원은 잠시 망설이긴 했지만 결국 우리에게 입장권을 건네주었다. 이 부분에서도 나는 누이가 한없이 자랑스러웠다.

그때까지는 짜릿짜릿한 재미가 있었지만 영화 자체는 좀 맥이 빠졌다. 특히 누이가 영화에 출연한 사촌은 고사하고 캘리포니아에 사는 친척도 없다고 말했을 때는 억장이 무너지는 듯했다. 발가벗은 사람도 나오지 않았고, 여자의 귀에 손가락을 쑤셔 넣거나 구두 상자에 발가락을 넣는 남자도 없었다. 그저 불쌍한 사람들이 전등갓과 커튼에 대고 뭐라고 푸념할 뿐이었다. 나는 밖으로 나가서 남자 화장실의 한 칸에 들어가 문을 잠갔다. 하지만 잉거솔 시어터에는 화장실이 두 칸밖에 없어 몹시 실망스러웠다.

법정에 불려간 성(性)

그 후 아주 우연한 기회에 나는 섹스에 대해 좀더 깊이 알게 됐다. 어느 토요일, 밖에서 놀다가 집에 돌아왔는데 어머니가 보이지 않았다. 어머니가 있을 만한 곳들을 뒤져보았지만 어디에도 없었다. 나는 충동적으로 아버지를 봐야겠다고 생각했다. 그날 아버지는 오랜 출장에서 돌아와 있었다. 따라서 나는 아버지에게 묻고 싶은 게 많았다. 아버지가 짐을 풀고 있을 거라고 생각하며 나는 아버지 침실로 단숨에 달려 올라갔다. 놀랍게도 아버지 침실에는 불이 꺼져 있었고, 아버지와 어머니가 침대에서 시트를 덮은 채 레슬링을 하고 있었다. 더 놀라운 건 어머니가 이기고 있었다! 아버지는 밑에 깔려 괴로워했다. 아버지는 덫에 걸린 작은 동물처럼 신음 소리까지 냈다.

"뭐 하세요?"

"아, 빌리구나. 엄마가 아빠 이를 검사하고 있는 거야."

아버지가 재빨리 대답했지만 별로 설득력 있지는 않았다.

잠시 침묵의 시간이 흘렀다.

내가 다시 물었다.

"엄마랑 아빠 모두 옷을 벗고 있나요?"

"응, 그래."

"왜요?"

아버지는 긴 얘기라도 될 것처럼 말문을 열었다.

"그러니까…… 약간 덥구나. 지금 땀을 내는 운동을 하고 있거든. 이랑 잇몸이랑, 그런 것들 말이다. 그런데 빌리, 이제 거의 끝났다. 아래층에 내려가 있지 않겠니? 우리도 곧 뒤따라 내려가마."

아이가 그런 장면을 봤다면 대부분 정신적 충격을 받았을 것이다. 나는 그 일로 문제를 일으킨 기억이 없지만, 그로부터 한참이 지나서야 어머니에게 내 입속을 다시 보여주기 시작했다.

내가 마침내 실상을 알았을 때, 요컨대 부모님이 섹스를 한다는 걸 알았을 때는 놀라지 않을 수 없었다. 당시 아버지와 어머니도 섹스를 한다고는 거의 생각하지 못했기 때문이다. 하지만 1950년대에는 섹스를 하기가 쉽지 않았기 때문에 위안이 되기도 했다. 부부끼리 남자가 위에 올라가고 여자는 아래에서 이를 악물고 견디는 섹스는 지극히 합법적이었다. 그러나 그 밖의 섹스는 당시 미국에서 금지됐다. 조금이라도 비정상적이라 판단되는 섹스 형태를 금지하는 법이 거의 모든 주에 있었다. 오럴 섹스와 항문 섹스는 물론이고 동성애도 금지됐다. 두 당사자의 합의하에 이뤄진 정상적이고 고상한 섹스라도 그들이 미혼이면 범법 행위였다. 인디애나 주에서는 21세 이하의 남자나 여자가 '자위행위'를 하는 것을 돕거나 부추겨도 감옥에서 14년을 썩어야 했다. 인디애나 주의

로마 가톨릭 대주교 관구는 거의 같은 시기에 혼외 섹스는 죄이고 부도덕하며 생식적으로 위험한 짓일 뿐 아니라 공산주의를 조장하는 행동이라고 선포했다. 건초 더미 속 지푸라기 하나가 공산주의의 가차 없는 진군을 어떻게 돕는다는 건지 명확하게 말하지 않았지만, 그런 시시비비는 중요하지 않았다. 중요한 것은 어떤 행동이든 공산주의에 도움을 준다고 판단되면 그 근처에 얼씬도 하지 말아야 한다는 사실이었다.

입법가들도 이 문제에 대한 공개적 논의를 거북하게 생각했기 때문에 정확히 어떤 형태의 섹스가 금지되는지 판단하기 힘든 경우가 적지 않았다. 예컨대 캔자스 주에는 '자연법칙에 반하여 인간이나 짐승을 상대로 저지른 혐오스럽고 가증스런 범죄로 기소된 사람'을 엄격하게 처벌한다는 법규가 있었지만, 자연의 법칙에 반한 혐오스럽고 가증스런 범죄에 대해서는 막연하게라도 규정하지 않았다. 열대우림을 불도저로 밀어버리면? 노새를 채찍으로 때리면? 모르겠다!

섹스에 대해 말하는 것도 섹스를 하는 것만큼이나 나쁜 짓이었다. 〈아이 러브 루시〉의 주인공 루실 볼(Lucille Ball)이 1952~1953년 시즌에 실제로 임신하자, 당국은 프로그램에서 '임신(pregnancy)'이란 단어를 사용하지 말라고 경고했다. 그 단어가 세인트존스 로드에 살던 키슬러 씨가 그랬듯이 시청자들에게 소파에서 등척성 운동을 하고픈 욕구를 자극할 수 있다는 이유였다. 그래서 루시는 '출산을 앞둔(expecting)' 여자로 표현됐다. 훨씬 덜 자극적인 단어이기는 했다. 1953년 디모인 경찰들이 우리 집에서 별로 멀지 않은 로커스트 스트리트 1311번지의 루시 라운지를 급습해서 주인인 루시 루실 폰타니니를 외설행위죄로 체포했다. 너무 불순한 행위여서 매춘 담당 경찰 둘과 경찰서장 루이스 볼츠가 직접 달려와 현장을 지휘했다. 그런 일이 벌어지면 흔히 그렇듯 디모인에 사는 대부분의 남자가 현장에 한두 번쯤 얼씬거렸다. 나중에 밝혀진 바에 따르면, 루시가 술꾼들의 감언이설에 넘어가 몸에 착 달라붙는 옷을 입은 채 젖가슴 위에 유리잔을 하나씩 올려놓고 맥주로 채운 후에 손님들 테이블까지 맥주를 흘리지 않고 옮긴 것이 문제의 외설 행위였다.

한창때의 루시는 좀 다루기 힘든 여자인 듯했다. 〈디모인 레지스터〉에서 기자로 활동한 조지 밀즈(George Mills)는 회고록 《창문 안을 들여다보면》에서 "그녀는 아홉 남자와 열여섯 번의 결혼을 했다."고 말했다. 밀즈의 회고록에 따르면, 루시는 16시간 만에 결혼생활을 끝낸 적도 있었다. 루시만의 잘못은 아니었다. 루시가 잠에서 깼을 때 새 남편이 그녀의 금고 열쇠를 찾으려고 지갑을 뒤지고 있었다고 하니까. 여하튼 우편물을 로켓으로 배달하던 시대에 젖가슴을 쟁반처럼 사용하는 루시의 재주는 별것도 아닌 듯했지만, 그 재주 덕분에 루시는 전국적인 유명 인사가 됐다. 할리우드의 영화감독 세실 B. 드밀(Cecil B. DeMille)은 루시의 재주를 직접 보겠다며 루시 라운지를 두 번씩이나 방문했다.

그러나 루시 얘기는 해피엔딩으로 끝났다. 해리 그룬디 재판관은 외설 행위라는 기소를 기각했고, 루시는 프랭크 비지냐노라는 멋진 남자와 결혼해서 가정주부로 조용한 삶을 되찾았다. 가장 최근에 들은 소식에 따르면, 그들은 30년 이상 행복한 결혼생활을 누렸다고 한다. 루시가 매일 저녁 젖가슴으로 케첩과 겨자 등 조미료를 남편에게 갖다주었을까? 나는 이런 상상을 곧잘 해보지만 순전히 내 추측일 뿐이다.＊

＊ 루시가 전직 스트립댄서였다고 주장하는 출판물이 간혹 있었다. 그때마다 루시는 사람들 앞에서 옷을 벗은 적이 없으며, 따라서 스트립댄서인 적이 없다고 강력히 항의했다. 그러나 사람들 눈이 많지 않은 곳에서는 가끔 멋진 솜씨를 보였다.

욕정을 자극하는 것들

발가벗은 여자를 보고 싶어하던 우리를 위해서는 〈플레이보이〉를 멋지게 장식한 사진들이 있었다. 물론 그보다 덜 알려진 남성용 정기간행물도 적지 않았다. 그러나 합법적으로 그런 잡지를 구하기란 거의 불가능했다. 그래도 동쪽 끝에 줄줄이 늘어선 허름한 잡화점까지 자전거를 타고 가서, 목소리를 두 옥타브쯤 낮추고 1939년생이라고 주장하며 하나님한테라도 맹세할 수 있다고 무표정한 점원에게 거짓말하는 방법이 있기는 했다.

때때로 약국에서도 나는 아버지가 약사와의 대화에 열중한 틈을 타 성인 잡지를 재빨리 훑어보곤 했다. 이때야말로 내가 등척성 운동의 복잡한 메커니즘에 진지하게 감사하는 순간이기도 했다. 그러나 잡지 판매대가 약국의 어디에서나 훤히 보이는 바람에 다른 사람에게 들킬까 초조하기 이를 데 없었다. 게다가 잡지 판매대가 입구 바로 옆에 있는 데다 커다란 판유리 창문을 통해 길에서도 보였다. 따라서 사방에 노출된 셈이었다. 만약 어머니의 친구라도 약국 옆을 지나다가 나를 보고 경보라도 울린다면……. 그런 목적에 쓰라고 약국 바로 앞의 전봇대에는 경찰서와 곧바로 연결되는 비상전화가 있었다. 여드름투성이인 녀석이 뒤에서 내 어깨를 툭 치면서 큰 소리로 나를 고발할 수도 있었다. 또 킴 노박(Kim Novak)이 푹신한 카펫 위에 몸을 쭉 펴고 어여쁜 몸매를 드러낸 페이지를 정신없이 찾고 있는데 아버지가 느닷없이 다가올 수도 있었다. 따라서 약국에서 성인 잡지를 훔쳐보는 재미는 초조한 긴장감에 비해 별 소득이 없었다. 하지만 그때는 젖가슴으로 맥주를 옮겨도 경찰에게 붙잡혀가고, 자연의 법칙에 반하는 불분명한 범죄를 저질러도 체포되는 시대였다. 그러므로 약국에서 발가벗은 여자의 사진을 훔쳐보다가 발각되면 그 결과가 어떨지 상상조차 할 수도 없었다. 사진기자들이 펑펑 사진을 찍고, WHO-TV의 이동 범죄 취재반이 몰려와 현장을 취재하며, 신문에 대문짝만 하게 기사가 실리고, 지역사회를 위해 수천 시간을 봉사하라는 명령을 받으리라는 것만은 분명했다.

따라서 우리는 우편주문 카탈로그나 사진이 많은 잡지의 광고에 실린 속옷으로 만족할 수밖에 없었다. 물론 허전하기는 했지만 법 안에서 안전했다. 브래지어를 만들던 메이든 폼은 1950년대에 연작 형식의 인쇄물 광고로 유명했다. 그 광고에 나오는 여자들은 공공장소에서 반쯤 벗고 서 있는 꿈을 꾸는 듯했다. 예컨대 모자, 치마, 신발, 장신구, 메이든 폼 브래지어 등 모든 것, 아니 블라우스만 빼놓고 모든 것을 걸친 채 티파니 매장의 진열장에 서 있는 여자를 모델로 한 광고에는 "나는 메이든 폼 브래지어를 착용하고 보석 가게에 있는 꿈을 꾸었다."라는 설명이 덧붙여졌다. 이런 사진들은 무척 에로틱한 느낌을 자아냈다. 불건전하기는 했지만. 그러나 안타깝게도 메이든 폼은 조금 시대를 앞서가는 모델을 본능적으로 선택한 까닭에, 그 모델들이 우리에게는 별로 매력적으로 보이지 않았다. 게다가 그 시대의 브래지어는 성적인 환상을 자극하기보다는 외과 수술 도구처럼 보였다. 성욕을 자극하는 브래지어를 그처럼 투박하게 만드는 게 안타까울 따름이었다.

이런 결함이 있는데도 많은 회사가 메이든 폼의 광고 방법을 흉내 냈다. 사롱이 만든 거들은 얼마나 튼튼한지 방탄복처럼 보였다. 그래서 예기치 않은 돌풍이 덮쳤음에도 꼼짝 않는 거들을 실망스러워하면서도 50미터쯤 앞의 모든 남자에게 추파를 던지는 여자들을 광고 모델로 내세웠다. 나는 1956년의 광고지를 아직도 갖고 있다. 노스웨스트 항공기에서 한 여자가 뛰어내리는데, 재수가 없었던지 돌풍이 갑자기 아래쪽에서 그녀의 다리 사이로 불어 닥쳐 모피 코트가 벌어지면서 나일론 마키젯 천에 자수를 넣은 사롱 브랜드 모델 124번 거들이 훤히 드러나는 광고지다. 또 광고지 어디에나 13.95달러인 거들을 착용한 예쁜 여자들이 서 있다. 그러나 이 광고지에는 1956년부터 나를 애타게 괴롭히던 문젯거리가 있다. 그 여자가 거들과 코트만 입었지 치마 따위는 입지 않았다는 점이다. 따라서 그녀가 비행기에 탈 때는 옷을 어떻게 입었을지 궁금해 미칠 지경이었다. 예컨대 오클라호마의 털사에서부터 미니애폴리스까지 내내 치마를 안 입은 채 비행을 했을까, 아니면 도중에 치마를 벗었을까? 그랬다면 그 이유가 무엇일까?

내 주변에 사롱의 광고를 좋아하는 신봉자들이 있었다. 특히 더그 윌러비는 광적인 신봉자였다. 그러나 내 눈에는 그들이 이상하고 비논리적으로 보였다. 약간 변태로 여겨지기도 했다. 나는 윌러비에게 "여자가 어떻게 치마도 입지 않고 미국 대륙을 절반이나 횡단할 수 있겠냐!"라고 입이 닳도록 말했다. 때로는 흥분해서 말하기도 했다. 윌러비는 내 지적에 아무런 이의도 제기하지 않았지만, 사롱 광고가 짜릿하게 보이는 이유가 바로 거기에 있다고 말했다. 어쨌든 서글픈 시대였다. 어머니의 잡지에서 볼 수 있는 사진, 즉 반쯤 힐끗 보이는 거들을 입고 겁에 질린 듯한 표정을 한 여자의 사진이 우리가 찾아낼 수 있는 가장 감질나는 사진이었으니 말이다.

뜻밖에도 미국에서 가장 에로틱한 조각상이 디모인에 있었다. 그 조각상은 주의사당 마당에 있는 남북전쟁 기념물의 일부였다. '아이오와'라 불린 그 조각상은 맨가슴을 두 손으로 밑에서 떠받치고 앉은 여자를 묘사하고 있었다. 한마디로 무척 도발적인 자세였다. 그 자세는 수유(授乳)를 상징적으로 표현한 것이라 해석되지만, 현실 세계에서는 지나가는 남자들에게 곧바로 기어 올라가 바싹 껴안고 싶은 욕망을 불러일으킬 뿐이었다. 우리는 토요일이면 가끔 자전거를 타고 거기까지 가서, 밑에서부터 그 조각상을 열심히 쳐다보곤 했다. 조각상의 장식판에는 "1890년 세워짐."이라 쓰여 있었다. 그래서 우리는 장난삼아 "그 이후로 우리를 계속 서게 함!"이라 덧붙이곤 했다. 그러나 구리 젖꼭지를 보겠다고 자전거를 타고 가기에는 너무 먼 거리였다.

다른 유일한 대안은 어른들을 훔쳐보는 것이었다. 가족과 함께 콜럼버스에서 디모인으로 이주해온 로키 코펠이란 친구가 있었다. 코펠은 코모도르 호텔 지하실에 있는 아파트에서 한동안 살면서, 그의 침실 벽장과 붙은 벽에 구멍이 있는 걸 알아냈다. 코펠은 그 구멍을 통해 옆방의 호텔 여직원이 옷을 갈아입고, 때로는 남자 관리인과 분비물을 열심히 나누는 모습을 훔쳐보았다. 코펠은 우리에게 25센트씩 받고 그 구멍으로 옆방을 훔쳐보게 해주었다. 그러나 그 여직원이 아들라이 스티븐슨(Adlai Stevenson, 정치인)을 닮았지만 머리숱은 훨씬 적다는 소문이 퍼지면서 코펠의 돈벌이도 막을 내렸다.

발가벗은 여자의 살을 보겠다고 절대 가지 말아야 할 곳은 영화관이었다. 물론 영화에서 여자들이 때때로 옷을 벗기는 했지만, 그때마다 여자들은 귀고리를 빼고 블라우스의 위쪽 단추를 푼 후에 칸막이 뒤로 숨거나 옆방으로 건너갔다. 카메라가 여자를 계속 추적해도 결정적인 순간에는 방향을 아래로 떨어뜨렸다. 따라서 옷이 발목에 흘러내리고, 욕조로 들어가는 발이 보이는 정도에 불과했다. 그렇다고 실망하지는 않았다. 처음부터 기대하지도 않았으니까. 발가벗은 여자가 화면에 비치는 경우는 한 번도 없었다.

형이 있는 친구들은 1955년에 개봉된 〈마우마우단(團)〉이란 영화를 알았다. 처음 출시됐을 때 이 영화는 케냐에서 일어난 마우마우단의 봉기에 대한 믿을 만한 다큐멘터리로 여겨졌다. 텔레비전에서 뉴스를 담당하던 체트 헌틀리(Chet Huntley)의 절제된 해설도 돋보였다. 그러나 배급업자 댄 소니(Dan Sonney)란 사람은 이 영화로는 크게 돈벌이가 되지 않는다고 생각했던지, 지방 배우들과 기술자들을 고용해서 남캘리포니아의 한 오렌지 농원에서 여러 장면을 추가로 촬영했다. 가슴을 훤히 드러낸 '원주민' 처녀들이 손도끼를 든 남자들에게서 달아나는 장면들이었다. 그는 이렇게 촬영한 장면들을 기존의 필름에 양념처럼 아무렇게나 삽입함으로써 원래의 영화에 생기를 조금 불어넣었다. 영화가 선풍적인 반응을 일으키며 댄 소니는 돈방석에 앉았다. 특히 12~15세의 소년들에게 큰 환영을 받았다. 안타깝게도 1955년에 겨우 네 살이던 나는 그 시대에 유일하게 발가벗은 여자들이 가슴을 흔들어대는 멋진 장면을 놓치고 말았다.

  내가 아홉 살이던 해, 우리는 숲에 나무집을 지었다. 리버오크 거리의 건설 현장에서 슬쩍해 가져온 일급 목재를 이용해 만든 꽤 괜찮은 나무집이었다. 곧바로, 아니 거의 자동적으로 그 집은 우리가 서로의 눈을 의식하지 않고 옷을 훌훌 벗는 장소가 됐다. 옷을 벗는다고 그렇게 흥분되고 재밌지는 않았다. 그도 그럴 것이 24명의 꼬마 남자가 우글대는 조그만 나무집에 자주 들락거린 여자는 단 한 명, 패티 헤퍼먼뿐이었다. 더구나 패티는 겨우 일곱 살인데도 땅을 고르는 기계보다 몸집이 더 커서 나중에는 '고깃덩어리 패티'라고 불릴 정도였다. 그런 패티를 보고 성적 충동을 느낄 사람은 세상 어디에도 없었다. 게다가 누구라도 원하면 오레오 쿠키 두 개로 패티의 몸을 모든 각도에서 면밀하게 조사할 수 있었다. 이런 점에서 패티는 우리에게 인류학적 가치를 지닌 친구였다.

우리에게 발가벗은 몸을 정말로 보고 싶던 여자를 한 명만 꼽으라면, 단연 메리 올리어리였다. 메리는 우리 동네를 넘어 수백, 수천만 은하계에서 가장 예쁜 아이였다. 그러나 메리는 어디에서도 옷을 벗지 않았다. 분위기가 건전할 때는 우리와 나무집에서 재밌게 놀았다. 하지만 분위기가 무르익으면서 야릇하게 변하면, 메리는 사다리를 타고 아래로 내려가 금방이라도 울음을 터뜨릴 듯이 화를 억누른 목소리로 우리가 저질이고 지긋지긋하다고 소리쳤다. 나는 그래서 메리가 더 좋았다. 정말이지 그래서 메리가 더 좋았다. 사실 패티 헤퍼먼의 몸에서 볼 데는 거의 다 봤고, 그 이상을 보면 어머니가 해주는 밥도 못 먹을 것만 같았다. 하여간 메리가 나무집에서 내려가면 나도 거의 언제나 뒤따라 내려가 여자로서의 정절과 정숙을 입에 침이 마르도록 칭찬하며 메리를 집까지 데려다줬다.

그때마다 나는 메리에게 "정말 정나미가 떨어지는 놈들이야!"라고 말했지만, 나도 그런 놈들의 하나라는 사실을 편리하게 잊었던 셈이다.

그래도 메리가 옷을 벗지 않은 건 아쉽고도 또 아쉬운 일이었다. 나는 메리 올리어리를 무척 좋아했다. 아니, 숭배했다. 메리가 텔레비전을 볼 때면 옆에 가만히 앉아 메리의 얼굴을 살짝 훔쳐보곤 했다. 적어도 내 눈에는 가장 완벽한 얼굴이었다. 부드럽고 깨끗한 얼굴, 언제나 웃어줄 듯하고 발그스레하게 빛나는 얼굴! 특히 메리가 웃기 직전의 얼굴만큼 완벽하고 반가운 것은 세상 어디에도 없었다.

그해 7월, 우리 가족은 독립기념일을 맞아 할아버지 집에 갔다. 그때마다 나는 멀쩡한 음식을 회반죽으로 만들어버리는 디 삼촌을 봐야 하는 끔찍한 일을 각오해야 했다. 게다가 할아버지의 텔레비전까지 고장나서 항상 수리 대기 중이었다. 그 동네 텔레비전 수리공은 생글거리기는 했지만, 얼간이인지 여분의 진공관을 갖춰둬야 한다는 원칙조차 몰랐다. 당연히 내게 선더비전을 얻어맞고 몸이 새까맣게 타버려야 마땅한 실수였다. 그래서 나는 〈리더스 다이제스트〉의 축약판들, 워익 디핑(Warwick Deeping)의 소설 몇 권, 1942년부터 모아둔 〈여자의 가정일기〉로 꽉 채워진 커다란 상자가 거의 전부이던 할아버지의 조그만 서재에 앉아 책을 읽으면서 긴 주말을 보내는 수밖에 없었다.

집에 돌아가자마자 버디 도버먼과 아서 버건이 나를 기다렸다는 듯 득달같이 찾아왔다. 그들은 내 부모에게 하는 둥 마는 둥 인사를 하고 나를 구석으로 끌고 가 비밀 얘기를 소곤거렸다. 내가 없는 동안 메리 올리어리가 나무집에 와서 옷을 벗었다는 것이었다. 실오라기 하나도 남기지 않고! 그것도 메리가 자진해서, 정말로 모든 것을 포기한 듯이!

아서가 말했다.

"메리가 최면에 빠진 듯했어."

버디가 덧붙였다.

"그것도 행복한 최면에."

"정말 끝내줬어."

아서가 그때의 장면을 하나도 빠뜨리지 않고 기억한다는 듯 말했다.

나는 그 말을 믿고 싶지 않았다. 하지만 아서와 버디는 하나님에게 맹세도 할 수 있다고 열 번을 넘게 말했다. 심지어 목소리까지 낮추면서 만약 거짓말이면 그들의 어머니가 성경에 깔려 죽어도 괜찮다고 말했다. 그러자 메리를 향한 내 믿음도 조금씩 흔들리기 시작했다. 게다가 그들은 당시의 순간들을 자세하게 묘사했다. 특히 아서가 뛰어난 기억력을 발휘해서 생생하게 설명해주었다. 훗날 그가 틈만 나면 자랑했듯이 포르노 장면에 대한 아서의 기억력은 남달랐다.

나는 신경이 곤두섰다.

"좋아, 그럼 메리를 불러다 다시 벗어보라고 하자."

버디가 말했다.

"안 돼. 메리가 앞으로 다시는 벗지 않을 거라고 했거든. 우리도 메리에게 다시는 벗으라고 떼쓰지 않기로 맹세했어. 그렇게 약속했어."

나는 기가 막혀 침을 튀기면서 말했다.

"말도 안 돼! 나만 손해잖아."

아서가 말했다.

"재밌는 건, 메리가 오랫동안 그걸 생각해왔는데 네가 없을 때를 기다렸다고 말했다는 거야. 메리는 너를 실망시키기 싫었대."

"나를 실망시킨다고? 나를 실망시켜? 너희, 농담하는 거니? 나를 실망시킨다니? 나한테 거짓말하는 거지?"

그 후 내가 열네 시간 동안이나 머리를 박아대서 움푹 팬 흔적이 아직도 우리 집 앞 인도에 남아 있다. 여하튼 메리 올리어리는 그 후로 나무집 부근에 얼씬도 하지 않았다.

그 직후에 나는 무슨 영감을 받았는지 아버지의 벽장 서랍에 뭐가 감춰져 있는지 알고 싶어 서랍을 하나씩 열어보았다. 나는 봄과 가을, 1년에 두 번씩 아버지 침실을 샅샅이 뒤지곤 했다. 아버지가 프로야구팀의 봄철 훈련과 월드 시리즈를 취재하러 갈 때였다. 아버지가 무심코 흘린 담배와 동전, 그리고 내가 엘렉트로 별에서 왔다는 증거, 예컨대 나를 안전하게 키워주고 내 변덕에 맞춰주면 넉넉한 보상을 해주겠다고 볼튼 왕과 엘렉트로 의회가 약속한 편지 따위를 찾아내고 싶었다.

그날은 평소와 달리 유난히 심심했다. 그래서 나는 벽장 서랍을 열고, 서랍 안은 물론이고 서랍 뒤쪽과 아래까지 뒤졌다. 마침내 아버지가 여자 사진을 감춰두는 비밀 장소를 알아냈고, 그 안에서 얄팍한 잡지 두 권을 찾아냈다. 하나는 〈두드〉, 다른 하나는 〈너기트〉였다. 두 권 모두 매우 싸구려 저질이었다. 여자들은 하나같이 패트 닉슨(리처드 닉슨 대통령의 부인-옮긴이)이나 메이미 아이젠하워(드와이트 아이젠하워 대통령의 부인-옮긴이)처럼 보였다. 한마디로 발가벗은 모습을 결코 보고 싶지 않은 여자들이었다. 나는 놀라기도 했지만 소름까지 돋았다. 아버지가 남성용 잡지를 봤기 때문은 아니었다. 오히려 아버지에게 어떤 수단을 써서라도 권하고 싶던 방향이었고, 바람직한 변화였다. 그러나 아버지가 그처럼 싸구려 잡지를 선택해서 실망스러웠다. 남성용 잡지까지 싸구려만 찾는 아버지의 버릇이 안타까울 따름이었다.

그러나 그런 여자라도 없는 것보다는 나았다. 옷을 입지 않은 여자의 비밀스런 부분들을 그런대로 보여주었으니까. 나는 두 잡지를 나무집으로 가져갔다. 메리 올리어리가 없었기에 두 잡지는 아이들에게 대대적인 환영을 받았다. 나는 잡지들을 열흘인가, 그 이후에 제자리에 갖다두었다. 아버지가 봄철 훈련의 취재를 끝내고 돌아오기 직전까지 아이들은 손가락에 침을 묻혀가며 그 잡지들을 열심히 탐독했다는 뜻이다. 따라서 그 잡지들을 많은 사람이 보고 즐겼다는 사실을 들키지 않기란 거의 불가능했다. 더구나 하나는 표지가 없어졌고, 거의 모든 사진에 여러 아이들이 나름대로 설명을 덧붙이며 말풍선까지 만들어 솔직한 평가를 더해놓았으니 말이다. 그 후로 오랫동안 나는 아버지가 그런 덧글을 어떻게 받아들였을지 궁금했다. 그러나 아버지는 내게 그에 관해 어떤 식으로도 묻지 않았다.

7

핵과 공산주의
: 코미디 혹은 공포

어제 앨라배마 주대법원은 작년 에스틸 바커 부인에게 1달러 95센트를 강탈한 죄로 지미 윌슨(55세)이라는 흑인 잡역부에게 내려진 사형 선고를 승인했다. 바커 부인은 백인이다. 절도가 앨라배마에서 사형에 해당되는 범죄이기는 하지만, 지금까지 5달러 이하의 절도죄로 사형당한 사람은 한 명도 없었다. 법원 관계자의 발표에 따르면, 윌슨이 무례한 말투로 협박했다는 바커 부인의 증언에 배심원들이 영향을 받은 듯하다. 유색인 권리 증진을 위한 전국 연합의 대변인은 이번 사형 선고가 '미국에 떨어진 서글픈 벼락'이라 평가했지만, 앨라배마에서는 사형수에 대한 어떤 지원도 금지돼 있기 때문에 그들의 조직도 윌슨에게 아무런 도움을 줄 수 없다고 말했다. 〈디모인 레지스터〉, 1958. 8. 23

3차 세계대전 맛보기 게임

1952년 11월 1일 현지 시각 아침 7시 15분, 미국은 남태평양 마셜 군도의 에니위탁 산호섬에서 최초로 수소폭탄을 터뜨렸다. 하지만 그 폭탄은 운반할 수 없는 것이었으므로 진정한 의미의 폭탄이 아니었다. 따라서 미국이 엄청난 양의 액화 중수소와 3중수소를 냉각시키기 위한 80톤급의 냉동 장치를 건조해서 수 킬로미터의 케이블로 수십 개의 전기 기폭장치에 연결하는 동안 적이 이해의 눈으로 지켜봐주지 않는다면, 수소폭탄으로 한 사람도 날려버릴 방법이 없었다. 그 장치를 에니위탁 섬으로 옮기는 데도 1만 1,000명의 군인과 민간인이 동원됐다. 따라서 소련으로 하여금 아무런 의심도 불러일으키지 않으면서 모스크바의 붉은 광장에 설치할 수 있는 폭탄이 아니었다. 엄밀히 말해 그 수소폭탄은 '열핵 장치'에 불과했다. 하지만 폭발력은 엄청났다.

그와 같은 실험은 이제껏 시도된 적이 없었으므로 폭발력이 얼마나 클지 누구도 정확히 예측하지 못했다. 가장 보수적으로 추정한 5메가톤의 폭발력도 제2차 세계대전 당시 양측에서 사용한 화력 전체보다 더 파괴적인 수준이었다. 폭발력이 100메가톤에 버금가리라고 추정한 핵물리학자도 적지 않았다. 그 정도라면 과학자들이 추론을 통해 판단할 수 있는 범위를 훌쩍 넘어서는 폭발력이었다. 심지어 대기권에 존재하는 산소를 전부 태워버릴 거라는 우려의 목소리까지 나왔다. 하지만 펜타곤은 "호랑이 굴에 들어가야 호랑이를 잡는다."라는 속담을 알았던 모양이다. 11월 1일 아침, 누군가 기폭 장치에 불을 붙이고 죽어라 하고 뛰었다.

 폭발력은 10메가톤을 약간 넘었다. 그런대로 조절 가능한 범위였지만, 히로시마보다 1,000배나 넓은 도시를 단번에 파괴할 수 있는 폭발력이었다. 물론 지구에 그만한 도시는 없었다. 폭발이 있고 몇 초 만에 높이 8킬로미터, 직경 6.5킬로미터의 불기둥이 에니위탁 섬 위로 치솟았고 버섯구름처럼 피어올랐다. 그리고 사방으로 1,600킬로미터 밖까지 퍼져나가며 검은 재를 눈처럼 토해냈다. 그 후에야 버섯구름이 서서히 흩어졌다. 인간이 그때까지 만들어낸 가장 파괴적인 발명품이었다. 그로부터 9개월 후, 소련은 자체 개발한 열핵 장치를 폭발시키면서 서구 세계를 놀라게 했다. 바야흐로 인간의 생명을 이 땅에서 지워버리려는 경쟁이 시작된 셈이었다. 그 후로 군비경쟁은 끊이지 않았고, 우리는 세상을 산산조각 내려는 사신(死神)이 됐다.

 따라서 그런 일이 벌어졌을 때 내가 아이오와 디모인에 이미 내려와 조용히 똥을 싸고 있었다는 게 그리 놀랍지는 않다. 나에게는 선택의 여지가 없었다. 태어난 지 겨우 10개월이었으니까.

 폭탄의 발전 자체가 겁나는 것은 아니었다. 폭탄을 개발하는 사람들이 오히려 겁났다. 에니위탁에서의 실험이 성공적으로 끝나자, 펜타곤의 수뇌부는 그 신생아를 활용할 방법을 적극적으로 궁리하기 시작했다. 특히 한국 전선 근처 어딘가에 그 장치를 설치해두고, 북한군과 중국군이 호기심에 그 주변을 기웃대도록 유도한 후에 폭파시키자는 주장이 진지하게 고려되기도 했다.

 파괴의 선봉장 노릇을 한 펜실베이니아 출신의 공화당 의원 제임스 반 잔트(James E. Van Zandt)는 미국이 조만간 적어도 100메가톤 위력의 폭탄을 갖게 되리라고 장담했다. 단숨에 모든 것을 태워버릴 수도 있는 폭발력이었다. 그즈음 헝가리 태생의 물리학자로 수소폭탄의 개발을 뒤에서 주도한 천재 가운데 하나이자 반미치광이였던 에드워드 텔러(Edward Teller)는 핵폭탄을 평화적 목적에도 이용할 수 있겠다는 생각을 해냈다. 텔러와 원자력위원회에 포진한 그의 추종자들은 수소폭탄을 이용하면 지금까지 꿈도 못 꾸던 대규모 토목공사를 너끈히 해낼 수 있다고 생각했다. 예컨대 산을 통째로 폭파시켜 거대한 노천 광산으로 만들고, 우리에게 유리한 방향으로 강의 흐름을 바꾸며, 오스트레일리아의 대산호초처럼 선박 수송과 교류를 방해하는 거추장스런 장애물을 날려버릴 수 있다는 공상이었다. 그렇게만 된다면 유럽의 다뉴브 강을 자본주의 국가만 통과하도록 흐름을 바꿔버릴 수도 있었다. 이런 공상에 흠뻑 젖은 그들은 26개의 폭탄을 파나마 지협에 적절히 설치할 경우 파마나 운하보다 크고 효율적인 운하를 단숨에 파내서 상거래가 훨씬 편해질 수 있다고 발표했다. 심지어 그들은 핵폭탄을 이용해 대기의 먼지량을 조절해서 지구의 기후를 바꿔버리면, 미국의 북부 지역에서 겨울을 영원히 사라지게 하고 소련은 영원히 추운 겨울에 시달리게 할 수도 있다고 은근히 주장하기도 했다. 또 텔러는 핵탄두를 실험하기 위한 표적으로 달을 이용할 수도 있다는 제안을 무심코 언급하기도 했다. 그렇게 되면 지구에서 쌍안경으로도 폭발을 볼 수 있으므로 많은 사람에게 흥미로운 볼거리를 제공할 수 있다는 제안이었다. 요컨대 수소폭탄의 개발자들은 온 세상을 방사선으로 뒤덮고, 생태계 전체를 파괴하며, 지구의 얼굴을 지워버리고, 기회가 있을 때마다 우리의 적을 자극해서 적대시하고 싶은 듯했다. 원자력을 평화적 목적에서 이용하겠다는 그들의 생각은 이런 것이었다.

그러나 그들이 실제로 품었던 목표는 우리가 원하면 언제라도 러시아를 비롯해 그와 비슷한 생각을 한 나쁜 나라들의 머리 위에 떨어뜨릴 수 있는 수송 가능한 폭탄을 개발해내는 것이었다. 그 꿈이 마침내 1954년 3월 1일에 실현됐다. 그날 미국은 마셜 군도의 비키니 산호섬 위에서 15메가톤의 실험용 폭탄을 폭발시켰다. 우리가 그 섬의 이름을 따서 여자의 수영복을 비키니라고 부를 정도로 아름다운 섬이었다. 폭발력은 예상을 초월했다. 폭발할 때의 섬광이 4,100킬로미터나 떨어진 오키나와에서도 보였고, 1만 8,000제곱킬로미터가 넘는 지역에 방사능 낙진이 떨어졌다. 더구나 낙진은 예상과는 완전히 반대 방향으로 흘러갔다. 우리는 엄청난 파괴력의 폭탄을 개발하는 능력을 키워갔지만, 인간의 힘으로는 감당할 수 없는 결과까지 초래하는 실수를 저지르고 말았다.

콰절린 산호섬에서 근무하던 한 군인은 집에 보낸 편지에서, 그날 폭발로 인해 병사(兵舍)가 무너질 듯했다면서 "갑자기 하늘이 밝은 오렌지빛으로 환해지면서 2분 정도 그 상태를 유지했습니다. …… 천둥처럼 엄청나게 큰 소리가 귀를 때렸습니다. 그리고 병사가 흔들리기 시작했습니다. 지진이라도 일어난 듯싶었습니다. 곧 엄청난 강풍이 몰아쳤습니다."라고 말했다. 바람이 얼마나 강했던지, 그 섬에 있던 모든 군인이 단단하게 고정된 것을 꼭 붙잡고 버텨야 했다. 폭발 현장에서 거의 320킬로미터나 떨어진 섬에서 겪은 일이었다. 더 가까운 곳에 있던 사람들은 어떤 참담한 일을 겪었을까? 상상조차 하기 힘들다. 근처 롱지랩 섬의 얌전한 원주민들에게 아침 7시 직전에 커다란 폭발음과 눈부신 섬광이 있을 거라는 얘기가 전해졌지만, 다른 경고는 없었다. 그 폭발로 그들의 집이 무너지거나, 그들이 영원히 귀머거리가 될 수도 있다는 경고는 전혀 없었다. 또 낙진에 어떻게 대처해야 하는지에 대한 안내는 더더욱 없었다. 방사능 낙진이 비 오듯 떨어지자 섬사람들은 아무것도 모른 채 낙진이 뭐로 만들어졌는지 알고 싶어 혀끝으로 맛까지 보았고, 머리에 수북이 내려앉은 낙진을 손으로 털어냈다.

여파는 금세 나타났다. 몇 분만에 그들은 곧 몸이 불편해졌다. 방사능 낙진에 노출된 사람들은 그날 아침부터 밥맛을 잃었다. 서너 시간 후에는 많은 사람이 구역질을 해댔고, 낙진이 닿은 맨살에는 여지없이 물집이 생기기 시작했다. 며칠 후에는 머리카락이 뭉텅이로 빠졌고, 장출혈이 시작되는 사람도 적지 않았다.

'럭키 드래건'이란 일본 어선에서 작업하던 23명의 어부도 낙진을 뒤집어썼다. 배 이름과 달리 얄궂게도 방사능 낙진에서 벗어난 사람은 한 명도 없었다. 일본에 돌아갔을 때 그들 대부분의 몸 상태가 극히 좋지 않았다. 그들의 어획물은 다른 사람들의 손을 통해 내려져 시장에 보내졌고, 그날 일본 항구에 들어온 다른 어류들과 곧바로 뒤섞였다. 방사능에 오염된 물고기를 구분할 수는 없었다. 그 결과로 일본인들이 한동안 어류를 극도로 멀리하는 바람에 일본 어업계가 휘청할 지경이었다.

어엿한 독립국가의 국민으로서 일본인들은 이런 피해가 달갑지 않았다. 10년도 지나지 않아 일본인은 원자폭탄뿐 아니라 수소폭탄의 첫 피해자가 되는 수모를 겪어야 했다. 따라서 그들이 불만을 터뜨리며 미국에게 사과를 요구한 것은 당연했다. 그러나 미국은 일본의 요구를 거부했다. 구두 판매원에서 원자력위원회 의장으로 출세한 루이스 스트로즈(Lewis Strauss)는 오히려 일본 어부들이 소련 간첩으로 의심된다는 식의 반응을 보였다.

미국은 핵실험 장소를 네바다로 옮겼다. 앞에서도 보았듯이 네바다 사람들은 훨씬 호의적이었다. 그러나 미국이 마셜 군도와 네바다에서만 핵실험을 한 것은 아니었다. 핵개발의 초기 단계에 미국은 태평양의 크리스마스 섬과 존스턴 산호섬에서, 남대서양의 해상과 해저에서, 뉴멕시코와 콜로라도, 알래스카와 미시시피의 해티즈버그에서 핵폭탄을 실험했다. 1946~1962년 동안 미국은 1,000여 개 이상의 핵탄두를 폭발시켰다. 특히 300여 탄두를 지상에서 터뜨려 엄청난 양의 방사능 먼지를 대기권에 쏟아냈다. 소련과 중국, 영국과 프랑스도 수십 차례씩 핵폭탄을 실험했다.

나중에 밝혀졌듯이, 방사능 낙진의 주된 물질인 스트론튬 90은 균형 잡힌 아담한 몸집의 우유를 좋아하는 어린아이들에게 쉽게 침투해서 침착했다. 결국 어린아이들이 스트론튬과 너무 친한 나머지 1958년에는 나를 비롯한 3억의 아이들이 평소보다 열 배나 많은 스트론튬을 몸에 지니고 다닌 셈이었다. 우리는 스트론튬 때문에 쉽게 흥분했던 것이다.

그래서 핵실험은 지하로 옮겨갔다. 그러나 그 결과가 항상 좋았던 것은 아니다. 1962년 여름, 국방부 관계자들은 수소폭탄을 네바다 사막 지역의 프렌치맨 플랫 지하에 깊숙이 묻고 터뜨렸다. 폭발력이 얼마나 컸던지 주변의 땅이 90미터가량 치솟아 올랐고, 심한 종기처럼 터지면서 직경 240미터 정도의 분화구로 변했다. 폭발의 잔해가 사방에서 발견됐다. 역사학자 피터 굿차일드(Peter Goodchild)는 "오후 4시경 방사능 먼지 구름이 폭심지에서 320킬로미터가량 떨어진 네바다의 엘리까지 짙게 드리워져 가로등을 켜야 할 지경이었다."라고 말했다. 육안으로도 보이는 낙진이 서쪽으로 여섯 개 주와 북쪽으로 캐나다의 두 주까지 날아가 떨어졌다. 하지만 누구도 실험의 실패를 공식적으로 인정하지 않았다. 또한 주민들에게 하늘에서 떨어진 재를 만지지 말고, 아이들을 그 주변에서 놀지 못하게 하라는 경고도 없었다. 핵실험의 실패에 따른 피해 사례는 20년 동안이나 비밀에 부쳐졌지만, 기자 정신이 투철한 한 기자가 정보자유법을 근거로 소송을 제기하면서 그날 일어났던 일이 밝혀지게 됐다.*

정치인과 군인이 실제로 제3차 세계대전을 벌일 때를 기다리면서 우리는 만화책에서 상상 속의 제3차 세계대전을 맛보는 즐거움을 누렸다. 〈핵전쟁 Atomic War!〉이나 〈핵시대의 전투 Atom-Age Combat〉 등의 연재 만화가 한 달에 한 권씩 발행되면서, 아이들은 키디 코랄에 모여 그런 만화책에 푹 빠져들었다. 이런 만화책들에서는 핵무기가 장군과 고급 장교의 손에서 보병들에게 넘어가고 보병들이 핵로켓탄과 핵포탄과 핵수류탄, 심지어 핵탄환을 장전한 핵소총을 이용해서 끈질기게 진격하는 중국군과 러시아군을 무찌를 거라고 예견했다.

핵탄환! 얼마나 기발한 발상인가! 피를 끓게 하는 살육전이 벌어졌다. 아스베스토스 레이디가 내 삶에 몰래 잠입해 심장을 두근거리게 하고 아랫도리를 불끈대게 할 때까지 만화책은 가장 재밌는 소일거리였다.

어쨌든 1950년대에는 핵 폐기보다 더 심각하게 걱정해야 할 것이 많았다. 당시 사람들은 소아마비를 걱정하고, 경제적 수준에서 이웃에게 뒤지지 않으려고 안간힘을 다해야 했다. 또 흑인들이 이웃 동네에 들어올까 걱정하기도 했다. UFO도 걱정거리의 하나였다. 하지만 그때 가장

---

* 핵실험은 1961년 10월에 절정으로 치달았다. 소련이 자국 영토의 북극권에서 50메가톤급 폭탄을 실험한 때였다. 50메가톤급 수소폭탄은 5,000만 톤의 TNT를 터뜨린 것과 같은 위력으로, 1945년 히로시마에 떨어져 20만 명의 인명을 앗아간 원자폭탄보다 3,000배나 강력한 폭탄이다. 냉전이 한창이던 시기 핵무기의 수는 6만 5,000기에 달했다. 지금은 그 수가 매우 줄어들어 2만 7,000기의 핵무기를 아홉 나라가 보유하고 있는데, 모두가 1945년 일본에 떨어진 원자폭탄보다 훨씬 강력하다. 처음 핵실험이 시행되고 50년이 넘게 지난 지금까지도 비키니 섬은 사람이 살지 못하는 무인도다.

큰 걱정거리는 10대 아이들이었다. 그랬다! 1950년대에 미국이 가장 두려워한 골칫거리는 바로 10대 아이들이었다.

물론 고약한 성품을 띤 역겹고 덜 성숙한 인간은 태초부터 존재했다. 그러나 10대는 사회적 현상으로서 완전히 새로운 존재였다. '10대(teenager)'라는 단어 자체가 1941년에야 처음 등장했을 정도다. 10대가 당시 유행하던 공상과학 영화의 돌연변이 인간처럼 무대에 화려하게 등장하자, 어른들은 불안에 떨기 시작했다. 10대들은 손윗사람을 '팝(pop)'이나 '대디 오'라고 무람없이 불렀다. 또 까닭 없이 실실 웃었고, 전통적으로 어른들이나 드나들던 상업 지역을 끝없이 배회하고 다녔으며, 머리를 빗는 데 하루에 열네 시간을 보냈다. 또 젊은이들로 하여금 섹스하고 대마초를 피는 기분에 젖게 만드는 격정적인 로큰롤 음악을 열심히 들었다. 《미국의 비밀》을 쓴 저자들은 길거리에서 흔히 쓰이는 은어를 파악했음을 자랑하고 싶은 듯 은어까지 동원해서 "대다수의 플래터 스피너(디스크자키—옮긴이)는 홉헤드(마약 상용자—옮긴이)다. 그 밖의 다수는 급진주의자이고 좌파이며, 사회적 관습을 무시하는 사람들이다."라고 말했다.

〈와일드 원〉〈이유 없는 반항〉〈폭력 교실〉〈하이 스쿨 컨피덴셜!〉〈10대의 범죄 급증〉〈개혁학교 소녀〉, 그리고 내가 개인적으로 좋아하는 〈외계에서 온 10대들〉 등의 영화만 놓고 보면, 젊은이들은 미국 전역에서 어둡고 혼란스런 광기에 빠진 듯했다. 주간지 〈새터데이 이브닝 포스트 The Saturday Evening Post〉는 청소년 범죄를 '미국의 수치'라고 말했고, 〈타임〉과 〈뉴스위크〉는 미국에 새롭게 등장한 어린 불량배들을 특집 기사로 다루기도 했다. 상원 청소년범죄 소위원회는 에스테스 케포버(Estes Kefauver) 상원의원의 주도하에 일련의 청문회를 개최해서 길거리 폭력단과 그로 인한 비행의 급증을 다루기도 했다.

젊은이들은 옛날에도 그렇게 착하지 않았고, 지극히 보수적이지도 않았다. 로널드 오클리가 쓴 《하나님의 나라 : 1950년대의 미국》을 보면, 절반 이상의 젊은이가 자위를 죄짓는 것이라 생각했고, 여자는 집에서 살림을 해야 하며, 진화론을 믿지 못할 이론이라고 믿었다. 어른들이 손뼉을 치며 환영할 만한 세계관이었다. 또 10대들은 열심히 공부했고, 주말과 방과 후에는 일하면서 미국의 국부를 증진시키는 데 큰 몫을 해냈다. 1955년에는 미국의 전형적인 10대가 벌어들인 가처분소득의 규모가 15년 전이라면 4인 가족이 평균적인 삶을 누릴 수 있는 수준이었다. 전체적으로 10대는 연간 100억 달러에 상당하는 가치를 국부에 기여했다. 따라서 어떤 기준에서도 10대는 못된 집단이 아니었다. 그러나 이제 와서 당시의 10대를 되짚어보면, 그들이 욕을 먹은 것은 당연한 듯하다.

반공 사기극

1950년대 10대에 대한 두려움을 부채질한 것은 공산주의였다. 공산주의는 1950년대에 우리 모두를 피곤하게 만드는 걱정거리였다. 적군(赤軍)의 위협이 곳곳에 도사리고 있었다. 책과 잡지, 정부 부처, 학교, 일터 등 어디에나 공산주의자가 신분을 감추고 숨어 있었다. 특히 영화계에 의심의 눈길이 쏠렸다.

뉴저지 출신의 하원의원으로 하원의 비(非)미국적 활동위원회 의장이던 파넬 토마스(Parnell Thomas)는 1947년에 "할리우드에서 제작된 다수의 영화가 공산주의 노선을 따르고 있다."고 말했지만, 마르크스의 사상에 조금이라도 동조한 듯한 할리우드 영화로 뭐가 있었느냐는 질문을 받으면 누구도 똑 부러지게 대답하지 못했다. 파넬도 어떤 영화를 염두에 두고 그런 발언을 했는지 분명히 밝히지 않았다. 그러나 그 직후 파넬은 유령 직원에게 봉급을 주는 식으로 정부에서 거금을 횡령한 죄로 기소된 탓에 자신의 발언을 보충할 기회가 없기는 했다. 파넬은 코네티컷에서 18개월의 금고형을 선고받았다. 그리고 자신의 위원회가 증언을 거부한 죄로 투옥시킨 레스터 콜(Lester Cole)과 링 라드너 주니어(Ring Lardner Jr.)와 같은 감옥에서 지내는 뜻밖의 행운을 누렸다.

한편 비미국적 활동위원회의 청문회에 출석한 월트 디즈니는 할리우드의 만화가 조합이 열성적인 공산주의자들과 그들의 동조자들로 결성됐다고 증언하며, 1941년의 파업 당시 그들이 미키 마우스를 공산주의자로 둔갑시킬 생각으로 자신의 스튜디오를 접수하려 했다고 주장했다. 게다가 디즈니는 어떤 물증도 제시하지 않은 채 옛 직원 가운데 하나를 공산주의자라고 지목했다. 그가 교회에 나가지 않고 한때 모스크바에서 예술을 공부했다는 이유가 증거의 전부였다.

말만 많은 저능아들에게는 1950년대가 천국과도 같은 시기였다. 오클라호마 사풀파의 정력에 넘치는 땅딸보 복음주의자 빌리 제임스 하기스(Billy James Hargis)는 주말마다 텔레비전에 얼굴을 내밀고, 공산주의자들이 연방준비은행, 교육부, 전국 교회협의회 등 이름만 대면 누구나 알 만한 전국적 규모의 조직에 은밀히 침투해서 접수하려 한다고 땀을 뻘뻘 흘리며 열변을 토했다. 그의 설교는 500여 라디오 방송국, 250여 텔레비전 방송국을 통해 전국에 방송되며 엄청난 추종자들을 끌어 모았다. 덕분에 그가 출간한 《공산주의 : 새빨간 거짓말》과 《학교는 설익은 섹스를 가르치기에 적절한 곳인가?》 등의 책들도 불티나게 팔렸다.

하기스는 오자크 신학대학에서 성적 불량으로 퇴학당하는 탁월한 재주를 보여준 탓에 아무런 자격증도 없었지만, 크리스천 십자군 반공산주의 청년대학을 비롯해 여러 교육기관을 설립했다. 청년대학의 교가는 대체 어떤 내용일까 궁금하다. 여하튼 그런 학교들에서 무엇을 가르치느냐는 질문을 받을 때마다 하기스는 '반공산주의, 반사회주의, 반복지국가, 반러시아, 반중국, 성경과 국권(國權)의 근본주의적 해석'을 가르친다고 대답했다. 그러나 하기스가 성령의 불에 휩싸여 남녀를 가리지 않고 몇몇 학생과 섹스를 했다는 사실이 들통나면서 그의 꿈은 미완성으로 끝나고 말았다. 〈이코노미스트〉의 보도에 따르면, 한 부부는 그들이 결혼한 첫날밤에 하기스와 불미스런 짓을 저질렀다고 서로에게 얼굴을 붉히면서 고백했다고 한다.

적색공포(Red Scare)가 절정에 이르렀을 때 32개 주에서는 어떤 형태로든 충성 서약이 있었다. 참고로 당시 미국에는 48개 주가 있었다. 오클리의 기록에 따르면, 뉴욕에서는 낚시 허가를 얻는 데도 충성을 맹세해야 했다. 인디애나에서는 프로 레슬링 선수에게도 충성 서약을 요구했다. 1954년에 발효된 공산주의자 규제법은 수기신호(手旗信號)를 비롯해 어떤 수단으로든 공산주의 사상을 퍼뜨리는 행위를 미합중국에 대한 공격 행위로 간주했다. 코네티컷에서는 정부를 비판하거나, 군대와 성조기를 욕하는 행위까지 불법이었다. 텍사스에서는 공산주의자로 낙인찍히면 감옥에서 20년을 썩어야 했고, 앨라배마의 버밍햄에서는 공산주의자와 얘기조차 나눌 수 없었다.

하원 비미국적 활동위원회는 '공산주의에 대해 반드시 알아야 할 100가지'라는 제목의 전단을 수백만 부 발행하여, 이웃과 친구 및 가족의 행동에서 눈여겨봐야 할 사항을 자세히 설명했다. 세계적인 복음 전도자 빌리 그레이엄(Billy Graham)은 1,000여 군데의 명망 있는 조직이 실제로는 공산주의 사업의 선봉장이라고 고발했다. 베스트셀러 《왜 조니는 글을 읽지 못하는가?》의 저자 루돌프 플레쉬(Rudolf Flesch)는 학교에서 철자를 제대로 가르치지 못하기 때문에 민주주의가 위협받고 공산주의가 득세하는 것이라고 주장했다. 신디케이트를 통해 미국 전역의 신문에 칼럼을 기고하던 웨스트브룩 페글러(Westbrook Pegler)는 한때라도 공산주의자였다고 밝혀진 사람이면 지위고하를 막론하고 사형에 처해야 한다고 주장했다. 퓰리처상을 수상한 데이비드 할버스탬(David Halberstam)에 따르면, 당시 사람들이 공산주의에 지나치게 예민하게 반응한 나머지 제너럴모터스는 조라 아루쿠스 던토프라는 러시아 출신의 자동차 설계자를 채용할 때 기자들에게 그를 '벨기에 태생'이라며 거짓 발표를 하기도 했다.

공산주의에 대한 두려움을 가장 멋들어지게 이용한 사람은 위스콘신 출신의 공화당 상원의원 조지프 매카시(Joseph McCarthy)였다. 1950년 웨스트버지니아의 휠링에서 한 연설에서, 매카시는 국무부에서 일하는 공산주의자 205명의 명단을 주머니에 갖고 있다고 주장했다. 다음날에는 57명의 이름이 적힌 또 다른 명단을 갖고 있다고 주장했다. 그 후 4년 동안 매카시는 공산주의자 첩자의 이름이 쓰인 수많은 명단을 흔들어댔다. 이처럼 근거 없는 폭로를 하는 과정에서 그는 많은 사람의 삶을 파괴하는 데 큰 역할을 했지만, 약속한 명단을 제시한 적은 한 번도 없었다. 그 때문에 증거를 제시하지 않고 남에게 죄를 뒤집어씌우는 일이 유행이 될 지경이었다.

공산주의에 대한 편견을 교묘하게 악용한 사람은 또 있었다. 미시시피 주 상원의원 존 랜킨(John Rankin)은 "기억하십시오. 공산주의는 유대어입니다. 내가 알기로 스탈린 주변에 포진한 공산당 정치국원들은 모두 유대인이거나 유대인과 결혼한 사람입니다. 스탈린도 예외가 아닙니다."라고 말했다. 이런 사람에 비하면, 매카시는 훨씬 온건하고 제정신인 사람이었다.

모두가 공산주의에 지나치게 신경질적으로 반응했으므로 문제를 일으킬 만한 나쁜 짓은 꿈도 꿀 수 없었다. 1950년에는 세 명의 전직 FBI 요원이 《붉은 채널: 공산주의자가 라디오와 텔레비전에 미친 영향》이란 책을 발표하면서 레너드 번스타인, 리 J. 콥, 버지스 메레디스, 오손 웰스, 에드워드 G. 로빈슨, 스트립 댄서 집시 로즈 리 등 유명 인사 151명을 선동죄로 고발했다. 그들이 고발당한 이유는 그야말로 충격적이었다. 종교의 불관용을 비난했고, 파시즘에 반대했으며, 세계 평화와 유엔을 지지했다는 것이다. 아무도 공산당과는 관계가 없었고, 공산주의자에 공감을 표현한 적도 없었다. 그런데도 그 후 오랫동안 그들 가운데 다수가 일자리를 구하지 못했다. 에드워드 G. 로빈슨의 경우처럼, 먹고살려고 하원 비미국적 활동위원회에 미국 정부 측 증인으로 출석해서 의심 가는 사람의 이름을 거론한 후에야 일자리를 구할 수 있었다.

공산주의자를 어떤 형태로든 돕는 행위는 불법이었다. 1951년에는 귀화한 영국인으로 페니실린 개발에 공헌한 공로를 인정받아 6년 전에 노벨상까지 수상한 어네스트 체인(Ernest Chain)이 세계보건기구의 후원을 받아 체코슬로바키아에 페니실린 공장을 세우는 데 작은 도움을 주려고 거기에 다녀왔다는 이유로 미국에 입국할 수 없었다. 인도주의적 지원은 허용되는 듯했지만, 그것도 자유시장을 믿는 사람들만이 구제받을 수 있었다. 물론 불온한 생각을 지닌 미국인도 해외여행을 할 수 없었다. 훗날의 쾌거이기는 하지만 노벨상을 두 번이나 수상한 라이너스 폴링(Linus Pauling)은 영국 학술원의 초대로 영국행 비행기에 오르려고 뉴욕 아이들와일드 공항에서 수속을 밟는 동안 여권을 압수당했다. 자유주의 사상을 한두 차례 공개적으로 표명했다는 이유였다.

미국에서 태어나지 않은 사람은 훨씬 더 힘들었다. 이민청 직원들은 핀란드 태생의 미국인 윌리엄 하이클린이 젊은 시절에 잠깐 공산당에 몸담았다는 사실이 밝혀지자 샌프란시스코까지 쫓아갔다. 그리고 퇴근길의 그를 체포한 다음 유럽행 비행기에 태워 추방해버렸다. 그는 입고 있던 옷 그대로 미국에서 쫓겨났고, 수중에는 1달러밖에 없었다. 그가 탄 비행기가 유럽에 착륙하고 그 다음날에야 이민청 직원들은 그의 부인에게 남편이 추방당했다는 소식을 알렸다. 게다가 그들은 부인에게도 남편을 어디로 보냈는지 밝히지 않았다.

누가 뭐라 해도 가장 기상천외한 사건은 극작가인 아서 밀러(Arthur Miller)가 겪은 일이었다. 밀러는 친구들과 연극계 동료들을 밀고하지 않겠다고 버틴 탓에 의회의 비난을 받고 감옥에 갇힌 처지였다. 그런 와중에 밀러는 하원 비미국적 활동위원회의 프랜시스 E. 월터에게 자신의 매력적인 아내인 마릴린 먼로와 사진을 함께 찍을 기회를 준다면 기소하지 않겠다는 제안을 받았다. 밀러는 그 제안을 단호히 거절했다.

1954년 매카시는 마침내 자기 무덤을 파고 말았다. 매카시는 조지 마셜(George Marshall) 장군을 비난하고 나섰다. 마셜 플랜의 배후 인물이자 정직과 청렴의 대명사이던 마셜 장군이 반역죄를 저질렀다고 비난했지만, 금세 터무니없는 고발로 밝혀졌다. 그 후 매카시는 미 육군 전체를 상대로, 반체제적 사상을 지닌 고급 장교 수십여 명을 폭로하겠다고 협박했다. 더구나 육군이 알면서도 그들을 감싸주고 있다는 주장도 서슴지 않았다. 1954년 봄에 무려 36일 동안 계속되고 텔레비전으로도 중계된 청문회, 이른바 육군 대 매카시 청문회에서 매카시는 아무런 증거도 없이 상대를 괴롭히고 험담을 쏟아내는 중상모략꾼에 불과하다는 사실이 백일하에 드러났다. 매카시는 처음부터 근거 없이 떠들어대는 모략꾼에 불과했지만, 전 국민이 그 사실을 깨닫는 데는 너무나 오랜 시간이 걸렸다.

그해 말, 매카시는 상원에서 심한 견책을 받았다. 엄청난 굴욕이 아닐 수 없었다. 그로부터 3년 후 그는 명예를 회복하지 못한 채 세상을 떠났다. 그러나 그가 조금만 영리하게 처신하고 남들에게 호감을 샀더라면, 대통령이 될 수도 있었다. 어쨌든 매카시의 몰락 이후에도 공산주의에 대한 공격은 가라앉지 않았다. 케네스 오렐리(Kenneth O'Reilly)의 《후버와 비미국인》에 따르면, 1959년 말에도 FBI 뉴욕 사무소에만 400명의 정식 요원이 근무하면서 미국인의 삶에서 공산주의자를 뿌리 뽑으려 애썼다.

국내뿐만 아니라 국외에서도 공산주의를 과도하게 견제한 탓에, 미국은 현대사에서 평화 시에도 전시경제를 꾸려간 유일한 국가가 됐다. 1950년대에 지출한 국방비가 연간 400~530억 달러였다. 1950년대 초에 정부가 모든 부문에 지출한 예산보다 많았다. 특히 아이젠하워 시대 8년 동안 미국이 국방비로 지출한 총액은 무려 3,500억 달러에 달했다. 게다가 해외 원조의 90퍼센트가 군사비였다. 미국은 자국민만을 무장시키는 데 그치지 않고, 다른 나라들까지 확실하게 무장시키고 싶어했다.

미국의 경제적 이익을 방해하는 것은 곧바로 미국에 원한을 사고 곤경을 자초하는 길이었다. 1950년 과테말라는 선거를 통해 개혁 정부를 선택했다. 역사학자 하워드 진(Howard Zinn)의 표현을 빌리자면, 선의의 꿈을 가진 교육받은 지주 야코보 아르벤스(Jacobo Arbenz)를 대통령으로 선택한 '과테말라 역사상 가장 민주적인 정부'였다. 아르벤스의 당선은 미국 기업으로 19세기부터 과테말라를 영지처럼 지배하던 유나이티드 프루트(United Fruit)에 엄청난 타격이었다. 그 회사는 항구, 철도, 통신망, 은행, 상점, 2,200제곱킬로미터의 농지 등 과테말라에서 중요한 산업을 거의 독점하면서도 세금을 거의 내지 않았다. 물론 억압적인 독재자들에게 확실하게 지원을 받은 덕분이었다.

유나이티드 프루트가 소유한 땅의 85퍼센트는 거의 이용되지 않았다. 따라서 농산물값은 턱없이 높았지만 과테말라 국민은 찢어지게 가난했다. 스위스 이민자의 아들로 약간은 이상주의자이던 아르벤스는 이런 현상을 부당하다고 생각하면서 전국을 한층 민주적인 노선에 따라 재편하기로 결심했다. 그는 자유선거를 정착시키고 인종차별을 종식시켰다. 또 언론의 자유를 발전시켰고, 주당 48시간의 노동제를 도입했으며, 노동조합을 합법화했다. 물론 정부의 부패를 근절시키는 데도 노력을 기울였다.

새삼스레 말할 필요도 없겠지만 대부분의 국민이 그를 좋아했다. 가난 극복을 위해 아르벤스는 자신이 소유한 6.8제곱킬로미터의 농지를 비롯해 경작하지 않는 농지 대부분을 공정한 값에 정부가 구입해서 토지가 없는 수십만의 농부에게 소규모 영농의 형태로 재분배하는 정책을 입안했다. 이를 위해 아르벤스 정부는 유나이티드 프루트의 땅 1,620제곱킬로미터를 징발하면서 그 회사가 세금용으로 땅값이라 주장해왔던 액수인 118만 5,000달러를 보상비로 제안했다.

그러나 유나이티드 프루트는 그 땅의 실제 가격이 1,600만 달러라고 맞섰다. 과테말라 정부가 결코 받아들일 수 없는 액수였다. 아르벤스가 보상비를 높여달라는 요구를 거절하자 유나이티드 프루트는 미국 정부에 도움을 요청했고, 미국 정부는 쿠데타 세력을 지원하는 식으로 그 회사의 요구를 들어주었다.

아르벤스는 1954년 고향 땅을 떠났다. 그 후 미국에 고분고분한 카를로스 카스티요 아르마스(Carlos Castillo Armas)라는 지도자가 새 대통령에 취임했다. 아르마스의 집권을 지원하기 위해서 CIA는 교사, 의사, 정부 공무원, 노동조합원, 신부 등 7만 명의 '수상쩍은 인물' 명단을 아르마스에게 건넸다. 과테말라에 민주주의를 정착시켜야 한다는 신념으로 아르벤스의 개혁을 지지하던 사람들이다. 그들 가운데 수천 명이 어느 날 갑자기 사라지고 말았다.

가슴 아픈 얘기는 이쯤에서 끝내고, 키드의 세계로 다시 돌아가기로 하자. 그 세계의 아이들은 몸집도 작고 때로는 어리석기 짝이 없지만, 적어도 어른들에 비해서는 문명화된 존재들이니까.

8

철없던 시절의
철없던 학교 풍경

캘리포니아 패사디나에서 에드워드 멀루니란 학생이 심리학 교수의 집에 폭탄을 투척한 후 체포됐다. 멀루니는 폭탄을 던지고서, "교수님의 집이 폭탄에 날아가고 유리창이 박살나기를 바라지 않는다면 성적을 공정하게 매기고 결과를 게시판에 공고해주기 바랍니다. 내 요구가 너무 과한가요?"라는 말을 남겼다. 〈타임〉, 1956. 8. 16

빌리 표 그린우드 생활기록부

내가 다닌 초등학교 그린우드는 고색창연한 건물이었다. 조그만 아이에게는 벽돌로 쌓은 성처럼 어마어마하게 커 보였다. 1901년에 세워진 그린우드 초등학교는 그랜드 애비뉴에서 멀찌감치 떨어져, 눈에 띄게 크고 멋진 집들이 늘어선 길의 끝에 자리 잡고 있었다. 동네 전체에서 돈 냄새가 물씬 풍겼다.

그린우드 학교에 처음 발을 내디뎠을 때가 내 삶의 처음 5년에서 가장 겁나면서도 가장 흥분된 순간이었다. 교문은 보통 문보다 20배는 큰 듯했고, 학교 안의 모든 것도 그처럼 위풍당당해 보였다. 선생님들도 마찬가지였다. 하여간 모든 것이 위압적이면서도 흥미진진하게 느껴졌다.

그린우드 초등학교는 내가 여태껏 보지 못한 가장 멋진 초등학교였다. 도기로 만든 시원한 분수식 식수대, 반질반질한 복도, 널찍한 공간에 오래된 옷걸이가 달린 휴대품 보관함, 광맥처럼 복잡하게 양각된 무늬가 있는 커다란 라디에이터, 앞면이 유리로 된 벽장 등 거의 모든 것이 세련되게 보였다. 오랜 역사를 지켜 삐걱거리기는 했지만, 그 소리마저 듣기 좋았다. 품격이 높이 평가받던 시대에 장인들이 빚어낸 건물이었고, 아이들의 숨결이 오랫동안 스며든 건물이었다. 내가 선생님들을 증발시키는 데 많은 시간을 허비하지 않았더라면 그곳을 누구보다 사랑했을 것이다.

나는 우리 학교 건물을 무척 좋아했다. 20세기 중반을 그 오래된 잃어버린 세계에서 보내는 동안 가장 반갑던 현상 가운데 하나는, 어린아이들을 위한 시설물이 어른 세계의 것을 작게 만들었을 뿐이란 점이었다. 그런 이유로 그 시설물들이 우리에게 얼마나 황홀하게 보였는지 누구도 짐작하지 못할 것이다. 예컨대 리틀리그 야구장은 진짜 야구장과 다를 바가 없었다. 홈플레이트 바로 뒤의 특별관람석, 매점과 기자석, 꼭 이름을 붙이자면 약간 지하로 들어간 더그아웃까지 없는 게 없었다. 하지만 비가 오면 더그아웃에 흙탕물이 들어오는 바람에 키가 작은 선수들은 더그아웃 밖을 제대로 볼 수 없어 나중에야 손뼉을 치고 환호성을 올리곤 했다. 그래도 흙탕물로 흥건한 더그아웃을 세 걸음에 뛰어 운동장으로 나가면 양키스타디움에 있는 듯한 착각에 빠져들었다. 멋진 시설이 환상적인 꿈을 키워주는 법이다. 분명히 말하지만, 그린우드에는 그런 모든 것이 있었다.

강당이 대표적인 예다. 강당은 진짜 극장과 똑같았다. 커튼이 오르내리는 무대, 스포트라이트, 무대 뒤의 탈의실까지 갖추었다. 따라서 공연은 시원찮았어도 우리는 진짜 가수가 된 듯한 기분에 젖어들었다. 사실 우리 공연은 언제나 시원찮았다. 물론 우리에게 그럴 만한 재주가 없기도 했지만, 음악 선생님인 데 보토 부인이 너무 늙어서 피아노 앞에서 꾸벅꾸벅 졸았기 때문이다. 그러나 큼직한 악보를 쥐고 데 보토 부인의 턱이 건반에 툭 떨어지길 기다리면서도 우리는 진짜 가수가 된 듯한 기분을 떨치지 못했다. 여하튼 데 보토 부인은 신기하게도 언제나 똑같은 건반을 때리고는 화들짝 놀라 허리를 번개처럼 세웠다.

그린우드에는 세계에서 가장 멋진 체육관도 있었다. 체육관은 뒷마당의 위층에 있었고 색다른 분위기를 띠는 곳이었다. 창문을 활짝 열면 평범한 교실이 보일 거라고 누구나 생각하겠지만, 반질거리는 나무를 덧댄 커다란 원형 천장이 한눈에 들어왔다. 우아! 체육관은 독특한 멋을 지닌 곳이었다. 성당만 한 유리 창문들이 사방을 두르고 있었고, 천장은 공을 아무리 세게 던져도 닿지 않을 만큼 높았다. 또 니스칠한 나무를 덧댄 바닥은 수십 년 동안 운동화에 마찰되고 아이들의 땀방울로 젖어 꿀색처럼 은은한 빛을 띠었다. 게다가 기분 좋게 반향되는 소리는 우리가 진짜 선수처럼 공을 능숙하게 다루는 듯 들렸다. 날씨가 좋으면 건물 밖에서 놀았다. 운동장에 가려면 낡아서 흔들거리는 철제 비상계단을 올라가야 했다. 무섭긴 했지만, 무척 높아서 꼭대기에 올라가면 저 멀리까지 지붕이 보이고 햇볕이 내리쬐는 시골도 한눈에 들어왔다. 시골길이 끝나는 미주리까지 보이는 듯했다.

그러나 우리는 대부분의 시간을 실내에서 보냈다. 바깥은 거의 언제나 겨울이었기 때문이다. 물론 어린 시절의 겨울이 항상 그랬듯이, 당시의 겨울은 지금보다 훨씬 길고 추웠다. 눈도 많이 내렸다. 언젠가는 눈이 3.5미터나 쌓였다. 극지방 같은 혹독한 추위가 몇 주나 이어져 밖에서 오줌을 누면 곧바로 고드름이 될 것만 같았다.

그 때문에 학교는 난방을 계속해서 실내는 도자기 가마 속처럼 후끈거렸다. 학생과 선생님 모두가 나른한 상태에서 허우적거렸다. 그러나 따뜻했기에 모든 것이 신나고 포근하게 느껴졌다. 럼피 코왈스키의 바지 속에 축 늘어진 그 부분에서는 뭔가를 오븐에 굽는 듯한 냄새가 풍겼다. 그런데 이상하게도 그 냄새까지 향긋하게 느껴졌다. 실제로 1년 중 6개월 정도는 럼피의 바지에서 김이 모락모락 피어올랐다. 하지만 라디에이터는 너무 뜨거워서 자칫 팔꿈치라도 기대면 생살이 드러날 지경이었다. 물론 라디에이터로 할 수 있는 가장 재밌는 장난은 남자 화장실의 라디에이터에 오줌을 누는 것이었다. 그러면 시큼한 냄새가 며칠 동안 학교 건물 전체에 스며들어, 아무리 문질러대고 환기를 시켜도 사라지지 않았다. 이런 이유에서 라디에이터에 오줌을 누다 잡히면 곧바로 죽음이었다.

수업하는 날은 온종일 옷을 입었다 벗었다 하는 일로 끝났다. 고단하면서도 짜증스러운 일이었다. 학교에 올 때 입은 옷을 벗는 데 아침 시간 대부분을 보냈고, 오후에는 그 옷을 다시 찾아 입는 데 대부분의 시간을 보냈다. 탈의실에 거의 1미터 높이로 뒤죽박죽 널려 있는 옷들에서 내 옷을 찾아야 한다고 생각할 때마다 끔찍할 뿐이었다. 다른 교실로 옮겨갈 때는 난민 수용소를 방불케 했다. 적어도 세 녀석이 장화를 한 짝만 신거나 벙어리장갑을 한 짝만 낀 채 펑펑 울면서 헤매고 다녔다. 그럴 때마다 선생님은 코빼기도 보이지 않았다.

당시 장화의 죔쇠는 잘 조여지지 않았다. 게다가 걸핏하면 우리 손에 상처를 남겼다. 특히 손이 추위에 곱을 때는 예외가 없었다. 제조업자들이 면도날로 죔쇠를 만드는 편이 나을 것만 같았다. 게다가 거의 치명적인 상처를 남겼기 때문에 우리는 아예 죔쇠를 조이지 않고 다녔다. 남자답게 보이긴 했지만 눈덩이가 뭉텅뭉텅 들어왔다. 그래서 양말이 흠뻑 젖기 일쑤였고, 때로는 양말이 발보다 세 배는 길어졌다. 이처럼 발은 축축하고 교실은 지독히 더웠기 때문에 모든 학생이 10월부터 4월까지 콧물을 줄줄 흘렸고, 덕분에 많은 아이가 콧물 들이마시기 선수가 됐다.

그린우드에 구내식당은 없었다. 따라서 모두가 집에 돌아가 점심을 먹었다. 달리 말해 학교에 가는 날은 하루에 네 번이나 옷을 입고 벗어야 했다는 뜻이다. 선생님이 바보같이 야외 수업이라도 하는 날이면 여섯 번이었다! 내 소중한 친구지만 약간 둔한 버디 도버먼은 옷을 너무 자주 갈아입어 다음에 해야 할 일을 헷갈리기 일쑤였고, 때로는 우리가 모자를 써야 할 때인지 벗어야 할 때인지 묻기도 했다. 그래도 내가 도움을 줄 때마다 그는 고맙다는 말을 잊지 않았다.

풀 얼룩에 남은 남자다운 기백, 트림을 비롯한 가스의 배출에 감춰진 만족감, 가끔 빨대에 입김을 불어넣은 후에 음료수를 빨아 마시고픈 기분 등 어머니들이 결코 이해하지 못할 일이 수두룩하지만, 가장 안타까운 것은 겨울옷이 아닐까 싶다. 1950년대의 어머니들은 캐나다에서 슬금슬금 내려오는 한랭전선을 두려워하며 살았기 때문에 아이들에게 거의 7개월 동안이나 옷을 두툼하게 입혔다. 그래서 우리는 속옷을 입고 또 껴입었다. 면 속옷, 플란넬 속옷, 긴팔 속옷, 보온용 속옷, 누비 속옷, 이랑 모양이 있는 속옷, 어깨에 솜을 넣은 속옷까지. 1950년대 미국에는 속옷 종류도 무척 많았다. 따라서 날마다 밖에서 보내는 10분 동안에 얼어 죽을 염려는 없었다.

그러나 우리가 옷을 무지막지하게 껴입는 바람에 팔다리를 제대로 움직이지 못하는 미라처럼 변해버린다는 사실을 어머니들은 조금도 고려하지 않았다. 자칫 잘못해 넘어지면 혼자서 일어설 수도 없었다. 누군가 옆에서 도와줘야 했지만, 그런 사람이 항상 옆에 있는 것은 아니잖은가! 또 속옷을 몇 겹이나 껴입은 탓에 화장실 가기도 겁날 지경이었다. 제조업자들이 작은 구멍을 찢어놓기는 했지만 높이가 맞지 않았다. 어쨌든 고추가 갓 나온 도토리만 하면, 일고여덟 겹의 속옷에서 고추를 꺼내 손으로 붙잡고 있기가 만만찮았다. 화장실에 가보면, 오줌 누는 도중에 고추를 놓쳤는지 잃어버린 고추를 찾아 미친 듯이 속옷을 뒤적거리는 고뇌에 찬 신음 소리가 심심찮게 들렸다.

또 어머니들은 나이에 맞춰 옷을 입혀야 한다는 것도 무시하기 일쑤였다. 나이에 걸맞지 않은 옷을 입으면 친구들에게 두들겨 맞기 십상이었다. 예컨대 여섯 살이 넘어 눈바지를 입으면 친구들에게 주먹세례를 받았다. 귀마개가 달린 모자는 그렇다손 치더라도 턱에 끈까지 달린 모자는 그야말로 공격의 대상이었다. 적어도 눈덩이 두 삽은 등에 얻어맞아야 했다. 고무 덧신(galosh)은 나약한 바보나 신는 것이었다. 볼품도 없고 거추장스럽기도 했지만, 이름까지 멍청하고 굴욕적으로 들렸다. 따라서 1년 중 어느 때라도 어머니가 고무 덧신을 억지로 신기면, 그것은 곧 사형 선고를 의미했다. 고무 덧신을 신던 3학년 때의 일을 모든 여자 애들이 기억하는 바람에 고등학교 졸업 무도회에 함께 참석할 짝을 구하지 못한 친구들이 적지 않았다.

조국을 사랑하지 않는 아이

나는 선생님들에게 인기 있는 학생이 아니었다. 데 보토 부인만이 나를 좋아했다. 하기야 데 보토 부인은 누가 누군지 정확히 몰라서 모든 아이를 좋아했다. 데 보토 선생님은 내 통지표에 "빌리는 열심히 노래합니다."라고 써주었지만, 한두 번은 "바비는 열심히 노래합니다."라고 쓰기도 했을 정도다. 그러나 친절하고 호의적이기도 했지만 몸에서 좋은 냄새가 풍겼기 때문에 그 정도의 실수는 너그럽게 용서할 수 있었다.

다른 선생님들은 한결같이 뚱뚱하고 굼떴다. 모두가 항상 의심하는 눈초리로 우리를 감시했고, 욕구불만에 휩싸여 독재적 전횡을 일삼는 고약한 독신녀들이었다. 또 몸에서 장뇌와 박하를 뒤섞어놓은 듯한 특이한 냄새를 풍겼고, 넉넉한 분칠이 목욕만큼 좋다고 굳게 믿었다. 어쩌면 그런 희한한 믿음 때문에 독신 신세에서 벗어나지 못했는지도 모른다. 정말로 일부 여선생님은 열심히 분칠을 해댔지만 아무런 효과를 거두지 못했다.

선생님들은 정말 이상한 것까지 알고 싶어했다. 그때마다 나는 당혹스럽기만 했다. 예컨대 내가 화장실에 가겠다고 하면, 내게 1번을 할지 2번을 할지 물었다. 내 생각에는 결코 건전하지 않은 호기심이었다. 게다가 1번이나 2번은 우리가 집에서 사용하는 단어가 아니었다. 우리 집에서는 토이티에 간다거나 장운동(bowel movement)을 해야겠다고 표현하기도 했지만, 대부분은 그냥 "화장실에 간다."고 말했다. 더구나 공개적으로 떠들면서 화장실에 가지도 않았다. 따라서 화장실에 가겠다고 처음 허락을 얻으려 했을 때, 선생님이 내게 1번을 할지 2번을 할지 물었지만 나는 무슨 뜻인지 짐작조차 못했다.

나는 또랑또랑한 목소리로 솔직히 대답했다.

"무슨 말인지 모르겠습니다. 큰 장운동을 하고 싶습니다. 3번이나 4번일 수도 있습니다."

그래서 나는 탈의실로 보내졌다. 영문도 모른 채 탈의실로 보내진 적도 적지 않았다. 그러나 그 때문에 울지는 않았다. 정말이다! 친구들의 간식과 개인 소지품이 사방에 널려 있어 내가 무엇을 뒤져보았는지 아무도 모르고, 선생님의 시선을 신경 쓰지 않고 친구를 괴롭힐 만한 약점을 찾을 수 있는 곳에 혼자 가둬놓는 것도 벌이라 할 수 있겠는가! 하여튼 혼자서 이것저것을 뒤져보기에는 썩 좋은 시간이었다.

학문적 성취에서 나는 별다른 흔적을 남기지 못했다. 1학년 1학기를 끝내고 받은 첫 통지표에는 "빌리는 나지막이 말합니다."라는 평가뿐이었다. 그게 전부였다. 내 성격이나 행동, 내가 자신만만했던 읽기와 쓰기, 애교 만점인 미소와 무엇이든 할 수 있다는 적극적인 태도에 대해서는 한마디도 없었다. "빌리는 나지막이 말합니다."라는 간결하고 수수께끼 같은 한 문장으로 끝이었다. 불평인지 단순한 관찰인지 분간하기도 힘들었다. 2학기가 끝난 후에 받은 통지표에는 "빌리는 여전히 나지막이 말합니다."라고 쓰여 있었다. 내가 음정과 박자를 무시하지만 노래만은 열심히 한다고 충실히 평가해주던 데 보토 부인의 통지표를 제외하면, 모든 통지표의 평가란에 아무런 내용도 쓰여 있지 않았다. 내가 학교에 다니지 않는 것 같았다. 사실 나는 학교에 종종 빠졌다.

나와 그린우드의 첫 만남은 유치원에서 시작됐다. 유치원은 2부제로 운영됐으므로 오전반이나 오후반에 다닐 수 있었다. 나는 오후반에 배정됐다. 당시 나는 정오 전에 거의 일어나지 않았기 때문에 천만다행이었다. 우리 집 식구는 밤에 활동하는 올빼미들이었다. 유치원에 처음 갔을 때 나는 정말 이상했다. 손가락으로 그림을 그리고 싶은 마음에 유치원에 달려가면, 조그만 융단에 누워 낮잠을 자라는 말부터 들었다. 휴식은 1950년대에 우리가 자주 해야만 했던 것이기는 하다. 휴식이 소아마비를 예방해준다는 믿음 때문에 그랬던 게 아닌가 싶다. 하지만 유치원에 오려고 힘들게 일어난 나에게 다시 낮잠을 자라는 요구는 이상하게만 여겨졌다. 다음해부터는 악몽이 시작됐다. 아침 8시 45분까지 등교해야 했기 때문이다. 하지만 그때는 내가 활동하는 시간이 아니었다.

나는 늦저녁이 되어야 기운이 솟았다. 월터 크롱카이트(Walter Cronkite)보다 훨씬 뛰어난 세계 최고의 텔레비전 앵커 러스 반 다이크(Russ Van Dyke)가 진행하는 〈10시 뉴스〉를 보고, 로이드 브리지스(Lloyd Bridges)가 주인공을 맡은 〈씨 헌트〉를 봤다. KRNT-TV의 어떤 천재가 밤 10시 30분에 어린아이가 시청하기에 적절한 프로그램을 편성했는지 모르지만, 올바른 결정이었다. 그 후에는 만화책에 파묻혔다. 자정 전에는 잠자리에 들 생각조차 하지 않았다. 따라서 어머니가 아침에 깨워도 나는 좀처럼 눈을 뜨지 못했다. 졸음을 떨치고 일어나지 못하는 날에는 학교를 빼먹을 수밖에 없었다.

등사지가 없었더라면 나는 정말 학교에 안 다녔을지도 모른다. 1950년대 이후로 안타깝게 사라진 물건 가운데 가장 커다란 손실은 누가 뭐래도 등사지일 것이다. 황홀한 향기를 풍기는 연푸른 잉크 빛의 등사지는 문자 그대로 나를 취하게 했다. 갓 인쇄돼 등사지 냄새가 짙게 밴 시험지 두 장이면 나는 일곱 시간 동안 교육 제도의 철저한 노예가 됐다. 코카인을 밀매하는 사람들을 찾아가 언제부터 코카인에 의존하게 됐는지 물어보라. 단언하건대 대부분은 2학년 때 등사지에서 시작됐다고 대답할 것이다. 나는 월요일 아침이면 침대를 박차고 일어났다. 등사지로 인쇄한 시험지를 나눠주는 날이 바로 월요일이었기 때문이다. 나는 등사된 시험지로 얼굴을 덮고, 꿈결같이 은밀한 곳으로 찾아갔다. 녹음이 우거지고 모두가 맨발로 뛰어다니며, 팬파이프의 은은한 소리가 허공에 맴도는 비밀의 공간에 빠져들었다. 그러나 다른 날에는 해가 중천에 떠서야 뒤늦게 등교하거나, 아예 학교에 가지 않았다. 내가 선생님들을 싫어해서 그랬다고 오해했을까 두려울 뿐이다.

어쨌든 선생님들이 나를 좋아할 하등의 이유가 없었다. 나는 꿈같은 소리나 해댔고, 걸핏하면 잊어버렸다. 게다가 귀엽게 생기지도 않았고, 항상 뭔가를 의심하는 표정이었다. 따라서 선생님들이 잘못된 길로 들어선 것은 순전히 내 잘못이었다. 물론 그들은 아이들, 특히 어린아이들을 싫어했다. 그러나 좋아하지 않는 아이들 중에서는 나를 좋아한 편인 듯했다. 나는 항상 실수를 저질렀다. 학교 통신문을 제때에 제출한 적이 거의 없었다. 학급 잔치에서 쓸 과자도 잊고 가져가지 않았다. 크리스마스 카드와 밸런타인 선물도 때맞춰 가져가지 않았다. 뭔가를 준비해 의견을 발표하는 시간에도 나는 언제나 빈손이었다. 유치원에 다닐 때로 기억하는데, 그때도 준비한 게 없어 궁리에 궁리를 거듭한 끝에 내 손가락을 친구들에게 보여주었다.

　수학여행을 갈 때도 집에서 동의서를 받아 학교에 제출한 기억이 없다. 몇 주 동안 날마다 그 얘기를 들었을 텐데도 그랬다. 따라서 수학여행을 떠나는 날이면 모두가 버스에 앉아 침울하게 기약 없는 시간을 기다려야 했다. 교장 선생님의 비서가 내 어머니를 추적해서 전화로 동의를 얻어낼 때까지! 그러나 어머니는 언제나 사무실 밖에서 커피를 마셨다. 그 빌어먹을 여성부 직원 모두가 언제나 밖에서 커피를 마셨다. 커피를 마시러 나가지 않았으면 점심을 먹으러 밖에 나갔다. 솔직히 그런 사람들이 신문의 한 칸을 채운다는 것이 기적이었다. 결국 교장 비서는 내게 서글픈 미소를 지어 보였다. 우리는 현실을 직시해야만 했다. 나는 수학여행에서 빠질 수밖에 없었다.

　버스는 나를 남겨두고 출발했다. 나는 그날 하루를 학교 도서관에서 지냈다. 하지만 조금도 슬프지 않았다. 그랜드 캐니언이나 케이프 커내버럴에 가는 여행에서 빠진 것도 아니었다. 기껏해야 디모인이었다. 디모인에서 학교들이 수학여행지로 택할 곳은 두 군데뿐이었다. 세컨드 애비뉴 앤드 유니버시티 거리에 있는 원더 브레드 공장과, 아이오와 주 역사협회의 박물관이었다. 원더 브레드 공장에서는 종이 모자를 쓰고 빈둥대는 사람들의 눈길과는 상관없이 밀가루 반죽이 컨베이어 벨트를 타고 커다란 방을 빙빙 돌면서 빵으로 만들어지는 과정을 지켜볼 수 있었다. 학생들의 견학 목적이 그 게으름뱅이들에게 주인공이 된 듯한 착각을 불러일으켜줄 뿐이었다. 한편 박물관은 세계에서 가장 조용하고 재미없는 건물이었다. 아이오와에서는 큰 사건이 별로 일어나지 않았다는 사실을 확인할 수 있는 곳에 불과했다. 더구나 빙하 시대의 것을 제외하면 볼만한 전시물이 하나도 없었다.

물론 한두 번이 아니었지만, 저축 스탬프를 살 돈을 잊고 가져가지 않을 때가 더 창피했다. 저축 스탬프는 저축 채권과 비슷했지만, 한 번에 조금씩 샀다. 예컨대 선생님에게 20~30센트를 주면(아버지가 변호사나 외과 의사 또는 치열교정 의사면 2달러), 그 액수만큼의 스탬프를 우리에게 주었다. 애국심을 고취시키는 그림이 그려진 스탬프 하나가 10센트였다. 그럼 우리는 스탬프에 침을 바른 다음, 저축 스탬프 책에 스탬프 크기로 나뉜 칸에 스탬프를 붙였다. 책 한 권을 스탬프로 채우면 10달러를 저축한 셈이었다. 그 돈은 미국이 공산주의를 묵사발 내는 데 사용됐다. 나는 지금도 그 스탬프를 생생히 기억한다. 연분홍 바탕에 삼각 모자를 쓰고 머스킷 총을 쥔 채 결연한 표정을 한 민병대원의 초상이 그려진 스탬프였다. 저축 스탬프를 사는 일이 당시에는 조국을 위한 신성한 의무였다.

지금도 모르고 당시에도 무슨 요일인지 몰랐지만, 1주일에 한 번씩 그럼피 또는 레스보스 또는 뚱뚱보 스카트 선생님 가운데 여하튼 한 명이 미국 저축 스탬프를 사는 날이라고 말하면, 나를 제외한 모든 아이가 곧바로 책상이나 책가방에서 돈이 든 하얀 봉투를 꺼내 들고 선생님 책상 앞에 줄을 섰다. 모든 아이가 돈을 가져와야 하는 요일을 정확히 알고 그렇게 기억한다는 것이 나에게는 1주일에 한 번씩 경험하는 기적처럼 여겨졌다. 하지만 적어도 빌 브라이슨에게는 그다지 필요하지 않은 능력이었다.

어느 해엔가 나는 저축 스탬프 책에 스탬프를 네 개나 모았다. 그중 두 개를 뒤집어 붙였지만. 그런데 다른 모든 해에는 하나도 모으지 못했다. 어머니와 나는 그날을 한 번도 기억해본 적이 없었다. 버터 보이들도 나보다 많은 스탬프를 모았다. 해마다 선생님은 애처로울 정도로 텅 빈 내 스탬프 책을 아이들에게 보여주며, 조국을 사랑하지 않는 아이의 표본으로 삼았다. 그럼 아이들은 깔깔대고 웃었다. 어른들이 불쌍한 아이를 희생시켜 다른 아이들을 즐겁게 해줄 때만 들을 수 있는 귀에 거슬리는 웃음이었다. 세상에서 가장 잔인한 웃음소리였다.

판타스틱 '딕 & 제인'

이처럼 나는 곤경을 자초하면서 학교를 그런대로 재밌게 다녔다. 특히 책 읽기를 좋아했다. 우리는 붉은색이나 푸른색의 질긴 천으로 장정된 '딕과 제인'의 책들부터 읽기 시작했다. 짤막한 문장이 큰 활자로 인쇄됐고, 멋진 수채화 삽화가 많았다. 행복하고 부유하며 잘생긴 데다 법도 잘 지키지만 내 눈에는 정말 이상한 가족이 주인공이었다. 딕과 제인의 책들에서 아이들은 아버지를 언제나 '아버지'라고 불렀지 '아빠'라고는 부르지 않았다. 또 아버지는 항상 양복 차림이었다. 일요일에 점심 식사를 할 때도 양복을 벗지 않았다. 주말에 할아버지와 할머니의 농장에 갈 때도 마찬가지였다. 어머니도 언제나 '어머니'였다. 어머니는 모르는 게 없는 만물박사였고, 주름 장식이 있는 앞치마를 벗지 않았다. 그런데 그 가족에게는 성(姓)이 없었다. 그들은 산뜻한 거리에 말뚝 울타리를 두른 예쁜 집에서 살았다. 하지만 라디오도 없고, 텔레비전도 없었다. 욕실에는 변기가 없었다. 그래서 그들의 집에서는 1번과 2번을 구분할 필요가 없었다. 딕과 제인, 그리고 어린 샐리는 세상에서 가장 간단하고 절대 변하지 않는 장난감, 즉 공과 수레, 연과 나무로 만든 배만 갖고 놀았다.

크게 소리치는 사람도 없었고, 피를 흘리는 사람도 없었다. 슬프게 우는 사람도 없었다. 밥을 태우지도 않았고, 물을 흘리지도 않았다. 먼지가 쌓이는 법도 없었다. 게다가 언제나 햇볕이 쨍쨍 비쳤다. 개도 잔디밭에 똥을 누지 않았다. 원자폭탄도 없었고, 버터 보이도 없었다. 물론 매미 나나니벌도 없었다. 모두가 항상 깨끗하고 건강하고 튼튼하고 믿음직하며 열심히 일하는 미국인, 그리고 백인이었다.

딕과 제인의 이야기에는 간단하지만 중요한 교훈이 담겨 있었다. 부모를 공경하라, 가진 것을 나눠라, 공손하라, 정직하라, 남을 도와라, 무엇보다 열심히 일하라! 《딕과 제인과 함께 성장하기》에서, 일은 우리가 배운 18번째 새 단어였다. 딕과 제인이 그 단어를 배우는 데 그렇게 오랜 시간이 걸렸다니! 나는 놀라지 않을 수 없었다. 우리 세계에서 일은 만날 하는 것인데…….

나는 딕과 제인의 가족에게 완전히 반했다. 그들은 진짜 환상적이었다. 우리 가족과는 너무 달랐다. 딕과 제인의 가족 모두가 한 다리로만 서서 다른 다리를 쭉 뻗고 발가락을 잡는 놀이를 하는 모습의 삽화가 아직도 기억에 생생하다. 균형을 잃고 넘어지면 실패였다. 그들은 이런 놀이를 하며 세상에서 가장 즐거운 시간을 보냈다. 나는 그 그림을 보고 또 보았다. 그리고 우리 가족은 권총으로 위협해도 결코 그렇게 할 수 없는 환경에서 살아간다는 걸 깨달았다.

내가 그린우드에서 읽은 딕과 제인의 책들은 10년, 아니 15년쯤 묵은 것이었다. 따라서 당시에는 이미 사라지고 없는 세상이 그려졌다. 자동차는 구닥다리였고, 버스도 마찬가지였다. 딕의 가족이 자주 다니는 상점들도 사라진 지 오래였다. 예컨대 진열창에 강아지들이 앉아 있는 애완동물 용품점, 목재 완구로 가득한 장난감 가게, 하얀 앞치마를 걸친 상냥한 남자가 물건을 갖다주는 식료품점 등. 그런 모든 것이 내 눈에는 아름답게 보였다. 그들의 세계에서는 더러운 것도 없었고 고민도 없었다. 할아버지의 닭장에 가서 달걀을 집으면서도 냄새가 난다고 입과 코를 틀어막지 않았다. 닭똥이 묻는다고 법석을 피우지도 않았다. 멋진 세상이었다. 완벽한 세상이었다. 모두가 친절하고 위생적이며 안전한 세상, 현실보다 훨씬 좋은 세상이었다. 그런데 딕과 제인의 책들에서 너무 이상한 점이 딱 하나 있었다. 누가 말을 해도 인간이 하는 말처럼 들리지 않았다는 것이다.

아버지는 자동차에서 내리면서 거의 기계적으로 말했다.
"이제 농장에 도착했다."
물론 밤색 양복 차림인 아버지는 로봇처럼 한마디를 더했다.
"안녕하세요, 할머니. 저희가 농장에 왔습니다."
할머니가 대답했다.
"그래, 어서 오너라. 여기 누가 왔는지 보렴. 내 가족이다. 봐라, 보거라! 내 가족이 모두 모였구나."
사랑하는 사람이 사는 시골 풍경에 흠뻑 젖어 딕도 한 마디를 보탰다.
"와, 보세요! 저희가 농장에 왔어요."
딕 역시 머리가 바늘에라도 찔린 듯 똑같은 말을 되풀이했다.
"저희가 농장에 왔어요. 앗, 할아버지도 계시네! 저희가 농장에 왔어요."

모든 면이 이런 식이었다. 모두 뇌가 텅 빈 사람들처럼 말했다. 이 때문에 나는 한참 동안 골머리를 썩였다. 이 시기에 나는 영화 〈우주의 침입자〉에서 큰 영향을 받았다. 그 영화를 보고 얼마나 겁을 먹었던지, 영화를 실제로 일어난 일처럼 믿었다. 그래서 거의 3년 동안 아버지와 어머니를 면밀히 관찰하며 외계 생명체에게 몸뚱이를 빼앗긴 증거를 찾으려 애썼지만, 결국 그런 증거를 찾는다는 게 불가능하다는 사실을 깨달았다. 외계인들이 인간으로 변했다는 첫 단서는 지극히 정상적으로 변해간다는 것이었다. 따라서 딕과 제인의 가족, 더 정확히 말하면 딕과 제인의 가족을 만들어낸 사람들이 외계인들에게 납치돼서, 우리를 허약하게 만들어 외계인처럼 만들려는 것은 아닐까 오랫동안 의심하기도 했다. 충분한 타당성이 있는 의심이었다. 이런 생각을 해내다니, 나도 꽤 똑똑하지 않았는가!

나는 딕과 제인의 책을 무척 좋아해서 집에 가져와 보관하기도 했다(학교 탈의실에는 여분의 책이 많았다). 나는 지금도 그 책들을 고이 간직하고 있으며, 가끔 들춰본다. 또 모두가 발가락을 잡으려고 애쓰는 가족을 지금도 찾아다닌다.

나는 딕과 제인의 책을 집에 가져와 아이스크림 그릇을 품에 안고 틈날 때마다 읽었다. 텔레비전을 곁눈질하면서도 그 책을 읽었다. 그 후로는 학교에 굳이 가야 할 필요가 없는 듯했다. 그래서 걸핏하면 학교를 빼먹었다. 2학년 때는 아침마다 일어나라고 보채는 어머니의 잔소리를 거의 습관적으로 무시했다. 어머니는 큰 한숨을 내쉬며 혀를 끌끌 찼다. 분노를 폭발시키기 직전이란 신호였다. 하지만 내가 몸을 축 늘어뜨리고 아무런 반응도 보이지 않으면, 요컨대 마대 자루처럼 일으키면 푹 쓰러지면서 가끔 뒤척이며 몸이 너무 불편해서 쉬어야겠다고 웅얼거리면, 어머니가 결국 포기하고 "아빠가 있었다면 화를 냈을 거다."라고 말하면서 물러선다는 것을 일찍이 깨달았다.

그러나 아버지는 집에 없었다. 아버지는 아이오와 시티나 콜럼버스, 샌프란시스코나 새러소타에 있었다. 아버지는 항상 다른 곳에 있었다. 따라서 아버지는 1년에 두 번, 즉 내 통지표를 보고 서명을 해줄 때야 내 행실을 알았다. 그때마다 어머니도 나만큼이나 곤경을 치렀다.

아버지는 화를 꾹 눌러 참으며 말했다.

"어떻게 한 학기에 26과 4분의 1일을 결석할 수 있니? 대체 어떻게 결석을 하기에 4분의 1이냐?"

그리고 아버지는 어머니에게 무척 실망했다는 표정을 감추지 않으며 말했다.

"당신은 애를 4분의 1쪽만 학교에 보낸 거요? 다리는 집에다 놔두고 몸뚱이만 학교에 보낸 거요?"

어머니는 죽어가는 목소리로 뭐라 대답했지만 전혀 들리지 않았다.

아버지는 내 통지표에서 눈을 떼지 않고 계속 투덜거렸다. 말도 안 되는 손해 배상 청구서라도 받은 듯한 표정이었다.

"이해할 수가 없군. 웃을 일이 아니야. 한 가지 해결책밖에 없겠어. 군사학교에 보내는 거야."

아버지는 이상하게도 군사학교에 애착을 가졌다. 상습적이고 체계화된 체벌을 머릿속에서 지워내지 못한 걸 보면, 아버지의 성격에 어두운 면이 있었던 듯하다. 〈내셔널 지오그래픽〉이 왜 그랬는지 모르겠지만, 그 잡지의 뒤쪽에 그런 학교의 광고가 많이 실렸다. 아버지는 그 면들을 잊지 않고 꼼꼼히 읽었다. 광고에는 회색 군복을 입고 수심이 가득한 표정으로, 자기 몸뚱이보다 몇 배는 커 보이는 소총을 어깨에 멘 소년의 사진이 빠지지 않고 실렸다. 소년의 사진 아래에는 다음과 같은 문구가 쓰여 있었다.

캠프 하드십 군사학교

1867년 개교

소년들에게 죽이는 법을 가르칩니다

굳센 인격을 형성하고, 남자답지 못한 면을 뿌리 뽑는 전문학교입니다.
자세히 알고 싶다면 다음 주소로 편지를 주십시오.
테네시 주 닭똥집 사서함 1호

그런 불상사는 생기지 않았다. 아버지가 안내 책자를 받아보려고 편지를 쓰기는 했다. 아버지는 공짜라면 종류를 가리지 않고 안내 책자와 카탈로그를 받아 보았다. 그러나 군사학교 수업료가 오스틴 힐리 스포츠카 값이고, 유럽 여행을 다녀올 수 있는 액수라는 사실을 알고는 뜨겁디뜨거운 접시를 내동댕이치듯 군사학교란 생각을 머릿속에서 깨끗이 지워버렸다. 어쨌든 나는 군사학교를 그렇게 나쁘다고 생각지는 않았다. 소총과 총검과 폭발물이 커리큘럼에 있다는 생각만으로도 군사학교에 은근히 끌렸다.

민방공 훈련? 난 두렵지 않아

한 달에 한 번씩 우리는 학교에서 민방공 훈련을 했다. 소방 훈련이나 폭풍을 알리는 경보가 아니라 공산주의 첩자가 핵공격을 감행했다고 알리는 긴박한 경보가 울리면, 모두가 의자에서 내려와 두 손을 머리 위에 대고 책상 밑에 숨었다. 이른바 핵공격에 대비하는 자세였다. 나는 이런 훈련에도 여러 차례 빠졌던 모양이다. 내가 학교에서 처음 민방공 훈련을 하던 날이었다. 모든 아이가 바닥에 무릎을 대고 책상 밑에 작은 자동차처럼 엎드렸을 때, 나는 영문도 모른 채 어리둥절해서 의자에 앉아 있었다.

버디 도버먼이 납작 엎드려 엉덩이밖에 보이지 않았다. 그래서 버디의 엉덩이에 대고 물었다.

"뭐 하는 거야?"

버디가 바닥에 대고 자그맣게 대답하는 소리가 들렸다.

"원자폭탄 공격! 하지만 괜찮아. 연습일 뿐이야."

원자폭탄이 디모인에 떨어질 때 조그만 나무 책상이 안전한 피난처가 될 수 있다고 생각해낸 사람이 있다니, 그저 놀라울 따름이었다. 그러나 모두가 그 문제를 진지하게 받아들였다. 뚱뚱보 스카트 선생님까지 책상 밑에 몸을 감췄으니 말이다. 비록 워낙 뚱뚱해서 몸의 40퍼센트밖에 들어가지 않았지만. 하여간 누구도 지켜보지 않는다는 걸 알고, 나는 그 바보 같은 훈련에 참여하지 않기로 결정했다. 책상 밑에 어떻게 들어가는지 알았고, 새삼스레 배울 것도 없는 기술인 듯했다. 소련이 디모인에 원자폭탄을 떨어뜨릴 확률이 얼마나 될까? 도무지 말이 되지 않았다.

그로부터 서너 주 후, 우리 식구는 주말을 맞아 아이오와 시티의 제퍼슨 호텔에서 외식을 했다. 나는 식사를 하던 중에 아버지에게 민방공 훈련에 대해 불만을 늘어놓았다. 아버지는 낄낄대고 웃고 나서, 디모인에서 서쪽으로 150킬로미터 정도밖에 떨어지지 않은 오마하에 전략 공군사령부가 있고, 전쟁이 터지면 모든 작전을 지휘하는 곳이 그 전략 공군사령부라고 말해줬다. 소련이 미국을 공격한다면 전략 공군사령부를 겨냥할 가능성이 컸다. 게다가 바람이 동쪽으로 분다면 디모인에 사는 우리에게도 90분 내에 낙진이 우수수 떨어질 거라며, 아버지는 "너는 잠자리에 들기도 전에 죽을 거다. 우리 모두가!"라고 덧붙였다. 걱정스런 목소리가 아니었다. 오히려 재밌다는 듯한 목소리였다.

내가 뭔지도 모르고 중대한 위험에 빠져 있다고 생각하는 건지, 우리가 멸종할 수 있는 미래를 아버지가 재밌게 생각하는 건지, 나는 무척 헷갈렸다. 그러나 어떤 경우든 핵공격에 대비한 훈련은 쓸데없는 짓이란 내 확신을 더욱 굳혔다. 인생은 너무 짧았다. 우리 모두가 어차피 죽기 마련이다. 메리 올리어리의 갓 돋기 시작한 가슴을 만지고 사과하면서, 하지만 그 기회를 또 노리면서 시간을 보내는 편이 훨씬 나았다. 어쨌든 나는 민방공 훈련에 참가하지 않았다.

내가 세 번째인가 네 번째로 훈련을 맞던 날, 운이 없게도 초자연적인 거대한 가슴을 출렁이는 교장 선생님이 한 남자를 데리고 교실들을 순시했다. 아이오와 주공군 제복을 입은 군인이었다. 모두가 엉덩이를 치켜들고 발바닥을 위로 한 채 바닥에 엎드려 있는 가운데 혼자 책상에 앉아 휴먼 토치와 왈가닥 아스베스토스 레이디가 주인공인 만화를 열심히 읽고 있던 나는 교장 선생님에게 딱 걸리고 말았다.

나는 난처했다. 솔직히 말해서 난처한 정도가 아니었다. 뚱뚱보 스카트 선생님까지 감독의 책임을 소홀히 한 죄로 교장 선생님에게 꾸지람을 듣고는 내게 화를 냈다. 그 후로 스카트 선생님은 나만 보면 얼굴을 찌푸렸다.

내가 저지른 잘못은 일일이 헤아리기 힘들 정도였다. 학교 전체를 곤경에 빠뜨렸고, 교장 선생님까지 곤경에 빠뜨렸다. 나 자신을 모욕했을 뿐 아니라, 내 조국까지 모욕했다. 핵전쟁에 대비한 훈련을 등한시한 짓은 배신의 전조였다. 나는 가망이 없는 아이였다. 나는 나지막이 말하고 걸핏하면 결석하는 아이였다. 저축 스탬프를 열심히 사지 않고, 여자애가 입는 카프리 바지를 입고 나타나는 아이였다. 나는 볼셰비키 집안에서 태어난 게 분명했다. 그 후 나는 초등학교 생활의 대부분을 탈의실에서 보냈다.

9

가족이란
이런 것

워싱턴 D.C.에서 청부 살인자 존 A. 켄드릭은 2,500달러에 마이클 리를 살해해달라는 제안을 받았지만, "세금을 내고 나면 내게 몇 푼이나 남겠느냐?"며 그 제안을 거부했다고 증언했다. 〈타임〉, 1953. 1. 7

신문 배달부 눈에 비친 세상

보고 만져야만 하는 일, 예컨대 하수 처리장 일이나 병원 변기를 청소하는 일을 제외할 때 사상 최악의 일은 1950~1960년대 석간신문 배달부가 되는 것이리라. 일단 1주일에 엿새, 월요일부터 토요일까지 오후마다 석간을 배달하고, 일요일에도 동이 트기 전에 일어나 일요일판 신문까지 돌려야 했다. 그나마 아침에 조간신문을 배달하는 아이들은 1주일에 하루를 편히 쉴 수 있었다. 그 아이들은 하루를 쉬는 데 반해 우리가 그렇지 못한 이유에 대해서는 석간신문을 배달하는 아이들이 아니면 누구도 관심을 갖지 않았다.

어쨌든 1주일에 이레를 일하는 노예가 되면, 1박 2일의 여행은 꿈도 꾸지 못했다. 나를 대신해서 신문을 배달해줄 사람을 구하지 못하는 한 그런 즐거움과는 영영 이별이었다. 하지만 대리인을 구해도 좋을 것은 하나도 없었다. 대리인이 엉뚱한 집에 신문을 넣거나, 아예 보급소에 나타나지 않는 경우도 있었다. 심지어 신문을 배달하다가 중간쯤에 지쳤는지 37번가와 세인트존스 로드가 만나는 곳에 있는 커다란 우체통에 남은 30부를 쑤셔 넣기도 했다. 따라서 구독자, 〈레지스터〉와 〈트리뷴〉의 보급 책임자, 미국 우정공사와 옥신각신하는 분란을 일으키기 십상이었다. 여하튼 160일을 열심히 일해야 하루를 겨우 쉴 수 있었다. 정말로 공평하지 못한 세상이었다.

나는 열한 살 때부터 신문 배달을 시작했다. 보통 아이들은 열두 번째 생일을 넘겨야 신문을 배달할 수 있었지만, 아버지가 신문사와 막후교

섭을 한 덕분에 나는 남보다 이른 나이에 시작했다. 게다가 아버지는 내가 사춘기를 맞기 전에 세상에 나가 인생의 쓴맛을 호되게 맛보기를 바랐다. 내 배달 구역은 디모인에서 가장 부유한 동네로, 그린우드 학교 부근이었다. 담쟁이덩굴로 뒤덮인 저택들이 즐비한 구역이었다.* 알짜배기 배달 구역인 듯했다. 따라서 윤리의식이라곤 찾아볼 수 없었다. 또 암내를 지독하게 풍기는 배달 책임자 맥티비티 씨가 내게 선심 쓰듯 주기는 했지만, 저택들의 진입로가 한결같이 길고 잔디밭도 널찍해서 배달하는 데도 적잖은 시간이 걸렸다. 때로는 한 집만 배달해도 다리가 풀릴 지경이었다. 또 당시에 석간신문은 왜 그렇게 무거웠는지…….

게다가 나는 건망증이 심하지 않은가! 그때 나는 현실 세계를 거의 몰랐다. 더구나 맑은 공기 이외에는 한눈팔 새도 없이 먼 거리를 걸어야 했기 때문에 실낱같은 상상이나 추측으로도 속절없이 환상에 빠져들었다. 처음에 나는 비자로 세계를 생각하면서 잠시 시간을 보냈다. 비자로 세계는 슈퍼맨 만화에 잠시 언급된 적 있는 행성이다. 비자로 세계에 사는 주민들은 모든 것을 거꾸로 했다. 뒤로 걸었고, 뒤로 운전했다. 또 텔레비전에서 뭔가를 보고 싶으면 텔레비전을 껐고, 뭔가를 보기 싫으면 텔레비전을 켰다. 또 신호등에서도 빨간 불에 길을 건너고, 초록 불에 멈춰 섰다. 게다가 비자로 세계는 불합리하기 이를 데 없어서 나에게는 짜증스런 세계로만 여겨졌다. 예컨대 말은 거꾸로 하지 않았다. 그저

---

* 모든 집들이 하나같이 으리으리했다. 37번가와 존 린드 로드의 경계를 차지한 커다란 벽돌집은 1941~1945년 부통령을 지낸 헨리 A. 월리스(Henry A. Wallace)가 한때 살던 집으로, 월리스 저택이라 불렸다. 그 집에서 살던 유명한 인물로는 대통령을 지낸 시어도어 루스벨트와 윌리엄 태프트, 세계 최고의 부자였던 존 D. 록펠러가 있다. 당시 나는 그 집을 크리스마스에도 팁을 쥐꼬리만큼만 주는 노랭이가 사는 곳으로만 알았다.

'나 그 좋다 아니다'라는 식으로 원시시대의 혈거인처럼 말할 뿐이었다. 우리말과 똑같지는 않았지만, 거꾸로는 아니었다. 어쨌든 거꾸로 사는 삶이 효과적이지는 않았다. 주유소에 가면 자동차에 휘발유를 넣는 게 아니라 자동차에서 휘발유를 빼내야 맞았다. 그럼 그들은 자동차를 어떻게 움직이게 했을까? 먹는다는 것은 항문으로 똥을 빨아들여서 몸을 통과시킨 다음에 입 크기만 한 덩어리를 포크와 스푼에 뱉어낸다는 뜻이 됐다. 생각만 해도 끔찍했다.

이런 공상에 싫증이 나면, '……라면 어떻게 될까?'라는 상상으로 꽤 오랜 시간을 보냈다. 내가 투명인간이 될 수 있다면 뭐부터 할까? (목욕하는 메리 올리어리를 훔쳐볼 거야.) 시간이 멈추고 이 땅에서 나 혼자만 움직일 수 있다면? (은행에서 돈을 잔뜩 짊어지고 나와서 메리 올리어리의 집에 가야지.) 세상의 모든 사람에게 최면을 건다면? (위와 같음.) 마술 램프를 발견해서 두 가지 소원을 빌 수 있다면? (위와 같음.) …… 모든 공상이 끝에 가서는 메리 올리어리에게로 향했다.

그 후에는 이해하기 힘든 문제로 넘어갔다. 우리 모두가 똑같은 색을 본다는 걸 어떻게 확신할 수 있을까? 내 눈에는 초록색이 다른 사람에게는 파란색으로 보일 수도 있지 않을까? 누가 확실하게 말할 수 있을까? 개인지 고양이인지 정확하게 기억나지는 않지만, 과학자들은 개나 고양이가 색맹이라고 말하는데 그놈들이 색을 어떻게 알까? 대체 어떤 개가 색을 말할 수 있을까? 또 철새는 앞 녀석의 뒤통수만 보고 쫓아가야 한다는 걸 어떻게 알았을까? 만약 무리를 이끄는 새가 혼자서 날아가고 싶어하면 어떻게 될까? 서로 반대 방향에서 달려오다가 만난 개미들은 정확히 어떤 정보를 주고받을까? "안녕, 염탐꾼들!" "겁먹지 마. 하지만 우리를 지켜보는 아이들이 성냥이랑 라이터를 갖고 있어."라고 말할까? 그런데 개미들이 상황에 따라 무엇을 해야 한다는 걸 어떻게 알까? 뭔가가 개미들에게 달아나라거나 나뭇잎 또는 모래 한 알을 집에 가져가라고 말한다고 하지만, 어떤 개미가 어떻게 그 뜻을 주고받을까?

그러나 이쯤에서 내가 끝에서 마흔일곱 번째 집에 신문을 넣었는지, 아니면 현관까지 걸어만 갔는지 도무지 기억나지 않았다. 나는 한동안 움직이는 않는 자동인형처럼 우두커니 서 있다가, 주변을 두리번거리고는 다시 발길을 재촉했다.

배달을 끝냈는데도 가방에 배달되지 않은 신문이 16부나 남았고, 그 신문들이 어떤 집의 것인지 도무지 기억나지 않을 때의 자책감을 말로 표현하기란 쉽지 않다. 어쨌든 나는 엄청나게 넓은 배달 구역을 몇 번이고 오락가락하면서, 때로는 완전히 두 번을 걸으면서 사춘기 전의 시절을 보냈다.

1주일에 이레씩 신문을 배달한 것도 충분하지 않았는지 우리는 구독료까지 직접 받으러 다녀야 했다. 따라서 탁자에 다리를 올리고 보던 재밌는 텔레비전 프로그램〈컴뱃!〉이나〈제3의 눈〉과 작별을 고하고 밖으로 나가, 1주일에 적어도 사흘씩은 배은망덕한 구독자들을 달래서 돈을 받아내야 했다. 신문을 배달하는 소년들에게는 가장 힘든 일이었다. 밴더마이스터 부인에게 구독료를 받아내기는 하늘에서 별을 따는 것만큼이나 힘들었다.

밴더마이스터 부인은 700살은 된 듯했다. 어떤 때는 800살도 넘어 보였다. 하여간 온몸이 알루미늄이라 영원히 죽지 않을 것 같았다. 허리가 굽어 무척 작았고, 쉽게 잊어버렸으며, 얼음 위를 걷듯 살살 걸었다. 또 야릇한 냄새까지 풍겼다. 게다가 실제로 귀까지 먹어 소리를 거의 듣지 못했다. 밴더마이스터 부인은 하루에 한 번씩 집에서 나와 슈퍼마켓에

갔다. 비행기처럼 큰 자동차를 직접 몰고! 하지만 집에서 걸어 나와 차를 탈 때까지 두 시간은 걸리는 듯했고, 차를 몰고 진입로를 빠져나와 골목길에 들어서는 데도 다시 두 시간이 걸렸다. 밴더마이스터 부인이 변속기를 제대로 조절하지 못해 더듬거려서도 그랬지만, 앞이나 뒤로 방향을 바꿀 때 한번에 1센티미터씩만 움직이기 때문이었다. 때로는 핸들을 돌려야 한다는 걸 아예 모르는 듯했다. 따라서 밴더마이스터 부인이 차를 끌고 나오는 아침 10시부터 정오까지는 가능하면 골목길을 다니지 말아야 한다는 걸 동네 사람들 모두가 알고 있었다.

밴더마이스터 부인의 운전 솜씨는 큰 도로에서도 유명했다. 달스 슈퍼마켓까지는 1.2킬로미터에 불과했지만, 밴더마이스터 부인이 도로에 올라서는 순간부터 투우들이 달려드는 팜플로나의 도로를 떠올리게 하는 장면이 펼쳐졌다. 운전자와 보행자 모두가 겁에 질려 밴더마이스터 부인을 피해 다녔다. 부인의 차가 눈에 띄면 온몸에서 기운이 쭉 빠지는 듯했다. 처음에는 밴더마이스터 부인이 워낙 왜소해서 운전자가 없는 듯 보였다. 아니 차가 도로에 있는 것만은 틀림없었고, 가끔 모퉁이에 퉁퉁 부딪혔기 때문에 운전자 없이 저절로 굴러가는 자동차처럼 보였다. 게다가 부인이 길에서 주워 모으고 어디를 가든 항상 갖고 다니는 오토바이, 쓰레기통, 자신의 보행 보조기 등 꽤 큼직한 물건들의 아래쪽에서 불통이 튀기도 했다.

어쨌든 밴더마이스터 부인에게 구독료를 받아내는 일은 영원히 계속되는 악몽이었다. 그 집의 현관에는 작은 유리창이 하나 있었다. 그 창문으로 집 안을 들여다보면 현관 복도는 물론이고 거실까지 훤히 보였다. 현관 벨을 15초 간격으로 한 시간 10분쯤 눌러대면, 밴더마이스터 부인은 누군가 현관에 찾아온 것을 깨닫고는 "젠장, 누가 온 거야!"라고 혼잣말로 투덜대며 의자에서 엉거주춤 일어나 4.5미터밖에 떨어지지 않은 현관까지 길고 지루한 저녁 나들이를 시작했다. 보행 보조기를 여기저기에 부딪히면서 20분이 지나서야 부인은 복도 끝에 이르러, 얼음이 녹는 속도로 현관문을 향해 느릿느릿하게 걸어왔다. 때로는 어디를 가는지도 깜빡 잊었는지 방향을 바꿔 부엌이나 욕실로 들어가기도 했다. 그럼 나는 부인의 방향을 바꾸려고 다시 현관 벨을 미친 듯이 눌러대야 했다. 마침내 부인이 현관에 도착해도, 내가 살인자가 아니니까 문을 열어줘도 괜찮다고 설득하는 데 또 반시간을 보내야 했다.

작은 유리 창문을 통해 나는 목이 터져라 소리쳤다.
"신문을 배달하는 아이예요, 밴더마이스터 부인!"
부인이 문고리를 꼭 잡고 소리쳤다.
"우리 집에 신문을 배달하는 아이는 빌 브라이슨이야!"
"내가 빌 브라이슨이에요! 유리문으로 내가 누군지 보세요. 여기요! 고개를 들면 내가 보일 거예요, 밴더마이스터 부인!"
밴더마이스터 부인도 목청껏 큰 소리로 말했다.
"빌 브라이슨은 세 집 아래에 살아! 집을 잘못 찾아온 거야! 네가 우리 집에 왜 왔는지 모르겠다!"
"밴더마이스터 부인, 신문 값을 받으러 왔어요! 3달러 60센트예요!"
우여곡절 끝에 부인을 설득해 문을 열게 하면, 현관에 서 있는 나를 보고 깜짝 놀라면서도 부인은 나무라듯이 "저런, 빌리, 너였구나. 처음부터 너라고 말하지 그랬니!"라고 말했다. 그리고 다시 영원처럼 긴 시간이 시작됐다. 부인은 발을 질질 끌고 비틀비틀 거실로 돌아가, 알츠하이머병 주제곡을 흥얼거리며 지갑을 찾아 헤맸다. 그렇게 다시 30분이 지났다. 그 와중에도 밴더마이스터 부인은 또 깜빡 잊었는지 화장실이나 부엌으로 방향을 틀었다가 어떻게든 다시 돌아와 신문 값이 얼마냐고 물었다. 하지만 결국에는 현금이 그만큼 없으니 다음에 와야겠다는 청천벽력 같은 소식을 알렸다.

"한 달이면 너무 길어. 보름마다 1달러 20센트만 받으면 좋겠다. 하여튼 빌리를 만나면 그렇게 전해주렴."

아무튼 밴더마이스터 부인은 늙고 치매가 있다는 핑곗거리라도 있었다. 정상적인 사람들이 지갑에서 돈을 꺼내기가 귀찮다는 이유로 내쫓을 때는 정말 미칠 것만 같았다. 부잣집에서 빈손으로 돌아서야 할 때가 더 많았다. '그래도 나를 용서해줄 수 있겠지'라는 식의 비겁한 미소와 변명에 그야말로 쫓겨날 수밖에 없었다.

"괜찮습니다, 부인. 1년 중 가장 추운 날 밤에 1미터나 쌓인 눈을 밟으면서 2킬로미터를 걸어왔지만 부인께서 저 빌어먹을 오븐에 머핀을 굽고 손톱에 칠한 매니큐어를 말려야 하니, 빈손으로 돌아가지만 아무런 불만도 없습니다. 괜찮습니다!"

물론 이런 식으로 말하지는 않았다. 그러나 나는 벌금을 부과하기 시작했다. 부잣집 사람들에게 50~60센트를 더 청구하며, 그달이 수요일에 시작했기 때문에 반 주일치를 더 부과하는 거라고 말했다. 때로는 부엌에 걸린 달력까지 동원해서 그달의 시작과 끝을 가리키며 며칠이 추가로 더 있는지 설명하기도 했다. 이 방법은 언제나 효과 만점이었다. 특히 칵테일을 한두 잔 마신 남자들에게는 더 효과가 있었다. 그들은 기가 막힌 듯 고개를 설레설레 흔들며 "못된 녀석!"이라고 말했지만, 나는 여유만만하게 벌금을 주머니에 쑤셔 넣었다.

간혹 기분이 좋을 때면 나는 이렇게 덧붙이기도 했다.

"아저씨도 알겠지만, 아저씨 사장도 매달 충분한 월급을 아저씨한테

안 주잖아요."

"그래, 맞는 말이긴 하다."

그들은 이렇게 대답하면서도 불안한 표정을 감추지 않았다.

부잣집에서 조심해야 할 것은 또 있었다. 그들이 키우는 개였다. 내 경험에 따르면, 가난한 사람들은 고약한 개를 가졌다고 기꺼이 인정했지만 부잣집 사람들은 고약한 개를 키우면서도 그런 사실을 인정하려 하지 않았다. 당시에는 개가 엄청나게 많았다. 거의 모든 집에 개가 있었다. 큰 개, 무뚝뚝한 개, 멍청한 개, 조그맣고 날쌔지만 귀찮아서 살아 있는 장난감 공으로 바꿔버리고 싶은 개, 낯선 사람만 보면 킁킁거리며 냄새를 맡는 개, 사람 무릎 위에 앉고 싶어하는 개, 움직이는 것만 보면 짖어대는 개……. 듀이라는 고약한 개가 있었다. 듀이는 테라스 드라이브에 사는 핼더만이란 가족이 키우는 검은색 래브라도 리트리버였다. 검은 곰만큼이나 큼직한 데다 나를 유독 미워했다. 다른 사람들에게는 침을 질질 흘리는 순둥이처럼 굴었다. 그러나 듀이는 뚜렷하지 않은 이유로 나를 죽이고 싶어했다. 그 녀석이 이유를 밝히지도 않았지만, 내가 보기엔 그 녀석도 그 이유를 모르는 듯했다. 하여간 듀이는 나를 적대시했다. 물론 핼더만 가족은 듀이가 비천한 혈통이란 사실을 부인했을 뿐 아니라, 법에서 요구하는 대로 듀이를 묶어둬야 한다고 말해도 점잖게 거절했다. 그들은 공화당원들이었다. 닉슨의 공화당을 적극적으로 지지했다. 따라서 법이 모든 사람에게 평등하게 적용돼야 한다는 생각을 인정하지 않았다.

일요일 아침이면 나는 유난히 무서웠다. 번뜩이는 이빨만 빼고 온통 검은색이라 잘 보이지 않는 듀이 때문에 온 세상이 어둡게 느껴졌다. 잠의 세계에 듀이와 나만 있는 듯했다. 듀이는 무의식이 덮쳐오면 어디에서나 잠을 잤다. 때로는 현관에서, 때로는 뒷문에서, 때로는 출입문에서 현관으로 들어가는 길에서, 때로는 차고 옆의 낡은 개집에서⋯⋯. 하여간 언제나 집 밖에서 잠을 잤다. 듀이는 항상 밖에 있었고, 언제라도 잠에서 깨어 공격할 수 있는 범위 내에 있었다. 그래서 나는 숨을 죽이고 살금살금 걸어 헬더만네의 앞길을 지나와서도 발만 올려도 삐걱대는 널찍한 나무 계단을 다섯 개나 올라간 다음 현관 앞의 매트에 아주, 아주 가만히 신문을 내려놓아야 했다. 하지만 신문이 매트에 닿는 순간, 가까운 어딘가에서 나지막이 으르렁대며 위협하는 소리가 들렸다. 두근거리는 가슴으로 내가 멀찌감치 조심조심 물러설 때까지 으르렁대는 소리는 멈추지 않았다. 물론 듀이가 어딘가에서 불쑥 튀어나와 사납게 짖어댈 때도 있었다. 그때마다 나는 혼비백산해서 앞마당을 번개처럼 가로질러 도망쳤다. 그 와중에도 엉덩이를 지키겠다고 두 손을 엉덩이에 바싹 붙이고! 그러곤 훌쩍이면서 자전거에 올라타고 미친 듯이 페달을 밟았다. 그 때문에 소화전과 가로등 기둥에 부딪혀서 차라리 듀이에게 깔리고 물리는 편이 나았을 정도로 큰 상처를 입기도 했다.

전반적 사정은 말로 표현할 수 없을 정도로 끔찍했다. 공격을 받는 것보다 다음에 또 그런 공격을 받을지도 모른다는 생각이 더 괴롭고 무서웠다. 반면 어차피 듀이와 함께해야 하는 삶에서 유일한 위안은 모든 상황이 끝났을 때 터져 나오는 안도의 한숨이었다. 앞으로 24시간 동안은 듀이를 다시 만나지 않아도 되니까. 위험한 폭격 임무를 끝내고 귀환하는 조종사만이 내 기분을 이해할 수 있을 것이다.

화창하고 상쾌한 3월의 어느 아침에도 나는 이런 환희에 젖어 듀이네 집에서 반 블록쯤 떨어진 곳에서 신문을 배달하고 있었다. 그런데 맥노스네 울타리 옆에서 듀이가 갑자기 튀어나오더니 엄청난 속도로 나를 향해 달려오는 게 아닌가! 평소보다 두 배는 크고 훨씬 사납게 보였다. 찰나처럼 짧은 시간이었지만, 그 와중에도 나는 세상이 너무 불공평하다는 생각이 번뜩 들었다. 그런 일이 일어날 수는 없었다. 듀이에게 이미 당한 뒤였기 때문에 그때부터는 내게 축복의 시간이어야 했다.

내가 어쭙잖게나마 반응하기도 전에 듀이는 내 왼쪽 엉덩이 바로 아래쪽 다리를 세게 물었다. 나는 듀이의 힘에 밀려 땅바닥에 쓰러졌다. 듀이는 잠깐 동안이었지만 나를 질질 끌고 갔다. 나는 손가락으로 풀을 잡고 버티면서 끌려가지 않으려고 버둥거렸다. 그런데 듀이가 갑자기 나를 놓아주고 뭔가 못마땅한 듯 나지막이 으르렁대더니, 조금 전에 나왔던 산울타리 뒤쪽으로 성큼성큼 돌아갔다. 나는 화가 치밀었다. 헝클어진 옷을 가다듬지도 않은 채 절룩대며 큰길로 걸어 나가 가까운 가로등 아래에서 상처를 살펴보려고 바지를 내렸다. 청바지가 찢어졌고, 넓적다리에 조그만 이빨 자국이 선명한 데다 피까지 약간 흘렀다. 큰 상처는 아니었다. 그러나 다음날 상처 부위가 자줏빛으로 변했다. 학교 화장실에서 아이들에게 상처를 보여주자, 아이들이 한소리로 탄성을 내질렀다. 벙어리처럼 항상 말이 없어서 담이 높은 '어떤' 곳에서 탈출한 듯한 수위 아저씨 그루버 씨도 내 상처를 보더니 황홀경에 빠졌다. 전에는 그런 반응을 보인 적이 한 번도 없었다. 그래서 나는 수업을 끝내고 병원에 가서 파상풍 주사를 맞았다. 짐작하겠지만, 결코 달갑지 않은 주사였다.

내 넓적다리에 뚜렷한 증거가 나 있는데도 헬더만 가족은 듀이가 나를 공격했다는 사실을 믿지 않으려 했다. 그들은 "듀이가? 설마! 듀이는 누구도 해치지 않아. 해가 진 후에는 집을 나가지도 않고. 왜냐고? 듀이는 자기 그림자도 무서워하는 녀석이니까!"라고 말하고는 낄낄대고 웃었다. 나를 공격한 개는 틀림없이 다른 녀석일 거라고 우겼다.

1주일 후, 듀이는 캘리포니아에서 잠깐 다니러 온 헬더만 부인의 어머니를 공격했다! 듀이는 할머니를 땅바닥에 눕히고 두개골에서 얼굴 껍질을 벗기려 했다. 그랬더라면 나한테도 무척 도움이 됐을 텐데. 그러나 천만다행으로 헬더만 부인이 때마침 밖에 나와 할머니를 구했고, 더불어 그들이 사랑하는 애완견에 대한 충격적인 진실을 알게 됐다. 듀이는 밴에 실려 어디론가 영원히 사라졌다. 나에게는 그보다 기쁜 일이 없었다. 그런 일이 있은 뒤에도 헬더만 가족은 내게 사과하지 않았지만, 나는 날마다 그들의 신문에 코딱지를 몰래 붙여두곤 했다.

적어도 부잣집 사람들은 이사 갈 때면 꼭 미리 알려주었다. 내 친구 더그 윌러비가 배달을 맡은 구역은 그랜드 애비뉴의 끝자락에 붙은 다소 열악한 지역이었다. 재밌는 냄새가 나는 아파트가 밀집해 있고, 일도 하지 않고 집에 틀어박혀 지내는 사회적 낙오자가 많았으며, 주민들이 벽을 사이에 두고 얘기를 나누면서 걸핏하면 말다툼을 벌이는 동네였다. 윌러비가 신문을 배달하는 아파트 건물은 한결같이 어두웠고, 카펫도 깔려 있지 않았다. 복도가 무척 긴데도 불이 하나도 켜져 있지 않아 복도의 끝이 보이지 않았다. 따라서 복도 끝에 뭐가 있는지 알 수도 없었다. 그런 건물에 들어가려면 담대한 용기가 있어야 했다. 윌러비가 걱정한 대로 한 고객이 신문 값도 안 내고 이사를 가버렸다. 어쩌면 수갑이 채워져 끌려갔는지도 몰랐다. 여하튼 관례대로라면 윌러비가 그 돈을 메워야 했다. 〈레지스터〉는 결코 손해 보지 않으려 했다. 신문을 배달하는 아이가 뒤집어쓰는 수밖에 없었다. 언젠가 윌러비는 신문을 배달하면서 가장 즐겁던 주일이 크리스마스 팁을 포함해서 4달러를 받은 때였다고 말했다.

미국식 '따로 또 같이' 가족이 사는 법

내 주머니는 언제나 두둑했다. 내가 정한 벌금 덕분이었다. 열두 번째 생일을 맞기 직전까지 나는 현금으로만 102달러 12센트를 모았다. 그야말로 엄청난 액수였다. 나는 그 돈으로 접이식 안테나가 달린 휴대용 RCA 흑백텔레비전을 샀다. 대부분 잔돈이라 금전등록기 앞에서 돈을 헤아리는 데도 한참이 걸렸다. 흰빛을 띤 회색 플라스틱으로 감싸이고, 위쪽에 스위치가 달려 우아하면서도 날씬한 신모델이었다. 나는 그 텔레비전을 들고 내 방에 올라가 플러그를 꽂고 스위치를 올렸다. 그 뒤로 나는 우리 집에서 거의 보이지 않았다.

저녁에도 쟁반에 먹을 것을 담아 내 방에 올라가 텔레비전을 보았다. 생일이나 추수감사절처럼 특별한 날이 아니면 아버지와 어머니의 얼굴조차 보지 않았다. 물론 간혹 집 안에서 마주치기는 했다. 또 후텁지근한 여름날 저녁이면 모기장이 둘러진 현관에 앉아 두 분과 함께 아이스티를 마시기도 했다. 그러나 대부분의 경우에 우리는 따로 놀았다. 그때부터 우리 집은 가족의 보금자리가 아니라 하숙집처럼 변해갔다. 하지만 모두가 사이좋게 지내고, 서로의 사생활을 존중하고 지켜주는 멋진 하숙집!

나에게는 이런 삶이 지극히 당연한 것으로 여겨졌다. 지금 돌이켜 생각해보면 우리는 결코 끈끈한 가족이 아니었다. 적어도 전통적 의미에서는 끈끈한 가족이 아니었다. 내 부모는 늘 친구처럼 다정했고 아낌없는 사랑을 베풀어주었지만, 약간은 막연하고 모호한 면이 있었다. 어머니는 옷깃에 묻은 얼룩을 나무라고, 오븐에 대고 감자 껍질을 벗기느라 바빴다. 요컨대 어머니는 항상 뭔가를 했다. 또 아버지는 신문사 일로 취재를 나가지 않으면 서재에서 책을 읽었다. 두 분은 아주 가끔 바서티

극장에 함께 가서 영화를 봤다. 두 분이 무작정 좋아한 피터 셀러스 (Peter Sellers)의 코미디를 그 극장에서 간혹 상영했기 때문이다. 또 도서관에 아주 가끔 함께 가기도 했다. 그러나 거의 언제나 두 분은 집에서 즐겁게 지냈다. 각자 다른 방을 차지하고!

매일 밤 11시경이나 그 직후에는 아버지가 아래층 부엌에 내려가 간단한 먹을거리를 준비하는 소리가 들렸다. 아버지가 만드는 밤참은 그야말로 전설이었다! 30분 정도가 지나면 리츠 크래커, 겨자 그릇, 밀 엿기름, 무, 하이드록스 쿠키 열 개, 수북이 쌓인 초콜릿 아이스크림, 얇게 썬 런천 미트, 깨끗하게 씻은 상추, 치즈 위즈, 땅콩버터, 캐러멜 맛이 나는 땅콩 캔디, 완숙한 달걀 한두 개, 작은 그릇에 담긴 견과류, 제철인 수박, 바나나 등이 깔끔하게 껍질이 벗겨지고 손질된 채 커다란 갈색 쟁반에 보기 좋게 놓여서 아버지 방으로 옮겨졌다. 준비된 밤참들은 한결같이 1,200칼로리가 넘는 데다 적어도 80퍼센트가 콜레스테롤과 포화지방을 함유한 음식이었지만, 아버지의 몸무게는 1그램도 늘지 않았다.

밤참을 만드는 아버지의 모습에서 언급하지 않을 수 없는 부분이 또 있다. 아버지는 거의 반벌거숭이 차림으로 밤참을 만들었다. 발가벗어야 더 맛있는 밤참을 만들 수 있다고 생각한 때문은 아니었다. 처음부터 반쯤 벗은 몸으로 아래층 부엌에 내려가기 때문이었다. 허리 아래로 아무것도 걸치지 않고 자는 것도 아버지의 작은 기벽 가운데 하나였다. 아버지는 밤에 허리 아래를 시원하게 해야 편하고 건강에도 좋다고 믿었다. 따라서 아버지는 소매 없는 티셔츠만 입고 잠을 잤다. 따라서 밤참을 만들려고 밤늦게 아래층에 내려갈 때는 옷을 입은 듯하면서도 입지 않은 몸이었다. 커튼을 치던 옆집의 부코브스키 부부가 아랫도리를 벗은 채 부엌에서 서성대며 야밤의 성찬을 위해 높다란 찬장에서 이런저런 재료를 꺼내는 아버지를 봤다면, 무슨 생각을 했을까?

아랫도리를 벗고 서성대는 아버지의 모습에 옆집 사람들이 얼마나 놀랐을지는 모르겠지만, 우리 집에서는 모두가 깊이 잠든 뒤라 문제될 것이 없었다. 물론 나는 어둠 속에서 침대에 누워 볼륨을 낮춰놓고 텔레비전을 보고 있었지만! 그러나 1963년 어느 금요일 밤, 아버지가 아래층에 내려갔을 때 누이는 거실에서 친구들과 놀고 있었다. 더구나 누이를 비롯해 누이의 절친한 친구인 낸시 리코타와 웬디 스퍼진이 남자들과 진을 치고 어둠 속에서 텔레비전을 보며, 혀로 숨결을 나누고 있었다. 여하튼 나는 그랬으리라 상상했다. 그런 상황에서 위층에서 불이 켜지고 계단을 내려오는 아버지의 발걸음 소리가 들려왔을 때 그들이 얼마나 놀랐겠는가!

대부분의 미국 집이 그렇듯이, 우리 집도 모든 방문의 윗부분을 터놓고 거실이 모든 방과 통했다. 또 터진 부분의 폭이 1.8미터나 됐기 때문에 실질적으로 사생활이 완벽하게 보장되지는 않았다. 따라서 점점 가까이 다가오는 어른의 발걸음 소리를 가볍게 여길 수만은 없었다. 곧바로 여섯 남녀는 정숙한 자세를 취하고 계단 입구를 바라보았다. 그때 아버지가 궁둥이를 가볍게 씰룩이며 거실을 지나 부엌으로 들어가는 게 아닌가! 깜빡이는 텔레비전 불빛이었지만 분명히 그렇게 보였다.

그들은 무려 25분 동안이나 말도 못하고 죽은 듯이 조용히 앉아 있었다. 아버지가 똑같은 길을 밟아 되돌아갈 것이 분명했기 때문이다. 하지만 이번에는 아버지의 그곳을 봐야 할 운명이었다.

다행인지 불행인지 모르겠지만, 아버지는 거실을 지나가면서 그들을 곁눈으로 봤던지, 아니면 그들이 나지막이 속삭이는 목소리나 숨소리를 들었던 모양이다. 그래서 쟁반을 들고 위층으로 돌아갈 때 아버지는 어머니의 베이지색 비옷을 멋지게 걸치고 있었고, 정신적으로 이상하게 타락하고 밤이면 여자 옷으로 갈아입는 성도착자라는 인상을 누이의 친구들에게 심어주었다. 그래도 거실을 지날 때 아버지는 겸연쩍은 듯 혼잣말로 누이와 그 친구들에게 저녁 인사를 웅얼거리고는 황급히 계단 위로 올라갔다.

그런 일이 있고 나서 누이는 거의 6개월 동안이나 아버지와 말을 섞지 않았다.

이상하게도 전용 텔레비전을 샀을 즈음 내가 텔레비전을 정말 미치도록 좋아하는 것은 아니라는 사실을 깨달았다. 더 정확히 말하면, 텔레비전에서 방영되는 프로그램을 크게 좋아하지는 않았다. 하지만 텔레비전을 켜두는 것은 정말 좋아했다. 나는 재잘대는 소리와 생각 없이 웃어대는 웃음소리를 좋아했다. 그래서 나는 텔레비전을 정신 나간 친척처럼 한구석에 켜두고 책을 읽었다. 그때 나는 뭐든 닥치는 대로 읽는 나이였다. 항상 뭔가를 읽었다. 나는 1주일에 한두 번씩 거실에 내려갔다. 거실에는 뒷유리창 양옆으로 커다란 붙박이 책꽂이가 있었고, 책꽂이에는 아버지와 어머니의 책이 빽빽이 꽂혀 있었다. 거의 대부분 양장본으로, 1930~1940년대에 출간되고 '이달의 책 클럽'에서 선정한 책이었다. 나는 책꽂이에서 서너 권을 골라 들고 내 방으로 올라갔다.

다행히 나는 책을 편식하지는 않았다. 어떤 책이 좋은 서평을 받았고, 어떤 책이 인기만 있는 쓸데없는 책인지 전혀 몰랐다. 《트레이더 혼 Trader Horn》《산 루이스 레이의 다리》《우리 가슴은 젊고 즐겁다》《맨해튼 트랜스퍼》《너는 나를 안다》《한결같은 요정》《잃어버린 지평선》, 사키(Saki)라는 필명을 쓴 헥터 휴 먼로(Hector Hugh Munro)의 단편소설들, 베넷 서프(Bennett Cerf)가 정리한 재밌는 문집, 악마의 섬에서의 삶을 흥미진진하게 묘사한 《드라이 기요틴 Dry Guillotine》, 펠럼 그렌빌 우드하우스(Pelham Grenville Wodehouse)의 전집, 필로 밴스라는 탐정을 창조해낸 S.S. 반 다인(S.S. Van Dine)의 전작을 읽었다. 나는 마이클 알런(Michael Arlen)의 《초록 모자》를 무척 좋아했다. 내가 그 책을 읽은 마지막 사람일지도 모르지만, 그 책에 등장하는 인물들의 이름은 하나같이 멋있었다. 레이디 파인트, 베니스 폴렌, 휴 사이프러스, 빅터 덕 대령, 트레호크 투슈…….

이렇게 무차별적으로 책을 사냥하던 중에 나는 책꽂이 아래쪽에서 우연히 1936년 드레이크 대학 졸업앨범을 찾아냈다. 훌훌 넘겨보던 나는 어머니가 그해의 홈커밍 퀸(Homecoming Queen, 동기생이 뽑는 최고의 여자 졸업생-옮긴이)이었다는 놀라운 사실을 알아냈다. 놀랍고도 충격적이었다. 젊고 날씬한 모습의 어머니가 환히 웃는 얼굴로 번쩍이는 삼중관을 쓰고 꽃수레에 올라 찍은 사진이 있었다. 나는 그 앨범을 들고 부엌에 갔다. 아버지가 커피를 끓이고 있었다.

"아빠, 엄마가 드레이크 대학에서 홈커밍 퀸이었단 사실을 아셨어요?"

"물론."

"어떻게 엄마가 홈커밍 퀸이 된 거예요?"

"물론 엄마 동기들이 뽑아준 거지. 엄마가 상당히 예뻤단다."

"정말요?"

나는 그때까지 어머니를 어머니가 아닌 다른 여자로 본 적이 없었다. 아버지는 기운차게 대답했다.

"지금도 예쁘지!"

다른 사람들이 내 어머니를 매력적이고 호감 가는 여자로 생각했다는 것이 나는 놀랍기만 했다. 기분이 약간 틀어지기도 했다. 그 후로 나는 어머니를 예쁜 여자라 생각하는 데 열중했다. 어머니가 한때 무지하게 예쁜 미녀였다고!

나는 졸업앨범을 제자리에 갖다두었다. 그 칸에는 《1950년, 최고의 스포츠》와 같이 햇수만 달라지고 똑같은 제목으로 해마다 발간된 책이 여덟아홉 권 있었다. 권마다 레드 바버(Red Barber)처럼 유명한 인물이 그해에 기억할 만한 최고의 스포츠 기사로 선정한 30~40편이 실려 있었다. 모든 책에 아버지의 기사가 한 편씩 있었고, 어떤 책에서는 두 편이나 눈에 띄었다. 지방신문 기자로는 아버지가 거의 유일했다. 나는 책꽂이 옆의 창가에 둔 의자에 앉아, 그 자리에서 서너 편의 기사를 읽었다. 감동적이고 멋있었다. 정말 멋진 기사였다. 한 줄 한 줄이 별처럼 반짝거렸다. 아이오와 대학교 풋볼팀의 감독 제리 번스가 사이드라인에 수비팀을 잘못 배치해서 오하이오 주립대학에게 터치다운을 어떻게 허용했는지 평가한 구절은 아직도 내 기억에 생생하다. 아버지는 "번스가 정처 없이 배회하는 동안 수비팀은 바이올린을 켜고 있었던 셈이다."라고 썼다. 아랫도리를 벗고 다니는 바보 같은 노인네가 그처럼 번뜩이는 글을 써낼 수 있다는 사실을 깨닫고, 나는 놀라지 않을 수 없었다.

이처럼 고무적인 발견에 감격해서 나는 선더볼트 키드의 얘기를 즉시 고쳐 썼다. 나는 그들의 생물학적 아들이었다! 그들의 생물학적 아들인 게 기뻤다. 그들의 유전형질이 곧 나의 유전형질이었다. 확실했다. 좀더 깊이 생각하자, 볼튼 왕이 자신의 영향력과 저주받은 종족을 보존하고 퍼뜨리기 위해 엘렉트로 행성에서 지구로 보낸 사람은 내가 아니라 내 아버지라는 결론에 이르렀다. 곰곰이 생각해보면 그 결론이 훨씬 합리적이었다. 아이오와의 윈필드보다 초영웅을 키우기에 더 적합한 곳이 어디에 있겠는가? 윈필드는 선더볼트 키드가 태어날 수밖에 없는 곳이었다!

안타깝게도 아버지가 타고 온 우주 캡슐이 지구에 불시착했고, 그때 받은 큰 충격으로 아버지는 기억이 깨끗이 지워지고 한두 가지의 이상야릇한 습관만 남게 됐다는 사실을 나는 그때야 비로소 깨달았다. 아버지가 심각할 정도로 싼 것만을 찾고, 어둠이 내린 후에는 바지를 벗으려 한 습관도 그 때문이었다. 아버지는 초능력을 불러낼 수 있는 선천적 능력이 있다는 걸 모른 채 세상을 살아가는 불쌍한 사람이었다. 하지만 초능력을 불러내는 방법을 알아내는 임무가 막내아들에게 넘겨졌다. 엘렉트로의 위력을 되살리려면 특별한 옷이 필요했다. 나는 지구인으로 태어났기 때문에 그 초능력을 물려받지 못했다. 엘렉트로의 초능력을 발휘하려면 재프의 신성한 스웨터가 필요했다.

그때야 모든 얘기의 앞뒤가 맞아떨어졌다. 선더볼트 키드의 얘기는 점점 완벽해져갔다. 적어도 내 생각에는…….

10
미국 가족농업의
마지막 황금기

지난 화요일, 금발의 예쁜 신부가 새신랑에게 침대에서 일어나 젖소의 젖을 짜 오라며 시작한 장난이 비극으로 끝나고 말았다. 부인 제니 베커 브루너(22세)는 세로 고르도 카운티의 감방에서 눈물을 흘리면서, 자신이 남편 샘 브루너(26세)를 45구경 미 육군 콜트 권총으로 쏘아 죽였다고 말했다. 브루너 부인은 남편을 침대에서 쫓아내려고 남편의 겨드랑이를 간질인 후에 크게 말다툼을 했다고 자백했다. 〈디모인 레지스터〉, 1953. 11. 19

땅에 뿌리내린 넉넉한 영혼

간지럼으로 시작된 우발적 살인 사건이 있기는 했지만, 아이오와는 평화롭고 조용한 곳이었다. 주(州)로 승격되고 160년 남짓 지나기까지 아이오와 땅에서 분노로 인한 총격 사건은 공식적으로 단 한 건밖에 없었다. 그것도 대단한 분노는 아니었다. 지금은 그 이유가 완전히 잊힌 듯하지만, 남북전쟁 기간에도 북군의 군인들은 포탄 한 발을 주 경계선 너머의 미주리로 발포했다. 그 포탄은 미주리 땅에 떨어져 굴러갔지만 불발탄으로 끝났다. 미주리 사람들이 그 포탄을 마차에 실어 우리에게 되돌려주었더라도 나는 그다지 놀라지 않았을 것이다. 어쨌든 아무도 다치지 않았다. 이 포탄의 얘기는 아이오와 군 역사에서 가장 중요한 동시에 유일한 얘깃거리이기도 하다.

아이오와는 모든 문제에서 중간 위치를 지켰다는 점을 항상 자랑스레 생각해왔다. 아이오와는 대륙의 중앙에 위치하고, 미국을 관통하는 두 개의 큰 강인 미주리 강과 미시시피 강 사이에 자리 잡고 있다. 또 내 어린 시절에 아이오와는 면적, 인구, 투표 성향, 노동조합 가입 순서 등 모든 면에서 중간이었다. 우리는 전국 평균보다 조금 더 부유했고, 교육 수준도 높았으며, 문맹률은 낮았다. 준법정신은 다른 주에 비해 철두철미했다. 젤오도 전국 평균보다 더 많이 먹었다. 솔직히 말하면 미국에서 생산된 젤오를 몽땅 먹어치운 듯했다. 그러나 결코 사치스럽지 않았다. 중서부의 다른 주들이 마크 트웨인, 에이브러햄 링컨, 어니스트 헤밍웨이, 토마스 에디슨, 헨리 포드, F. 스콧 피츠제럴드, 찰스 린드버그 등 세계적인 인물을 탄생시켰다면, 아이오와는 여배우 도나 리드(Donna Reed), 명사수 와이어트 어프(Wyatt Earp), 31대 대통령 허버트 후버(Herbert Hoover), 그리고 〈아이 러브 루시〉에서 프레드 머츠 역을 맡은 남자 배우(윌리엄 프롤리(William Frawley)가 그 역할을 맡았다-옮긴이)를 배출했다.

아이오와의 주된 관심사는 농업과 우호적 관계였다. 이 두 부분에서 우리가 어떤 주보다 나았다고 자신 있게 말할 수 있다. 아이오와의 주된 산업이 농업이기도 했다. 그 때문인지 농업에 관련된 모든 것을 거의 완벽하게 갖추었다. 아이오와의 면적은 미국 국토의 1.6퍼센트에 불과하지만, 1등급 표토는 25퍼센트나 차지한다. 대부분의 지역이 1미터가량의 표토로 뒤덮여 있다. 표토가 1미터라면 상당히 두터운 편이다. 따라서 아이오와의 농장을 걷다 보면 허리까지 파묻힐 듯한 기분이다. 발목까지는 정말로 푹푹 묻혀서 커다란 초콜릿 냄비에 올라가 서성대는 느낌이기도 하다. 엄청난 양의 눈을 치우는 겨울과 토네이도에서 피신하는 여름을 개의치 않는다면, 기후도 더할 나위 없이 좋다. 세계 다른 지역에 비해 가뭄도 거의 없는 편이고, 비도 불가사의할 정도로 공평하게 내린다. 필요한 때 땅이 흠뻑 젖을 정도로 무섭게 내리지만, 묘목을 쓰러뜨리거나 땅속의 영양분을 빼앗아가지는 않는다. 여름은 길고 햇볕이 쨍쨍 내리쬐지만, 푹푹 찌지는 않는다. 요컨대 아이오와는 식물이 생장하기에 안성맞춤인 곳이다.

그렇기 때문에 아이오와는 지상에서 가장 목가적인 풍경을 자랑하는 곳이다. 만약 아이오와에 농장밖에 없다면, 농장의 최적 규모인 64만 7,500제곱미터로 22만 5,000농가가 가능하다고 누군가 계산한 적이 있다. 농업 인구가 최고조에 달한 1930년에 아이오와에는 21만 5,361농가가 있었다. 최대치에 거의 근접한 수였다. 사회적 융합이 급속히 진행되면서 지금은 농가의 수가 크게 줄었지만, 아이오와 풍경의 95퍼센트가 여전히 경작지다. 고속도로와 숲, 호수와 강, 많은 군소 마을과 적잖은 소도시, 그리고 어마어마하게 넓은 월마트 주차장이 나머지 부분을 차지한다.

나는 언젠가 아이오와 주 농산물 공진회에서, 아이오와의 농업이 해마다 생산하는 가치가 세계 전역의 다이아몬드 광산이 생산하는 가치 총액보다 크다는 글을 읽었다. 지금도 그 생각을 하면 가슴이 뿌듯하다. 오늘날도 아이오와는 옥수수, 달걀, 식용 돼지, 콩의 생산에서 미국 최고이고, 총농업생산가치는 면적이 세 배나 넓은 캘리포니아에 이어 2위다. 아이오와는 미국에서 소비되는 식량의 10분의 1을 생산하고, 세계 전역에서 소비되는 옥수수의 10분의 1을 생산한다. 아이오와, 만세!

내가 자랄 때도 아이오와의 농업은 찬란히 빛났다. 1950년대는 흔히 미국 가족농의 마지막 황금시대라 불렸고, 아이오와만큼 농업이 황금기를 구가한 곳은 없었다. 특히 아이오와의 남동쪽 구석에 위치하고 미시시피 강에서 멀리 떨어지지 않은 반듯하고 유쾌한 마을 윈필드만큼 보석처럼 빛나는 곳도 드물었다. 윈필드는 아버지가 자라고 할아버지가 살던 곳이다.

나는 윈필드의 모든 것이 좋았다. 깔끔하게 정돈되어 차분하고 아늑하던 메인 스트리트, 황금물결처럼 넘실거리던 옥수수 밭……, 어딜 가나 건강한 땅 내음이 물씬 풍겼다. 윈필드! 이름까지 알차고 적절했다. 많은 마을의 이름이 밍고, 피즈가, 팅글리, 다이애고널, 엘우드, 쿤라피즈, 리케츠 등 약간은 동떨어지고 적막감이 감돌았지만, 녹음이 우거지고 황금빛에 물든 남동쪽 구석에는 윈필드, 마운트 유니온, 콜럼버스 정크션, 올즈, 마운트 플레전트, 그리고 유난히 빛나는 모닝 선처럼 믿음직하고 어울리는 이름을 가진 마을들이 있었다.

우편집배원이던 할아버지는 마을 끝자락에 조그만 농장을 갖고 있었다. 할아버지는 대부분의 땅을 농부들에게 빌려주었지만, 1만~2만 제곱미터의 땅에는 과일나무를 심고 채소를 가꾸었다. 집에는 붉게 칠한 커다란 헛간 하나가 딸려 있었고, 잔디밭이 사방으로 끝없이 펼쳐진 듯했다. 집 뒤에는 엄청나게 큰 참나무가 우뚝 서 있었고, 그 주변으로 하얗게 칠한 나무의자가 둘러져 있었다. 참나무는 위쪽 나뭇가지에서 시원한 산들바람을 만들어내는 듯했다. 그래서 참나무 아래는 사방 150킬로미터 내에서 가장 서늘한 곳이었다. 우리는 저녁을 먹고 나면 그 나무 아래에 앉아 완두콩을 까거나 강낭콩을 다듬었고, 때로는 아이스크림을 만들어 먹었다.

할아버지의 집은 아담하고 굉장히 깔끔했다. 침실은 위층에 하나, 아래층에 하나, 두 개뿐이었다. 그러나 무척 안락하고 편안해서 내게는 상당히 넓게 여겨졌다. 그래서 세월이 흐른 후에 윈필드의 집을 다시 찾아갔을 때, 그 집이 아주 작은 걸 보고 깜짝 놀랐다.

헛간은 멀리서 보면 세상에서 가장 재밌게 놀기 좋은 곳 같았다. 하지만 앞으로 결코 사용할 일이 없을 법한 낡은 가구와 잡동사니가 보관돼 있었다. 그네처럼 매달릴 수 있는 문짝들, 뭔지 모를 궤짝들, 거무튀튀한 건초더미 위로 기대진 사다리들로 가득했다. 그러나 헛간은 더럽고 어두컴컴한 데다 어디서나 퀴퀴한 냄새가 풍겨서 무서웠다. 또 단단한 기계에 정강이를 부딪히고, 낡은 칼날에 팔을 베이기 일쑤였다. 헛간에 들어가서 5분을 이리저리 걷다 보면 오래된 짐승의 똥을 적어도 세 번은 밟았다. 몇 년은 지난 듯한데 이상하게 가운데는 물컹했다. 못이

박힌 들보에 머리를 찧고, 끈적거리는 거미줄에 움찔하며, 철조망 가닥에 목덜미부터 엉덩이까지 찔리고, 이쑤시개만 한 가시들이 온몸을 뒤덮기도 했다. 헛간은 면역 체계를 강화시키기 위해 온몸을 단련시키는 곳 같았다.

헛간에 들어간 뒤에 묵직한 문이 휙 닫히면 악취가 풍기는 암흑 속에 영원히 갇혀버렸다는 생각에 걷잡을 수 없는 두려움이 밀려왔다. 게다가 헛간은 집에서 상당히 떨어져 있어 내가 아무리 애처롭게 소리쳐도 들리지 않았다. 그때마다 가족들이 식탁에 둘러앉아 "빌리는 어디 간 거야? 얼굴 못 본 지 얼마나 됐지? 5주 됐나? 6주인가? 녀석이 이 파이를 정말 좋아했을 것 같지 않나? 괜찮다면 파이를 하나 더 먹고 싶군." 하며 얘기를 주고받는 모습을 상상하곤 했다.

옥수수 밭에 갇히면 훨씬 더 무서웠다. 요즘 옥수수는 옛날만큼 크지 않다. 옛날에는 옥수수가 더 옹골찬 것과 교잡되기는 했지만 대나무처럼 우뚝 솟아서 키가 2.5미터쯤 됐다. 건조한 늦여름에는 옥수수가 바람에 흔들리면서 14만 4,100제곱킬로미터에 달하는 아이오와 시골 지역을 섬뜩한 소리로 가득 채웠다. 출구를 알 수 없는 미로처럼 높다란 옥수수들이 앞뒤로, 또 대각선으로 끝없이 펼쳐진 옥수수 밭만큼 불안감을 자아내는 곳은 찾아보기 어렵다. 특히 이해력이 떨어지는 데다 키가 작은 어린아이에게는 옥수수가 악의를 품고 금방이라도 덮칠 듯이 보인다. 옥수수 밭 끝에 서서 안을 들여다보면, 몇 걸음만 들어가도 길을 잃고 옥수수 밭에 영원히 갇힐 것처럼 보이기도 한다. 그래서 갖고 놀던 공이 옥수수 밭에 굴러 들어가면, 공을 기억에서 지워버리고 집에 들어가 텔레비전이나 보는 편이 나았다.

따라서 윈필드에 가면 나는 혼자 놀지 않았다. 할아버지 옆을 맴돌면서 대부분의 시간을 보냈다. 할아버지는 사람들과 어울리는 걸 좋아하는 듯했다. 우리는 무척 사이가 좋았다. 할아버지는 말이 없는 조용한 사람이었다. 하지만 일을 하면서 옆 사람에게 어떤 일을 하는지 설명해주길 좋아했고, 옆에서 기름통이나 드라이버를 건네주며 일을 거들어주면 아주 기뻐했다. 할아버지 이름은 피트 포스 브라이슨이었다. 세상에서 가장 멋진 이름 같았다. 할아버지는 컵스팀의 주전 유격수인 어니 뱅크스 다음으로 세상에서 가장 친절한 사람이었다.

할아버지는 항상 잔디 깎는 기계, 세탁기, 팬벨트와 칼날과 빠르게 윙윙대며 회전하는 부품들이 달린 것 등 뭔가를 고쳤고, 그때마다 그에 합당한 상처를 입었다. 언젠가 할아버지는 뭔가에 불을 놓고 불길을 조절하려고 다가섰다. 곧바로 할아버지의 입에서 "제기랄!"이란 욕이 튀어나왔고, 손을 황급히 꺼냈다. 할아버지는 벌겋게 달아오른 손을 치켜들고 손가락을 살랑살랑 흔들었다.

한참 후에 할아버지가 내게 말했다.

"안경을 안 쓰면 이제 제대로 보이지가 않는구나. 여기 손가락이 몇 개냐?"

"다섯 개요, 할아버지."

"그럼 됐다. 하나가 없어진 줄 알았다."

그제야 할아버지는 붕대나 헝겊 조각을 찾으러 갔다.

어느 날 오후, 할머니가 뒷문으로 얼굴을 내밀며 "아빠, 읍내에 가서 순무 좀 사다 주구려."라고 말했다. 할머니는 할아버지를 항상 '아빠'라고 불렀다. 할아버지에게 멋진 이름이 있었고, 할아버지가 할머니의 아버지가 아니었는데도 말이다. 나는 이해할 수 없었다. 또 할머니는 할아버지에게 항상 순무를 갖다달라고 했다. 그것도 나는 이해할 수 없었다.

우리는 순무를 한 번도 먹어본 적이 없었으니까. 혹시 순무가 콘돔 같은 걸 뜻하는 암호가 아니었을까 싶다.

읍내로 가는 길은 무척 재미있었다. 400미터 정도밖에 떨어지지 않은 곳이었지만 우리는 항상 할아버지의 셰비 뒷좌석에 앉아 갔다. 할아버지의 셰비에 타면 왕이라도 된 듯한 기분이 들었다. 윈필드에서 읍내는 메인 스트리트를 가리켰다. 두 블록에 우체국, 은행 두 곳, 주유소 두 곳, 선술집, 신문 보급소, 작은 식료품점 두 곳, 당구장, 잡화점이 차분하게 모여 있는 거리였다.

우리가 쇼핑을 나갈 때마다 마지막으로 들른 곳은 길모퉁이에 있는 벤테코라는 작은 식료품점이었다. 망이 달린 문은 기분 좋게 '쿵' 소리를 내면서 상점에 들어설 때마다 축제장을 찾은 듯한 기분을 안겨주었다. 벤테코에서 나는 니하이 음료수 두 병을 가질 수 있었다. 하나는 저녁 식사를 할 때 마셨고, 남은 하나는 카드놀이를 하거나 텔레비전에서 〈빌코〉*나 잭 베니(Jack Benny)의 코미디 쇼를 보면서 마셨다. 지금도 그 이유를 알 수 없지만, 니하이는 작은 마을에서만 파는 음료수였다. 하지만 맛이 강렬했고, 식품의약청에서 사람이 먹어도 괜찮다고 인정한 식품 가운데 색이 가장 진한 음료수이기도 했다. 니하이는 포도 맛, 딸기 맛, 오렌지 맛, 체리 맛, 레몬라임 맛('라임레몬'이 아니다!), 루트비어 맛으로 여섯 종류가 판매됐지만, 하나같이 맛이 강렬해서 고장 난 스프링클러처럼 눈에서 눈물이 찔끔 나왔다. 게다가 탄산 맛이 지독히 따끔거려

---

* '빌코'가 진짜 제목은 아니었다. 처음에는 〈당신은 절대 부자가 될 수 없을 겁니다〉였고, 나중에는 〈필 실버스 쇼〉로 바뀌었다. 그러나 우리뿐만 아니라 모두가 그 프로그램을 '빌코'라고 불렀다. 그 프로그램은 4년밖에 방영되지 않았다.

작은 면도날을 수천 개나 한꺼번에 삼키는 기분이었다. 아무튼 맛있고 재밌는 음료수였다.

벤테코는 니하이 음료수를 수납형 냉장고처럼 생긴 큼직한 푸른색 냉동고에 넣어두고 팔았다. 냉동고 문을 열면 썰렁한 기운이 밀려왔고, 음료수 병들이 여러 줄로 매달려 있었다. 어떤 줄 끝에 매달린 포도 맛 니하이를 꺼내려면, 그 줄에 매달린 병들을 다른 줄에 옮겨놓고 꺼내야 했다. 그래도 포도 맛 니하이는 나를 환각 상태로 몰아가는 음료수였다. 포도 맛 니하이를 마시면서 나는 정말 우주의 끝을 보기도 했다! 어쨌든 내가 정한 음료수를 꺼내는 과정은 무척 재밌었다. 특히 후텁지근한 날에는 냉동고가 쏟아내는 축축하고 썰렁한 기운까지 마음껏 즐길 수 있었다. 그러나 다른 녀석이 음료수를 꺼내는 걸 지켜보고 기다려야 할 때는 고문이나 다름없었다.

윈필드에 가면 텔레비전을 실컷 볼 수 있었다. 할아버지 집에는 텔레비전을 보기에 안성맞춤인 의자가 있었다. 베이지색 인조가죽을 덧댄 안락의자로, 때로는 장터의 놀이기구 같고 때로는 우주선 선장석 같았다. 한마디로 너무 편하고 좋았다. 아름답고 실용적이기도 했다. 손잡이를 잡아당기면 등받이가 뒤로 훌렁 넘어가면서 내 몸이 그야말로 휙 젖혀졌다. 다시 일어나기가 거의 불가능했지만, 그런 것은 중요하지 않았다. 그 자세에서 움직이지 않으면 황홀할 정도로 편했다. 그래서 나는 그대로 누워 두 발을 쭉 뻗고 텔레비전을 봤다.

디모인의 우리 집 텔레비전에서는 세 채널밖에 나오지 않았지만, 할아버지의 텔레비전에서는 일곱 채널이 잡혔다. 하지만 외벽에 연결된 크랭크를 이용해서 지붕에 설치한 안테나를 조절해야 했다. 예컨대 내가 오텀와에서 송출하는 KTVO를 보고 싶어하면, 할아버지가 밖에 나가 크랭크를 한쪽으로 약간 돌려야 했다. 내가 변덕을 부려 쾌드 시티스(미시시피 강을 끼고 발달한 아이오와와 일리노이의 다섯 도시-옮긴이)에서 송출하는 WOC를 보겠다고 하면, 할아버지는 다시 밖에 나가 크랭크를 반대 방향으로 돌렸다. 워털루의 KWWI를 보려면, 다시 반대편으로 돌려야 했다. 그때마다 나는 텔레비전 화면을 지켜보면서 창문으로 소리를 질러야 했다. 바람이 많이 불거나 태양 활동이 왕성한 날에는 한 프로그램을 보는 데도 예닐곱 번씩이나 할아버지가 들락거려야 했다. 특히 할머니가 유난히 좋아한 〈세상이 바뀌면〉이나 〈하루를 여왕처럼〉 등의 프로그램이 방영될 때면, 결정적인 순간에 비행기가 집 위를 지나가면서 전파 방해를 일으킬까 봐 할아버지는 아예 밖에서 서성거렸다. 할아버지는 세상에서 가장 끈기 있는 사람이었다.

당시 나는 텔레비전을 끼고 살다시피 했다. 우리 모두가 그랬다. 1955년 미국의 보통 아이들은 5,000시간이나 텔레비전을 시청했다. 불과 5년 전만 해도 0시간이었는데! 내가 즐겨본 프로그램을 생각나는 대로 나열해보면 〈조로〉〈빌코〉〈잭 베니〉〈도비 길리스의 사랑〉〈밥 커밍스 쇼〉〈씨 헌트〉〈나 살았던 세 가지 삶〉〈서커스 보이〉〈슈거푸트〉〈엠 스커드〉〈수사망〉〈아버지가 가장 잘 안다〉〈백만장자〉〈건 스모크〉〈로빈 후드〉〈언터처블〉〈내가 선택할 곳은?〉〈나는 비밀을 알아냈다〉〈66번 도로〉〈걸작〉〈77 선셋 스트립〉 등이었다. 하지만 실제로는 아무 프로그램이나 가리지 않고 봤다.

그래도 내가 가장 좋아한 프로그램을 꼽으라면 조지 번스(George Burns)와 그레이시 앨런(Gracie Allen)이 주인공을 맡은 〈번스와 앨런 쇼〉였다. 등장인물들과 그들의 이름(블랑쉬 모튼과 해리 본 젤)이 마음에 들기도 했지만, 조지 번스와 그레이시 앨런이 적어도 내 눈에는 세상에서 가장 재밌는 한 쌍으로 보여서 이 프로그램에 푹 빠져들었다. 조지는 항상 무덤덤한 표정이었지만 그레이스는 정반대였다. 조지에게는 이웃들이 눈치채지 못하게 그들의 일거수일투족을 감시하는 텔레비전이 있었다. 내가 생각해도 기막힌 텔레비전이었고, 온갖 환상을 꿈꾸게 하는 텔레비전이었다. 게다가 조지는 종종 연기를 하던 중에 불쑥 나와서 시청자들에게 직접 말을 하기도 했다. 시대를 앞서간 프로그램이었다. 하지만 나는 그 프로그램을 기억하는 사람을 만난 적이 없다. 더구나 나처럼 그 프로그램을 맹목적으로 사랑한 사람은 더욱 만나보지 못했다.

여름날 저녁 우리는 거의 날마다 6시 조금 전에 읍내로 걸어 나갔다. 하여간 집을 벗어나 중심지로 조금만 나가도 읍내로 나간다고 말했다. 우리는 그늘진 교회 잔디밭에 앉아 뭐가 그렇게 좋은지 싱글벙글 웃어대는 뚱뚱한 여자들이 준비한 성대한 저녁 식사에 참석했다. 여자들의 팔과 목은 한결같이 젖은 천처럼 믿기지 않을 정도로 축 늘어져 보였다. 그들 모두가 메이벌로 불렸다. 그들은 뜨거운 햇살과 싸우며 저녁 식사를 준비하면서도 전혀 불평하지 않았다. 언제나 싱글벙글 웃는 행복한 얼굴이었다. 축 늘어진 팔을 최면에 걸린 듯 기계처럼 흔들어대며 음식 냄새를 맡고 달려드는 파리를 주걱으로 쫓았으며, 얼굴로 흘러내리는 머리카락을 입김으로 불어 올렸다. 주변의 모든 사람이 사랑으로 가득한, 그러나 정말로 이상한 음식이 푸짐하게 쌓인 종이 접시를 앞에 두었다. 1950년대의 저녁 식사는 정말 이상했다. 이처럼 동네 사람들이 함께하는 식사에서 주된 음식은 거의 언제나 8기통 엔진만 한 크기의 고깃덩어리였다. 고깃덩이는 항상 먹음직하게 번들거렸고, 그 옆으로는 요리 이름을 결정하는 희한한 재료들이 파격적으로 놓여 있었다. '피너츠

캔디 앤드 치즈 위즈 업사이드 다운 스팸 로프'처럼 거의 모든 요리 이름에 하나 이상의 '앤드(and)'와 '업사이드 다운'이 어딘가에 붙었다. 이런 요리가 거의 스무 가지는 됐다. 어떤 요리도 그처럼 맛깔스럽지 않고 이상하지도 않으며, 모든 요리가 '뒤집기'만 하면 자동적으로 최고의 요리가 된다는 믿음에서 그런 이름을 지은 듯했다.

한 메이벌이 말했다.

"드웨인, 이리 와서 이 스파이스트 리버 앤드 캔디 콘 업사이드 다운 캐스롤 맛 좀 봐. 메이벌이 만든 거야. 맛이 기막혀!"

드웨인이 퉁명스럽게 말했다. 금방이라도 신랄한 비난을 쏟아낼 듯한 표정이었다.

"업사이드 다운? 뒤집었다고요? 아니잖아요! 혹시 떨어뜨린 거 아니에요?"

메이벌이 싱글벙글 웃으며 대답했다.

"글쎄, 모르겠는걸. 떨어뜨렸을 수도 있겠지. 여하튼 이걸 초콜릿 육즙이랑 먹을래, 비스킷 육즙이랑 먹을래? 피너츠 버터 앤드 옥수수 육즙도 있어."

"셋 모두를 조금씩 먹으면 안 돼요?"

"왜 안 되겠니!"

주된 요리 이외에도 커다란 식탁 하나에는 밝고 선명한 젤오, 마시멜로, 프레첼, 과일 조각, 쌀과자, 프리토스 콘칩 등 유통 기간이 지났어도 안전에는 상관없는 먹을거리들이 잔뜩 쌓여 있었다. 우리는 뭐든 조금씩 맛봐야 했다. 하지만 모든 게 맛있게 보여서 자진해서 먹고 싶었다. 그걸로 끝나지 않았다. 버터를 넣어 으깬 감자, 구운 콩과 베이컨, 크림으로 버무린 채소, 맵게 양념한 달걀, 옥수수 빵, 머핀, 딱딱한 비스킷,

10여 가지 이상의 양배추 샐러드 등이 통과 큰 접시에 놓인 식탁이 둘이나 더 있었다. 그 모든 것을 종이 접시에 담으면 6킬로그램은 거뜬히 넘을 듯했다. 아버지는 언젠가 그렇게 음식이 담긴 접시를 보고, 수술 후의 흉터처럼 보인다고 말하기도 했다. 그러나 메이벌들의 끈질긴 권유를 이겨낼 방법은 없었다.

사방에서 마을 사람들 모두가 저녁 식사를 하려고 모여들었다. 그 교회가 어느 종파인지는 중요하지 않았다. 어쨌든 마을 사람들 모두가 실질적으로는 감리교도이기는 했다. 하지만 천주교 신자도 있었고, 우리 식구는 공식적으로 루터 교파였다. 여하튼 종교적 모임은 아니었다. 모두 함께 모여 밥을 먹으면서 우의를 다지는 모임이었다.

"디저트를 먹을 배는 남겨두어라."

내가 접시를 들고 조심조심 물러서면 메이벌은 잊지 않고 그렇게 말했다. 그러나 마찬가지로 기막히게 맛있었고 잊히지 않는 디저트가 뭐였는지는 조금도 기억나지 않는다. 디저트도 주된 요리와 다를 바가 없었다. 고깃덩어리가 빠진 것만 제외하면.

거의 언제나 교회 모임에서 저녁을 먹었지만, 그렇지 않은 날에는 할아버지 집에서 배가 터지도록 먹었다. 그때도 거의 언제나 식탁을 잔디밭으로 옮겨놓고 먹었다. 당시 사람들은 가능하면 벌레들과 어울리면서 하는 식사를 즐기는 듯했다. 물론 디 삼촌은 여전히 트림을 하면서 음식물을 토해냈고, 와펠로에서 온 잭 삼촌도 가끔 함께 먹었다. 잭 삼촌은 말을 마무리 짓지 않는 걸로 유명했다.

예컨대 한창 얘기를 나누던 중에 잭 삼촌은 "그들이 뭘 해야 하는지 내가 말해보지."라고 말하지만, 정작 잭 삼촌의 생각을 들어본 사람은 하나도 없었다. 대신 다른 사람이 끼어들어 결론을 내려야 했다. 또 걸핏하면 "너희가 내게 묻는다면……" 하고 말을 시작하지만, 아무도 잭 삼촌에게 질문한 적이 없었다. 대부분 어른들은 식탁에 둘러앉아 외과 수술과, 요즘은 거의 사라진 듯한 갑상선종과 담석, 요통과 좌골신경통, 무릎 관절의 수종(水腫) 등 의학적 증상에 대해 얘기를 나누었다. 내 눈에 어른들은 너무 늙어 보였다. 그래서 언제나 느릿하고 앉아서 놀기를 좋아했다.

그러나 모두가 심성은 착했다. 친척이 아닌 사람이라도 찾아오면, 누구라도 앞다퉈 먼저 일어나 드리블 잔(dribble glass)을 가져와 마실 것을 권했다. 드리블 잔은 세상에서 가장 재밌게 생긴 잔이었다. 오밀조밀하게 각진 예쁜 잔이었다. 정확히 말하면, 중요한 손님에게나 내놓는 유리잔의 일종이었다. 여하튼 언뜻 보면 다른 잔과 다를 바가 없었다. 하지만 잔을 약간만 기울여도 완전히 달라졌다. 자른 면이 작고 가는 데다 교묘하게 각을 이루었기 때문에, 잔을 입에 대고 기울일 때마다 내용물이 가슴으로 줄줄 흘러내렸다.

죄 없는 사람이 영문도 모른 채 월귤 주스나 체리 쿨에이드로 반복해서 셔츠를 적시는데 우리 식구들은 웃지도 않고 점잖게 앉아 있는 모습을 지켜보는 것보다 재밌는 장면은 없었다. 게다가 셔츠에 떨어진 주스의 얼룩은 왜 그렇게 선명했는지……. 나중에야 가슴 부분이 서늘한 것을 느낀 손님은 고개를 숙여 셔츠를 보고 깜짝 놀라 "저런!"이라고 소리쳤다. 그때야 비로소 우리 식구도 웃음보를 터뜨렸다.

그러나 그런 유치한 장난의 놀림감이 됐다는 걸 알고서도 화를 내거나 허둥대는 사람은 하나도 없었다. 하얀 셔츠에 얼룩이 지고 가슴에 칼을 맞은 사람처럼 보였지만, 그들도 눈물이 나도록 껄껄대고 웃었다. 아이오와 주민들은 넉넉한 영혼을 지닌 사람들이었다.

토네이도를 극복하는 지혜

날씨에서도 윈필드는 어떤 곳보다 재밌었다. 다른 곳에 비해 덥기도 하고 춥기도 했다. 바람도 많았고 후텁지근하기도 했다. 또 원망스러울 정도로 가혹하고 매섭기도 했다. 날씨가 실제로는 아무런 역할을 하지 않을 때도, 예컨대 8월의 오후에는 어디나 무덥고 나른해서 조용하지만 윈필드는 유난히 무덥고 나른했다. 또 너무 조용해서 집안의 시곗바늘이 재깍거리는 소리가 길 건너편까지 들릴 정도였다.

아이오와 땅은 전반적으로 평평하고 할아버지 집은 마을 끝자락에 있었기 때문에, 기상학적 변화가 닥치기 훨씬 전에 그 변화를 눈으로 볼 수 있었다. 예컨대 서쪽 하늘에 커다란 먹구름이 드리우면, 두세 시간 후에 윈필드에 빗방울이 떨어지기 시작했다. 미국 서부에는 큰 하늘이 있다고 말하는데, 정말로 그런 하늘이 있는 듯하다. 그러나 7월의 아이오와 하늘을 수놓던 먹구름처럼 높고 장엄한 구름을 본 사람은 거의 없을 것이다.

아이오와를 비롯해 중서부 지역에서 가장 고약한 원귀(冤鬼)는 토네이도다. 토네이도는 순식간에 지나가고 국부적으로 나타나기 때문에, 또 주로 밤에 들이닥치기 때문에 토네이도를 직접 본 사람은 드물다. 따라서 밤에 광기 어린 바람 소리가 들리면, 토네이도가 언제라도 꼬리를 내려 우리를 날려버리면서 아늑한 평화를 산산조각내버릴 수 있다는 걸 알기 때문에 침대에 누워서 바싹 긴장하기 마련이다. 언젠가 할아버지와 할머니가 침대에 누웠을 때는, 할아버지의 표현을 빌리면 10억 마리의 말벌이 붕붕거리는 소리를 내며 집을 지나가는 듯했다고 한다. 할아버지는 침대에서 일어나 침실 창문으로 밖을 내다보았지만 아무것도 보이지 않아 다시 돌아가 누웠다. 거의 동시에 시끄러운 소리도 사라졌다.

다음날 아침, 할아버지는 신문을 가지러 집 밖으로 나갔다가 밖에 세워져 있는 할아버지의 차를 보고 놀라 까무러칠 뻔했다. 전날 밤 분명히 차고에 넣었는데……. 그랬다, 차고가 사라지고 없었다. 자동차는 차고의 콘크리트 바닥에 세워져 있었다. 긁힌 데는 없었다. 하지만 차고는 흔적조차 찾아보기 어려웠다. 가까이 다가가자 집 한쪽으로 파괴의 잔해가 보였다. 침실 창문 아래로 담을 따라 심어둔 떨기들이 뿌리째 뽑혀 사라지고 없었다. 그제야 할아버지는 간밤에 창밖으로 보이던 검은 기둥이 바로 코앞에서 지나가던 토네이도였다는 사실을 깨달았다.

나는 어릴 때 딱 한 번 토네이도를 보았다. 토네이도는 살상력을 가진 아포스트로피처럼 오른쪽에서 왼쪽으로 회전하며 멀리 지평선을 가로질러 움직이고 있었다. 15킬로미터나 떨어진 곳이어서 상대적으로 안전하기는 했지만, 상상을 초월하는 토네이도의 위력을 실감할 수 있었다. 하늘이 격렬하게 춤을 추었고, 겁날 정도로 어두워졌다. 하늘이 무게를 견디지 못하고 아래로 축 처졌다. 또 토네이도는 블랙홀처럼 사방에서 구름 조각들을 빨아들였다. 세상의 끝자락에 서 있는 듯한 기분이었다. 이상하게도 바람이 뒤에서 밀어대는 게 아니라 커다란 자석처럼 앞에서부터 끌어당기는 것처럼 느껴졌다. 따라서 앞으로 끌어당겨지지 않으려고 싸워야 했다. 빙빙 도는 파괴적인 손가락 하나에 모든 에너지가 집중됐다. 당시에는 토네이도의 그런 성격이 알려지지 않았지만 가는 곳마다 인명을 앗아갔다.

1~2분 동안 토네이도는 전진을 멈추고 그 자리에 선 듯했다. 아버지가 할아버지에게 말했다.

"우리 쪽으로 방향을 틀 것 같은데요."

나에게는 우리가 차를 타고 반대 방향으로 죽도록 달려야 한다는 뜻으로 받아들여졌다. 누군가 거수로 의견을 제시하라고 했다면, 나는 당연히 도망치는 쪽을 선택했을 것이다.

그러나 할아버지는 담담히 말했다.

"그럴 수도 있겠지."

할아버지는 너무도 태평한 표정이었다. 아버지가 싱긋이 웃으면서 내게 물었다.

"토네이도를 가까이에서 본 적 있니, 빌리?"

나는 어리둥절해서 아버지를 쳐다보았다. 내가 토네이도를 가까이에서 봤을 리가 있는가! 또 그렇게 보고 싶지도 않았다. 어떤 일이 닥쳐도 겁먹지 않는 모습이 1950년대 어른들의 가장 놀라운 특징이었다.

나는 겁에 질린 표정을 감추지 않고 물었다.

"토네이도가 이쪽으로 오면, 우린 어떻게 해야 하나요?"

차라리 나는 대답을 듣고 싶지 않은 심정이었다.

"빌리, 좋은 질문이다. 토네이도를 보고 도망치면 다른 토네이도의 품에 달려드는 꼴이 되기 십상이다. 그래서 다른 어떤 이유보다 토네이도의 방향에서 도망치려다가 죽은 사람이 더 많지."

아버지는 할아버지 쪽으로 얼굴을 돌리며 물었다.

"아버지, 버드와 메이벌 웨이더메이어 부부가 기억나십니까?"

할아버지는 고개를 크게 끄덕였다. '어떻게 그걸 잊을 수 있겠니?'라는 뜻이었다.

"맨발로 뛰어서 토네이도에게서 도망치려 한 바보들이었지. 더구나 버드는 목발이었는데."

"그런데 목발이 나중에라도 발견됐나요?"

"아니, 메이벌의 시신도 발견되지 않았지. 그런데 토네이도가 다시 움직이기 시작할 듯싶구나."

이렇게 말하며 할아버지는 토네이도를 가리켰다. 우리 모두가 토네이도를 유심히 지켜보았다. 얼마 후, 토네이도는 정말로 동쪽으로 무시무시하게 움직이기 시작했다. 다행히 우리 쪽으로 향하지 않았다. 그리고 토네이도는 철수하듯이 지상에서 치솟아 올라가더니 검은 구름 속으로 들어가버렸다. 그와 동시에 바람도 잦아들었다. 아버지와 할아버지는 실망한 듯한 표정을 감추지 않고 집으로 들어갔다.

다음날, 우리는 차를 타고 토네이도가 사라진 곳으로 달려갔다. 사방이 폐허였다. 나무가 쓰러지고 전기선도 끊어져 아수라장이었다. 헛간들은 산산이 부서지고 집들도 반쯤은 날아가고 없었다. 이웃 카운티에서 여섯 명이 사망했다는 소식이 들렸다. 나는 그들 가운데 누구도 토네이도에서 도망가다가 죽은 것이 아니기를 바랐다.

이방의 언어가 사라지듯, 가족농이 저물다

윈필드에서 특별히 기억나는 것은 혹독했던 겨울 추위다. 알뜰한 할아버지와 할머니는 난방비를 무척 아꼈다. 밤에는 난방을 거의 끄고 지냈다. 그래서 추수감사절 또는 크리스마스 때처럼 대대적으로 음식을 장만하거나 김이 많이 나는 요리를 할 때도 부엌을 제외한 집안의 다른 곳은 썰렁하기만 했다. 한마디로 북극의 오두막에서 사는 듯한 기분이었다. 위층에는 길쭉한 방 한 칸이 전부였다. 커튼을 이용해서 두 칸으로 나뉜 그 방은 난방시설이 전혀 없었고, 바닥도 차가운 리놀륨이었다. 그러나 그곳보다 더 추운 곳이 있었다. 바로 슬리핑 포치, 즉 베란다 방이었다. 베란다 방은 집 뒤에 허름하게 담을 두른 방으로, 이론적으로만 바깥세상과 분리된 곳이었다. 이 방에는 낡고 푹 꺼진 침대 하나가 있었다. 할아버지는 집이 거북할 정도로 더운 여름이면 이 방에서 잠을 잤다. 그러나 겨울에도 집에 손님이 많으면 베란다 방이 침실 역할을 해야 했다.

베란다 방의 유일한 온기는 그 방에서 잠을 자는 사람의 체온이었다. 혹독하게 추울 때도 바깥보다 온도가 1~2도밖에 높지 않은 듯싶었다. 따라서 베란다 방에서 자려면 철저한 준비가 필요했다. 첫째로 긴 속옷, 파자마, 진 바지, 두터운 스웨터, 할아버지의 낡은 카디건과 목욕 가운을 껴입고 모직 양말도 두 켤레나 신었다. 또 손에도 모직 양말을 끼고, 귀마개가 달린 모자를 쓰고 턱 아래로 묶어야 했다. 이렇게 완전무장한 후에 침대에 올라가 곧바로 침대용 담요 열두 장, 말을 덮어주는 담요 석 장, 집안에 있는 모든 외투를 차례로 덮고 그 위에 낡은 카펫까지 덮었다. 그 모든 것이 잘 눌리도록 아버지가 그 위에 낡은 옷장까지 올려놓았는지는 정확히 모르겠다. 하여튼 죽은 말에게 깔린 채 잠을 자는 기분이었다. 처음에는 뼛골까지 춥지만 몸에 점점 온기가 전해지면서 따뜻해졌다. 1~2분 전만 해도 생각조차 할 수 없던 행복감까지 밀려왔다. 더없이 행복했다.

몸을 움직이려고 하기 전까지는 그랬다. 온기가 피부 끝에서만 감돌고 1밀리미터도 몸 안으로 파고들지 못했다. 자세를 바꿀 수도 없었다. 손가락 하나를 움직이거나 무릎을 구부리면 그 부분이 액체질소에 빠진 것처럼 오싹한 냉기가 스며들었다. 움직이지 않는 수밖에 다른 도리가 없었다. 이상하면서도 기억에서 지워지지 않는 경험이었다. 환희와 고통 사이를 절묘하게 오가는 경험이었다.

베란다 방은 세상에서 가장 조용하고 평화로운 곳이기도 했다. 베란다 방에서 침대 발치에 있는 커다란 유리창을 통해 밖을 내다보면, 어둠에 싸인 텅 빈 밭을 넘어 스웨데스버그라는 마을까지 보였다. 스웨데스버그는 그 마을을 세운 사람들의 국적에 따른 비공식 명칭이었다. 하지만 그 지역민들이 옛날에 스누스를 분주하게 만들면서 주변 사람들에게는 습관처럼 입에 쑤셔 넣던 담배에서 비롯된 공식 명칭 스누스빌보다 스웨데스버그로 더 많이 알려져 있었다. 스누스는 담배와 소금을 혼합한 것으로, 뺨과 잇몸 사이에 끼워두면 니코틴이 서서히 흘러나왔다. 시간마다 보충해주면 니코틴 기운이 계속 유지됐다. 아버지는 잠자리에 들면서 스누스를 새것으로 갈아 입에 넣는 사람이 적지 않은 듯하다고 말했다.

나는 스웨데스버그에 가본 적이 없었다. 집들도 별로 없어 그 마을에 특별히 가야 할 이유도 없었다. 그러나 겨울밤에 멀리 불빛만 보이는 그 마을은 난바다에 떠 있는 배처럼 보였다. 그 불빛을 보고 있으면 평화롭고 아늑한 기분에 젖어들었다. 또 스누스빌의 주민들은 집에서 편히 쉬면서 윈필드 쪽을 쳐다보며 나처럼 편안한 기분에 젖을 거라는 생각도 해보았다. 아버지는 당신이 어렸을 때는 스누스빌 사람들이 집에서 스웨덴 말을 했다고 말해주었다. 심지어 영어를 거의 못하는 사람도 있었다고 했다. 나는 그 마을이 스웨덴의 작은 전초기지일 거라고 생각하곤 했다. 그들 모두가 둥그렇게 둘러앉아 청어와 검은 빵을 먹으며, 미국 한가운데서 스웨덴 사람으로 행복하게 사는 모습을 머릿속으로 그려보았다. 아버지가 어렸을 때 아이오와에는 모든 주민이 독일어, 네덜란드어, 체코어, 덴마크어 등 북유럽과 중앙유럽의 언어를 사용하는 마을이 적지 않았다.

그러나 그 시기는 이미 먼 옛날이다. 1916년 제1차 세계대전의 잔재로 영어를 사용하는 사람들이 이방인들의 충성심을 의심하기 시작했고,

아이오와의 주지사인 윌리엄 하딩(William L. Harding)은 그때부터 학교나 교회에서, 심지어 전화 통화 때 외국어로 말하는 것도 범죄로 취급하겠다는 법령을 선포했다. 예배에서까지 그들의 언어 사용을 금지하는 법령은 너무 심하다는 하소연이 있었지만, 하딩은 꿈쩍하지 않았다. 오히려 하딩은 "영어가 아닌 다른 언어로 기도를 해봤자 소용없는 짓이다. 하나님은 영어로 하는 기도만을 들으신다."라고 반박했다.

그 결과로 언어의 전초기지가 하나씩 사라졌다. 1950년대쯤에는 거의 사라지고 없었다. 그런 곳이 있었다고 짐작조차 못할 정도였다. 당시에는 누구도 짐작하지 못했겠지만, 작은 마을과 소규모 가족농도 비슷하게 몰락의 길을 걸어야 할 운명이었다.

1950년 미국에는 약 600만 가구의 농가가 있었는데, 반세기 만에 거의 3분의 2가 사라지고 말았다. 내가 어렸을 때는 미국 땅의 절반 이상이 농지였지만, 지금은 곳곳이 콘크리트로 뒤덮여 40퍼센트에 불과하다. 한 생애 만에 농지가 급격히 줄어들었다.

내가 태어났을 때 아이오와에는 20만 가구의 농가가 있었다. 지금은 그 수가 절반 이하로 크게 줄었고, 꾸준히 감소되는 추세다. 내가 어렸을 때 아이오와에서 농업에 종사하는 인구는 75만 명이었다. 그런데 지금은 25만 명에 불과하다. 세 사람 중 둘이 농업을 포기했다는 뜻이고, 이 과정은 급속도로 진행됐다. 아이오와의 농업 인구는 1970년대에 25퍼센트나 줄어들었고, 1980년대에 들어서 35퍼센트가 다시 줄었다. 1990년대에는 10만여 명이 다시 농지를 떠났다. 노인만이 남았다. 1988년을 기준으로 아이오와에는 5세 이하의 아이들보다 75세 이상의 노인이 더 많았다. 또 99개 카운티 가운데 37개 카운티, 즉 거의 절반에 가까운 카운티에서 신생아보다 사망자가 많았다.

효율성의 추구와 끝없는 통합에 따른 필연적인 결과였다. 작은 농가들이 흡수 및 합병됨으로써 1,200만 제곱미터 이상의 대농으로 커졌다. 21세기 중반쯤에는 아이오와 농가의 수가 1만 가구로 줄어들 거라고 전망된다.

농부의 수가 줄어들자, 작은 마을들도 덩달아 죽어갔다. 요즘 아이오와를 둘러보면 텅 빈 마을과 도로, 무너진 헛간, 허름한 시골집이 자주 눈에 띈다. 어디를 가나 무서운 전염병이 휩쓸고 지나간 지역처럼 보인다. 일리노이, 캔자스, 미주리도 다를 바가 없다. 네브래스카와 남북 다코타는 더 심각한 상황이다. 한때 작은 마을이던 곳의 번화가에는 이제 썰렁한 바람만 몰아칠 뿐이다.

윈필드는 겨우 명맥만을 유지하고 있다. 옛날에 메인 스트리트를 꽉 채우던 상점들, 예컨대 구멍가게, 당구장, 신문 보급소, 은행, 잡화점은 오래전에 사라졌다. 니하이 음료수는 어디에서도 사 마실 수 없다. 마을 안에는 식품을 살 만한 곳이 전혀 없다. 내 할아버지의 집은 여전히 그곳에 서 있다. 적어도 내가 지난번에 지나갈 때는 분명히 서 있었다. 그러나 헛간은 사라지고 없었다. 현관의 덧문, 뒷마당에 그늘을 드리워주던 참나무와 과수원 등 당시 그곳을 그곳답게 만들어주던 것들이 하나도 보이지 않았다.

그나마 내가 할 수 있는 말은 내가 진정으로 특별한 것의 마지막 모습을 보았다는 사실이다. 내가 요즘 들어 자주 하는 말이기도 하다.

11

미국도 안전지대일 수만은 없다

조지아, 애틀랜타(AP통신) - 방부 처리를 위해 시체 안치소로 이송된 노파가 17시간 만에 눈을 뜨고 "난 죽지 않았다."라고 말했다. 머도프 브라더스 장의사의 W. L. 머도프는 두 직원이 그런 일을 겪은 후 거의 말을 잃었다고 말했다. 머도프는 덧붙여서, 줄리아 스톨링스 부인(70세)이 일요일 밤 오랜 혼수상태 끝에 목숨이 끊어진 듯 보였지만 되살아난 것 같다고 말했다. 〈디모인 트리뷴〉, 1953. 5. 11

난 안전할까?

나는 딱 한 번 뼈가 부러진 적이 있었다. 그때 나는 어른들을 완전히 믿어서는 안 된다는 사실을 처음으로 뼈저리게 깨달았다. 네 살 때 나는 아서 버건의 정글짐에서 놀다가 떨어져 다리가 부러졌다.

아서는 도로변에 살았다. 하지만 내가 불렀을 때 아서는 치과인가 어딘가에 가고 집에 없었다. 그래서 나는 그의 새 정글짐에서 잠시 놀다가 집에 가기로 마음먹었다.

왜 떨어졌는지는 전혀 기억나지 않지만, 내가 축축한 흙에 누워 있었다는 것은 뚜렷이 기억난다. 또 위에서 나를 온통 감싼 정글짐이 갑자기 엄청나게 크고 무섭게 느껴졌다는 것도 기억난다. 여하튼 나는 오른쪽 다리를 움직일 수 없었다. 머리를 들고 몸 아래로 다리까지 내려다보았다. 오른쪽 다리가 이상하게, 정말 희한한 각도로 굽어진 게 보였다. 나는 도와달라고 소리치기 시작했다. 목이 터져라 소리쳤지만 아무도 와 주지 않았다. 결국 나는 포기하고 잠깐 잠이 들었다.

잠시 후 눈을 떴을 때, 제복을 입고 뾰족한 모자를 쓴 남자가 나를 내려다보고 있었다. 그 남자 바로 뒤에 걸린 해 때문에 얼굴은 보이지 않았다. 강렬한 햇빛의 후광에 갇힌 어둠인 셈이었다.

그가 물었다.

"괜찮니, 꼬마야?"

"다리를 다쳤어요."

그는 내 다리를 잠시 살펴보았다.

"엄마가 얼음으로 찜질을 해주시면 금방 괜찮아질 거다. 그런데
……."

그는 자신의 서류철을 뒤적이고 나서 물었다.

"마홀로비치란 사람을 아니?"

"몰라요."

그는 클립보드를 다시 살펴보았다.

"A.J. 마홀로비치, 엘름우드 드라이브 3725번지."

"몰라요."

"짐작 가는 사람도 없니?"

"전혀요."

"여기가 엘름우드 드라이브는 맞니?"

"맞아요."

"알았다. 고마웠다, 꼬마야."

"정말 다쳤다고요."

내가 애처롭게 말했지만, 그는 대꾸도 하지 않고 가버렸다.

나는 다시 잠이 들었다. 잠시 후, 버건 부인이 집으로 돌아왔다. 차에서 뒷걸음치며 식료품 봉지를 꺼냈다. 버건 부인이 내 옆을 지나가면서 밝은 목소리로 말했다.

"그렇게 누워 있다간 감기에 걸린다."

"다리를 다쳤어요."

버건 부인은 걸음을 멈추고 나를 잠시 살펴보고는 말했다.

"일어나서 걸으면 나을 거다. 그게 최고야. 아이쿠, 전화가 왔구나."

버건 부인은 허겁지겁 집으로 뛰어들어갔다.

나는 버건 부인이 돌아오기를 기다렸지만 그녀는 돌아오지 않았다.

그때쯤 나는 소리칠 기운도 없었다. 나는 희미하게나마 소리치며 도움을 구했다.

"도와주세요!"

아서 버건의 여동생이 다가와 나를 이리저리 뜯어보았다. 어린 데다 멍청해서 믿을 수가 없었지만, 그래도 지푸라기라도 잡는 심정으로 말했다.

"가서 엄마 좀 불러와라."

버건의 여동생은 내 다리를 쳐다보며 끄덕거렸지만 동정하는 표정은 아니었다.

"다쳤네."

"그래, 다쳤어. 정말 다쳤어."

버건의 여동생은 "다쳤어, 다쳤어."라고 말하며 멀어졌지만 집으로 향하지는 않았다.

다시 잠시 후, 버건 부인이 세탁물을 잔뜩 안고 나왔다. 나를 보더니 낄낄대고 웃으며 말했다.

"너, 정말 그렇게 누워 있는 걸 좋아하는구나."

"버건 부인, 다리를 정말로 다친 것 같아요."

"저 작은 정글짐에서 떨어졌다고?"

버건 부인은 의심스러운 표정이었지만 가까이 다가와 나를 살펴보았다.

"내가 보기엔 그렇지 않은데."

그러더니 갑자기 목소리를 높였다.

"어쩜 좋아! 네 다리, 뒤로 돌아갔잖아!"

"다쳤어요."

"정말 그런 것 같구나, 정말 다쳤어. 잠깐 기다려라."

버건 부인은 집으로 뛰어들어갔다.

그로부터 한참의 시간이 지난 후에야 버건 씨와 내 부모가 각자의 차를 타고 거의 동시에 도착했다. 버건 씨는 변호사였다. 버건 씨가 내 부모에게 책임에 대해 뭐라고 말하는 소리가 내 귀에도 들렸다. 버건 씨가 먼저 내게 다가와 말했다.

"빌리, 이번 사건은 전문적으로 말해서 네가 불법침입을 한 거다……."

어른들은 나를 우드랜드 애비뉴에 있는 젊은 쿠바 의사에게 데려갔다. 그 의사는 내 다리를 보더니 겁을 먹고, 〈아이 러브 루시〉에서 루시가 정말 멍청한 짓을 저질렀을 때의 데지 아나즈(Desi Arnaz)처럼 거의 비명에 가까운 소리를 질러댔다. 그는 "제가 고칠 수 있을지 모르겠습니다."라고 말하고는 어른들을 애처로운 표정으로 바라보며 덧붙였다.

"정말 심하게 부러졌습니다. 잘 보십시오."

그 의사는 잘못하면 쿠바로 송환당할까 두려워하는 듯했다. 결국 의사는 어른들의 설득을 받아들여 내 다리를 치료했다. 그 후 6주 동안 나는 다리가 뒤로 돌아간 상태로 지냈다. 마침내 석고를 떼어내자 다리가 제자리로 돌아갔다. 모두가 놀라고 반가워했다. 의사도 환한 얼굴로 "운이 좋았습니다!"라고 말했다.

그런데 내가 일어서보려는 순간 푹 쓰러지고 말았다.

"저런!"

의사는 난감한 표정으로 말했다.

"힘이 회복되지 않은 것 같습니다."

의사는 잠시 생각에 잠긴 후, 내 부모에게 나를 집에 데려가 하루 동안 다리를 움직이지 않게 해두고 다음날 아침까지 경과를 지켜보자고 말했다.

아버지가 물었다.

"그럼 괜찮아질까요?"

"장담할 수는 없습니다."

다음날 아침 나는 침대에서 일어나 조심스레 오른쪽 다리를 바닥에 내려놓았다. 괜찮았다. 다 나은 느낌이었다. 나는 잠시 걸어보았다. 괜찮았다. 좀더 걸어보았다. 좋았다. 완벽하게 나은 듯했다.

나는 이 기쁜 소식을 알리려고 아래층으로 내려갔다. 어머니는 세탁실에서 허리를 굽히고 세탁물을 정리하고 있었다.

"엄마, 내 다리가 다 나았어요. 이젠 걸을 수 있어요."

어머니는 건조기에 얼굴을 처박은 채 말했다.

"잘됐구나. 그런데 이 양말 한 짝은 어디에 있니?"

그렇다고 어머니와 아버지가 내 신체적 건강에 무관심했다는 뜻은 아니다. 다만 두 분은 모든 것이 결국에는 괜찮아진다고 믿었고, 두 분의 이런 믿음은 항상 옳았다. 어쨌든 우리 식구 가운데 영원히 불구가 된 사람은 없었고, 아무도 죽지 않았다. 크게 나쁜 일도 일어나지 않았다. 꼭 덧붙이자면, 우리 마을이나 주에서도 그렇게 나쁜 일은 거의 없었다. 위험은 만주와 금문도, 벨기에령 콩고(현재 콩고민주공화국—옮긴이) 등 멀리 떨어진 곳에서나 일어나는 일이었다. 까마득히 먼 곳이어서, 그 땅들이 어디에 붙어 있는지 아는 사람도 거의 없었다.

당시 사람들은 세상이 어마어마하게 넓다고 믿었고, 실제로는 꽤 가까운 곳도 무척 멀리 떨어져 있다고 생각했다. 예컨대 물론 자주 할 수는 없었지만 윈필드의 할아버지에게 장거리 전화를 하면, 그때마다 할아버지가 머나먼 별에서 말하는 것처럼 들렸다. 그래서 할아버지에게 우리 목소리를 들리게 하려고 목이 터져라 크게 말해야 했고, 할아버지의 희미한 목소리를 듣기 위해 한쪽 귀에 손가락을 밀어 넣어야 했다. 기껏해야 150킬로미터 남짓밖에 떨어지지 않은 곳이었지만, 1950년대에는 엄청난 거리로 여겨졌다. 더 먼 곳, 예컨대 시카고나 캔자스 시티는 아예 외국 땅이나 마찬가지였다. 아이오와가 사방에서 멀리 떨어진 벽촌이기 때문은 아니었다. 모든 곳이 서로 아득히 멀리 떨어져 있는 시대였다.

이런 점에서 미국은 특별한 축복을 받은 땅이었다. 미국은 좌우로 완충장치 역할을 하는 넓은 바다가 있었고, 위와 아래로도 괴롭히는 이웃이 없었다. 따라서 어떤 것도 두려워할 이유가 없었다. 세계 전쟁도 본토의 삶에는 거의 영향을 미치지 못했다. 제2차 세계대전 당시 영화계의 거물 잭 워너(Jack Warner)는 공중에서 보면 그의 할리우드 스튜디오가 근처의 항공기 제작 공장 록히드 마틴과 구분되지 않는다며, 스튜디오 지붕에 커다란 화살표와 함께 '록히드는 저쪽!'이란 안내문까지 페인트로 큼직하게 써두기도 했다. 전쟁에 참전하지 않은 소중한 배우들을 안전하게 지키고, 정확한 표적을 일본 폭격기에 알리겠다는 의도였다. 순전히 기록을 위해 영화 속에서 용감한 영웅으로 등장해 미국이 승리하는 데 일조했지만 실제 전쟁에는 참전하지 않은 배우들을 나열해보면 게리 쿠퍼, 밥 호프, 프레드 맥머리, 프랭크 시나트라, 존 가필드, 진 켈리, 앨런 라드, 대니 케이, 케리 그랜트, 빙 크로스비, 반 존슨, 다나 앤드류스, 로널드 레이건, 존 웨인 등이 있었다.

워너가 어떤 의도로 그 표식을 했는지는 아무도 정확히 모르지만, 일본의 미국 본토 공격에 대해 진지하게 생각한 사람이 없었기 때문에 워녀의 만행은 크게 문제시되지 않았다. 같은 시기에 동부에서는 한 의원이 의사당 건물 옥상에서 각자의 위치를 지키며 한순간도 방심하지 않는 보초들의 복지를 문제 삼자, 누군가 그 의원에게 보초들이 실제로는 인형이고 대공포는 나무로 만든 가짜라는 말을 넌지시 알려줄 정도였다. 그곳이 미국 정부의 심장부이기는 했지만 적이 공격하지도 못할 표적에 군인과 군수품을 낭비할 필요가 없다는 입장이었다.

공식적인 기록에 따르면, 미국 본토가 한 사람의 조종사에게 공격받은 적이 있기는 하다. 1942년 노부오 후지타라는 일본 조종사가 특별히 개조한 수상비행기를 잠수함으로 옮겨와 오리건의 서부 해안에서 본토로 침범했다. 후지타의 악랄한 목표는 오리건의 숲 지역에 소이탄을 떨어뜨려 서부 지역을 화마로 뒤덮는 것이었다. 모든 것이 그의 계획대로 진행됐다면, 걷잡을 수 없이 확대된 불길이 서부 해안 지역 대부분을 삼키고 수많은 인명을 앗아갔을 것이다. 또 찢어진 눈의 왜소한 일본인 하나에게 호되게 당했다는 생각에 미국은 슬픔과 혼란에 빠지기도 했을 것이다. 하지만 폭탄은 불발탄이 됐거나, 대수롭지 않은 화재로 끝나고 말았다.

실제로 일본은 몇 달 동안 태평양을 가로지르는 바람을 이용해서 9,000개 정도의 커다란 종이풍선을 미국 본토로 날려 보냈다. 각 풍선에는 발진 후 40시간 만에 폭발하도록 조절된 14킬로그램의 폭탄이 실려 있었다. 40시간은 일본에서 미국까지 태평양을 건너는 데 소요된다고 계산된 시간이었다. 이 풍선들은 별다른 효과를 거두지 못했다. 호기심에 풍선을 만지작거린 사람들을 날려버렸을 뿐이다. 그들이 지상에서 남긴 마지막 말은 "빌어먹을! 대체 이게 뭐야?"와 비슷하지 않았을까 싶다. 풍선 하나가 멀리 메릴랜드에서 발견되기도 했지만, 대부분의 폭탄은 별다른 피해를 입히지 못했다.

우주 경쟁

본격적으로 냉전 시대에 돌입하면서 소련이 미국 미사일에 필적하는 장거리 탄도미사일을 개발하자, 우리는 과거처럼 편안하게 본토를 지키기 힘들게 됐다. 우리가 어디에 있든 엄청나게 파괴적인 폭탄이 언제라도 우리 머리 위에서 떨어질 수 있는 세상으로 갑자기 변했다. 생각만 해도 무섭고 불안했다. 그래도 우리는 본질적으로 1950년대와 크게 달라지지 않은 방식으로 대응했다. 우리는 그런 변화를 흥밋거리로 받아들였다.

한동안 어떤 잡지라도 펼치면, 눈 깜짝할 사이에 우리 모두를 날려버릴 수 있다는 무시무시한 신형 무기에 대한 기사를 읽을 수 있었다. 특히 체슬리 본스텔(Chesley Bonestell)이라는 화가는 핵탄두를 장착한 로켓이 미국 하늘을 정말 멋들어지게 가로지르거나, 아름답게 빛난다고 제멋대로 상상한 달에 설치된 거대한 우주기지에서 지구를 공격하는 미사일을 발진시키는 장면, 또 인간이 저지른 대학살의 현장을 사실처럼 실감나게 그려냈다.

본스텔의 그림들은 충분한 정보를 근거로 하여 사실적이고, 사진처럼 정확하다고 평가됐다. 따라서 어느 날 일어날지도 모를 장면을 상상하는 게 아니라, 실제로 일어난 사건을 보는 듯한 기분이었다. 나는 본스텔의 그림에 푹 빠져서 보고 또 보았다. 약간 빗나간 생각을 품은 본스텔은 뉴욕 시에서 핵폭탄이 폭발하는 순간을 묘사한 그림을 〈라이프〉에 게재했다. 낯익은 맨해튼에서 거대한 버섯구름이 피어올랐고, 두 번째 구름이 퀸즈 지역으로 퍼져나가는 그림이었다. 우리는 이 그림을 보고 당연히 놀라야 했겠지만 오히려 흥밋거리로 삼았다.*

그렇다고 우리가 뉴욕에 정말로 핵폭탄이 떨어지기를 바랐다는 뜻은 아니다. 그런 바람은 눈곱만치도 없었다. 다만 불상사가 일어난다면 그런 장면을 실제로 볼 수 있을 거라고 기대했다는 뜻일 뿐이다. 또 우리 모두가 죽겠지만, 본스텔의 예견력에 박수를 보내며 최후로 "우아!"라고 감탄하지 않았겠느냐는 뜻이다.

1950년대 말, 소련이 우주 경쟁에서 잠깐 미국을 앞섰다. 불안감이 극에 달했다. 소련이 우리 머리 바로 위의 정지궤도에, 구체적으로 말하면 각다귀 같은 우리 비행기로는 올라가지도 못하고 우리 미사일의 사정거리도 벗어난 곳에 거대한 우주기지를 설치해서, 우리가 그들을 귀찮게 할 때마다 우리 머리 위로 폭탄을 떨어뜨릴 거라는 두려움으로까지 발전했다.

물론 그런 일은 애초부터 가능하지 않았다. 지구의 자전 때문에 누구도 우주에서는 폭탄을 물풍선처럼 떨어뜨릴 수 없다. 물풍선처럼 떨어뜨리면 폭탄은 지구에 떨어지지 않고 궤도를 따라 회전해버린다. 따라서 1950년대에 말로만 떠들었지 기술적으로는 가능하지 않던 우편물 배달 시스템과 비슷한 방식으로 폭탄을 발사해야만 했다. 어쨌든 지구는 대략 시속 1,000킬로미터의 속도로 자전하기 때문에 목표 지점을 맞

---

* 본스텔은 재밌는 사람이었다. 건축가로 활동하던 그는 1938년까지 캘리포니아에서 전국적으로 유명한 건축사무소를 운영했다. 그러나 50세가 되던 1938년에 갑자기 건축가로서의 직업을 포기하고 할리우드 영화세트 제작자로 일하기 시작하면서 많은 영화의 배경을 제작했다. 또 부업으로 우주여행에 관련된 잡지 기사에서 삽화를 그리기 시작했는데, 달과 행성을 직접 방문해본 것처럼 상상해서 그럴듯하게 그렸다. 따라서 1950년대의 잡지들이 우주기지와 달 발사대를 실감나게 그려야 할 때는 본스텔에게 우선적으로 의뢰했다. 그는 1986년 98세의 나이로 세상을 떠났다.

추려면 극단적으로 정확한 궤적을 계산해낼 수 있어야 한다. 따라서 백악관 지붕을 목표로 우주에서 발사한 폭탄은 캔자스의 밀밭이나 다른 엉뚱한 곳에 떨어질 가능성이 훨씬 컸다. 설령 우주에서 공방전을 벌일 수밖에 없는 상황이었다면, 미국은 당시에도 훨씬 높은 곳에 우주기지를 설치했을 것이다.

그러나 1950년대에 이런 과학적 진실을 알고 있는 사람은 우주 과학자뿐이었다. 당시 우리는 그들에게 야심 찬 프로그램을 개발할 돈을 넉넉하게 주지 않았기 때문에 그들이 진실을 세상 사람들에게 알릴 기회가 없었다. 따라서 잡지와 일요일판 신문이 우주에서 폭탄이 떨어질지도 모른다는 겁나는 기사들을 남발했다. 하기야 기자들도 그 정도밖에 몰랐고, 정확한 정보를 알아내려는 의욕을 가진 기자도 없었다. 기자들에게도 재밌게 보이고, 그런 의도로 그려지기도 한 체슬리 본스텔의 환상적인 삽화가 참고할 만한 자료의 전부였다.

따라서 지구의 파괴는 끊임없는 위협거리인 동시에 재밌는 흥밋거리로서 1950년대를 둘로 나누었다. 공익 영화는 개별적인 방사성 낙진 대피소가 우리를 지켜주면서도 '재밌는' 장소라는 것을 보여주었다. 엄마와 아빠, 칩과 스킵은 몇 년이라도 지하에서 나오지 않고 지낼 수 있을 듯했다. 그 이유가 뭐냐고? 지하에는 건조시킨 식량이 산더미처럼 쌓여 있고, 보드 게임도 잔뜩 준비돼 있었다. "엄마와 아빠는 조그만 페달식 발전기로 전기를 만들고, 튼튼한 두 녀석도 힘을 보탤 수 있었다!" 게다가 학교에 가지 않아도 됐다! 생각해볼수록 구미가 당기는 생활방식이 아닐 수 없었다.

지하로 대피하고 싶지 않은 사람들을 위해서 포틀랜드 시멘트협회는 '원자 시대를 위한 주택'을 제안했다. 어떤 폭발에도 견디게 특별히 튼튼하게 설계해서 '2만 톤의 TNT 위력을 가진 폭탄이 터진 폭심지 1킬로미터 밖에서 예상되는 폭발력'에는 미동조차 하지 않는 주택이었다. 따라서 러시아인이 동네 한복판에 폭탄을 떨어뜨려도 그런 집에서는 편안히 앉아 석간신문을 읽을 수 있고, 밖에서 전쟁이 벌어진지도 모를 정도였다. 당신이라면 그런 집을 세워서 핵폭발에 정말로 견디는지 실험해보고 싶지 않았겠는가? 소련 놈들아, 그래 떨어뜨려봐라! 우리는 만반의 준비를 끝냈다!

우리 마음을 사로잡고 흥분시키는 것은 핵공격만이 아니었다. 영화의 세계는 우리가 비행접시와 팔다리가 뻣뻣하고 기계음으로 말하며 치명적인 광선총으로 무장한 외계인에게 공격당할 수 있다며, 끊임없이 경각심을 불러일으켰다. 또 영화계는 돌연변이로 괴물처럼 변한 벌레, 제대로 걷지도 못하는 거대한 게, 부활한 공룡, 심해에서 탄생한 괴물들, 키가 15미터나 되는 화난 여자 등에서 비롯되는 대혼란의 가능성을 제기하기도 했다. 많은 사람, 특히 지금도 충성스럽게 공화당에 표를 던지는 사람들까지 그런 혼란이 실제로 일어날 수 있다고 믿는다는 것이 나로서는 이해되지 않는다. 그러나 UFO 같은 얘기가 지금보다 훨씬 그럴듯하게 들리던 것은 사실이다. 당시는 화성과 금성에도 문명 세계가 있을지 모른다는 믿음이 폭넓게 인정받던 시대이긴 했다. 여하튼 거의 모든 것이 가능한 시대였다.

〈라이프〉와 격주간지 〈룩〉, 〈새터데이 이브닝 포스트〉〈타임〉〈뉴스위크〉 등의 격조 있는 잡지들도 세상의 종말을 흥미롭게 분석한 기사들에 많은 공간을 할애했다. 세상의 종말을 거침없이 예언하는 잡다한 이론들이 줄을 이었다. 태양이 갑자기 폭발해서 빛이 사라진다든가, 지구가 혜성의 반짝이는 꼬리를 지날 때 살인적인 방사선이 온 지구를 뒤덮을 거라는 예언도 있었다. 새로운 빙하시대가 닥치고, 지구가 어떤 이유에서든지 현재의 궤도를 벗어나 방향을 잃은 풍선처럼 태양계를 표류하다가 춥고 빛도 없는 우주의 구석으로 깊이 빠져들 수 있다는 섬뜩한 이론도 제기됐다. 이런 치명적인 위험에서 탈출해 멀리 떨어진 곳에 설치한 거대한 유리를 씌운 세계에서 새로운 삶을 시작하기 위해서라도 우주여행은 필요했다.

당시 사람들은 이런 가능성을 정말로 진지하게 걱정했을까? 누가 알겠는가! 1950년대 사람들도 무슨 생각을 하기는 했겠지만, 매사를 어떻게 생각했는지 누가 알겠는가! 하지만 그 시대에 인기를 누린 출판물을 면밀히 조사해보면, 순수한 낙관주의와 안타까운 실망감이 흥미롭게 뒤섞인 것을 확인할 수 있다. 1955년에 실시된 조사에서는 미국인의 40퍼센트 이상이 5년 내에 세계 전쟁과 유사한 형태로 전 지구적 재앙이 닥쳐오리라 생각하고, 절반 정도가 그로 인해 인류가 종말을 맞는다고 생각하는 것으로 나타났다. 하지만 어느 때라도 죽음을 각오한다고 대답한 바로 그들이 새 집을 사고, 실내 수영장을 건설하며, 주식과 채권에 투자하고, 노후 계획을 세우느라 바쁘게 지냈다. 요컨대 모두가 지겹게 오래 살 거라고 생각하는 사람들처럼 처신했다. 한마디로 1950년대는 섣부른 짐작이 불가능한 시대였다.

그러나 그 시대의 이상하고 변덕스런 기준에서도 내 부모는 걱정이란 문제에서 심중을 헤아리기 힘든 분들이었다. 내 생각이지만, 두 분은 어떤 것도 두려워하지 않았다. 심지어 다른 사람들이 정말로 걱정하며 불안해하는 위기 상황에도 두 분은 무관심했다. 소아마비를 예로 들어보자. 소아마비는 1800년대 말부터 주기적으로 미국을 휩쓸던 전염병이었다. 당시에는 갑자기 창궐하는 이유에 대해 대답을 구할 수 없는 골치 아픈 문제였다. 1940년대 초에 소아마비가 유난히 기승을 부렸고, 그 추세가 1950년대까지 계속 유지됐다. 전국적으로 3만~4만 건의 사례가 해마다 보고됐다. 아이오와에서 최악의 해는 1952년이었다. 내가 만 한 살이 되던 해로, 3,500건 이상의 사례가 보고됐고 163명이 소아마비로 사망했다. 3,500건은 전국 발생 건수의 거의 10퍼센트를 차지하는 수준이었고, 아이오와의 평균보다 세 배나 높았다. 당시 〈디모인 레지스터〉에는 디모인의 블랭크 아동병원 밖에 선 채로 격리된 아이들에게 창문으로나마 격려를 보내는 가족들의 모습이 담긴 사진이 실렸다. 한 남자가 사다리에 올라선 모습은 독자들에게 깊은 감동을 전해주며 그 사진까지 유명해졌다. 그로부터 반세기가 지났지만, 소아마비가 당시 얼마나 기승을 부렸는지 기억하는 사람들에게 잊히지 않는 사진이다.

소아마비가 무섭게 여겨지던 이유는 적지 않았다. 첫째, 소아마비의 원인이 무엇이고 어떻게 확산되는지 아무도 몰랐다. 전염병은 대부분 여름에 발생했기 때문에, 사람들은 소아마비도 들놀이나 수영 같은 여름 활동과 관련시켜 생각했다. 따라서 젖은 옷을 입은 채 아무 데나 앉지 말고, 수영장 물도 마시지 말아야 했다. 소아마비는 감염된 음식과 물을 통해 전염됐지만, 수영장 물은 염소로 살균되었기에 상대적으로 안전한 편이었다. 둘째, 소아마비에 걸리는 사람은 어린아이가 압도적으로 많은 데다 증상도 뚜렷하지 않고 다양해서 확실하게 진단하기가 어려웠다. 세상에서 가장 뛰어난 의사라도 초기 단계에서는 어린아이가 소아마비에 감염된 건지, 독감이나 여름 감기에 걸린 건지 구분하지 못했다. 소아마비에 걸린 사람에게 닥치는 결과도 예측하기 어려웠다. 감염된 환자의 3분의 2는 사나흘 후에 완전히 회복됐고 후유증도 전혀 없었다. 그러나 부분적인 마비나 전신 마비로 악화되는 환자도 있었다. 심지어 호흡 보조기의 도움 없이는 혼자서 호흡조차 못하는 환자도 있었다. 미국에서는 감염된 환자의 3퍼센트가량이 사망했지만, 다른 나라에서는 사망률이 30퍼센트에 이르렀다. 블랭크 아동병원의 창문을 쳐다보며 자식의 이름을 애처롭게 부르던 부모들은 자기 아이의 병이 어떤 형태로 끝날지 짐작조차 못했다. 소아마비는 모든 부모에게 큰 걱정거리였다.

소아마비가 보고되면 공동체 전체가 거의 공황 상태에 빠졌다. 1950년대의 역사책 《딕과 제인과 함께 성장하기》에서 그랬듯이, 소아마비가 발병했다는 첫 징조가 나타나면 아이들은 공공 수영장을 멀리했고 영화관에도 출입하지 않았다. 한밤중에도 여름 캠프장에서 곧장 집으로 돌아갔다. 신문과 뉴스영화는 죽은 아이들, 마비된 아이들, 호흡 보조기에 의지하는 아이들의 모습을 내보내면서 그러잖아도 공포에 질린 사람들을 괴롭혔다. 아이들은 세균을 옮긴다고 배운 파리와 모기만 봐도 무서워했다. 부모들은 아이들이 열이 나고 목구멍이 따끔거리고 뒷목이 뻣뻣하다고 불평만 해도 두려움에 떨었다.

하지만 이런 모든 얘기가 나에게는 금시초문이었다. 나는 소아마비에 대한 걱정이 그렇게 크다는 걸 전혀 몰랐다. 물론 소아마비라는 병이 있다는 사실은 알았다. 1950년대 중반 이후에는 소아마비 백신을 맞기 위해서 때때로 길게 줄을 서야 했으니까. 그러나 우리가 소아마비를 무서워해야 한다는 것은 몰랐다. 어디에나 온갖 위험이 도사리고 있다는 것도 몰랐다. 어쩌면 나는 미국 역사상 가장 위험한 시기에 자랐지만, 그런 사실을 전혀 몰랐다.

내가 일곱 살이고 누이가 열두 살일 때, 아버지는 푸른색 램블러 스테이션왜건을 샀다. 쓸모도 없는 데다 멋도 없어서 실패작으로 손꼽히는 에드셀을 타는 사람도 속도를 늦추고 비웃을 자동차였다. 그래도 아버지는 램블러를 운전해 뉴욕에 다녀오겠다고 고집을 부렸다. 그 차에는 에어컨도 없었다. 그래서 누이와 나는 뒷문을 내리고 그 위에 서서 지붕 선반을 꽉 잡으면 왜건 밖에 있는 셈이 되므로 시원한 바람을 즐길 수 있을 거라는 생각을 짜냈다. 그런 짓은 태풍을 마주 보고 서 있는 것과 다를 바 없는 행동으로 위험하기 짝이 없었다. 게다가 재채기를 하거나 가려운 데를 긁으려고 선반에서 손을 놓기라도 하면, 작은 발판에서 굴러 떨어져 뒤따라오는 맥 트럭에 정면으로 부딪힐 수도 있었다.

거꾸로 아버지가 무슨 이유로든 갑자기 브레이크를 밟아도 우리는 옆으로 굴러 떨어져 길가의 밭에 처박히거나, 또 다른 맥 트럭의 진행 방향으로 튕겨 나갈 가능성이 무척 컸다. 여하튼 아버지는 하루에 적어도 서너 번씩 급회전을 해서 우리 간담을 서늘하게 만들었고, 불붙은 담배를 다리 사이의 운전석에 떨어뜨려 야생마처럼 급브레이크를 밟고는 어머니와 함께 담배를 찾느라 법석을 피웠다.

요컨대 우리 생각은 정말로 위험하기 짝이 없었다. 실제로 우리가 오하이오 애슈터뷸라 근처를 지날 때 고속도로 순찰 경관이 붉은 경광등을 번쩍이며 쫓아와 우리 차를 길가에 세우더니, 아이들의 안전이라곤 생각지도 않는 미련한 짓을 했다면서 아버지를 거의 20분 동안 무지막지하게 몰아세웠다. 아버지는 그 모든 비난을 얌전히 받아들였다. 경찰이 물러나자, 아버지는 우리에게 나지막한 목소리로 주 경계선을 넘어 펜실베이니아에 들어갈 때까지 30분 정도만 그 짓을 하지 말라고 당부했다.

아버지에게는 썩 유쾌한 여행이 아니었다. 아버지는 〈새터데이 리뷰〉

에 실린 광고를 보고 숙박비를 할인받기 위해 뉴욕의 한 호텔을 예약해 두었다. 그런데 그 호텔에 도착해서야 그곳이 할렘에 있다는 사실을 알게 됐다. 첫날 밤, 아버지와 어머니가 침대에 엎드려 아이오와에서 맨해튼 북쪽의 1252번가까지 달려온 길이 미국 자동차협회의 안내 책자에는 뚜렷이 표시되지 않아 그 길을 찾으려고 진땀을 흘리는 동안, 누이와 나는 먹을 것을 찾아보기로 했다. 우리는 그 구역을 잠시 헤맨 끝에 두 블록쯤 떨어진 곳에서 허름한 식당을 찾아냈다. 우리는 햄버거와 초콜릿 소다를 먹으면서 흑인들과 재밌게 얘기를 주고받았다. 그때 경찰차가 멈춰 섰고 약간 후진해서 길가에 주차했다. 경찰 둘이 식당으로 들어와 날카로운 눈초리로 둘러보더니 우리 쪽으로 다가왔다. 한 경찰이 우리에게 어디에서 왔느냐고 물었다.

누이가 대답했다.

"아이오와 디모인에서요."

그 경찰은 깜짝 놀라며 소리쳤다.

"아이오와 디모인! 너희가 아이오와 디모인에서 어떻게 여기까지 왔지?"

"아빠 차를 타고 왔어요."

"너희 아빠가 디모인에서 여기까지 운전을 했단 말이니?"

누이가 고개를 끄덕이는 걸로 대답을 대신했다.

"왜?"

"그게 교육적으로 좋다고 생각하신 거죠."

"할렘에 오는 게?"

그는 동료 경찰과 눈짓을 주고받고 나서 다시 물었다.

"지금 너희 부모님은 어디에 계시니?"

누이는 아버지와 어머니가 W.E.B. 두보이즈 호텔, 아니면 샤토 코튼 클럽 같은 곳에 있을 거라고 대답했다.
"너희 부모님이 거기에서 숙박하시니?"
누이가 고개를 끄덕였다.
"너희, 정말로 아이오와에서 왔니?"
두 경찰은 우리를 호텔로 데려와서 우리 방까지 따라왔다. 그들이 호텔방 문을 두드리자 아버지가 대답하며 문을 열었다. 그들은 아버지를 보자 난감한 표정을 감추지 못했다. 아버지를 가혹하게 다루어야 할지 부드럽게 대해야 할지 몰라서, 아버지를 당장에 체포해야 할지 상이라도 안겨줘야 할지 몰라서 망설이는 빛이 역력했다. 결국 그들은 아버지에게 다음날 아침 당장 그 호텔을 떠나 맨해튼 남쪽의 안전한 동네에서 적절한 호텔을 찾아보라고 강력하게 권했다.

아버지는 반발할 입장이 아니었다. 허리 아래로 아무것도 입지 않고 있었으니까! 그래도 문 뒤로 몸을 반쯤 감추고 서 있던 까닭에, 경찰들은 아버지의 흉한 꼴을 눈치채지 못했다. 그러나 침대에 앉아 있던 우리에게, 아랫도리는 벗은 채 목소리를 나지막하게 깔고 두 뉴욕 경찰과 정중하게 얘기를 나누는 아버지의 모습은 영원히 잊지 못할 초현실적인 광경이었다. 여하튼 나에게는 쉽게 잊히지 않을 광경이었다.

경찰들이 떠난 후 얼굴이 하얗게 변한 아버지는 앞으로 어떻게 해야 할지 어머니와 오랫동안 얘기를 나누었다. 두 분은 하룻밤을 지내며 신중하게 생각하기로 결정했다. 결국 우리는 그 호텔에 계속 머물렀다. 아무래도 거기보다 싼 호텔을 구하긴 힘들었을 테니까.

대통령 얼굴이 핼쑥해

어른들을 완전히 믿어서는 안 된다는 사실을 두 번째로 깨달은 것은 좀 더 넓은 세상에서 일어난 사건 때문에 내가 정말 두려움에 짓눌렸을 때다. 내가 열한 번째 생일을 맞기 직전이던 1962년 가을이었다. 그때 나는 집에서 혼자 텔레비전을 보고 있었다. 백악관에서 전하는 특별 성명이 있다며 프로그램이 갑자기 중단됐다. 그리고 피곤함에 지친 심각한 표정으로 텔레비전에 나온 케네디 대통령은 쿠바 미사일 위기에 관련된 일이 순조롭게 진행되지 않는다고 말했다. 그때 나는 그 위기에 대해 아는 바가 거의 없었다.

그 배경을 대략 말해보면, 러시아가 미국 땅에서 겨우 145킬로미터 떨어진 쿠바에 핵무기를 설치하려는 음모가 발각되면서 시작된 사건이었다. 어쩌면 그 음모라는 것이 순전히 우리 생각에 불과했을지도 모른다. 여하튼 우리 미국이 비슷한 거리를 두고 러시아를 겨냥한 미사일을 유럽에 보유하고 있다는 사실은 중요하지 않았다. 가까운 지역에서 위협받는 데 익숙하지 않던 우리는 그런 위협거리를 두고 볼 수만은 없었다. 케네디는 흐루시초프에게 쿠바나 그 인근 지역에 미사일 발사대를 설치하려는 계획을 당장 중단하라고 윽박질렀다.

그날 케네디 대통령은 우리가 시나리오에서 '그렇지 않으면'이란 상황에 처해 있다고 말했다. 내가 그 말을 지금도 뚜렷이 기억하는 이유는 케네디의 얼굴이 걱정과 근심으로 핼쑥해 보였기 때문이다. 열 살인 내가 대통령에게 기대하는 얼굴이 아니었다. 우리는 해군을 파견해서 쿠바 해역을 봉쇄하는 방식으로 우리 불만을 소련에 전달했었다. 그런데 케네디는 소련 선박 한 척이 그 봉쇄선을 향해 항해해오고 있다면서, 만약 그 소련 선박이 봉쇄선을 통과하려 시도하면 그 선박의 선수(船首)에 발포해서 경고하라는 명령을 미 해군 구축함에 내렸다고 말했다. 경고를 무시하고 계속 항해하면 침몰시키라는 명령도 있었다. 물론 그런 행위는 제3차 세계대전으로 발전할 가능성이 컸다. 어린 내가 보기에도 그랬다. 그때 처음으로 나는 두려움에 떨었다. 피가 차갑게 변한 것 같았다.

케네디의 어조에서 상황의 긴박성을 짐작할 수 있었다. 그래서 나는 아래층에 내려가 누이에게 남겨놓기로 약속한 토들 하우스 초콜릿 파이의 남은 조각을 몽땅 먹어치웠다. 그리고 뒷마당에서 시간을 죽이며 아버지와 어머니를 기다렸다. 우리 모두가 죽게 생겼다는 걸 두 분에게 가장 먼저 알려주는 사람이 되고 싶었다. 아버지와 어머니는 내 말을 듣고 나서 걱정하지 말라고 말했다. 모두 괜찮아질 거라고도 말했다. 항상 그랬듯이 두 분의 말이 옳았다. 우리는 죽지 않았다. 하지만 누이가 자기 몫의 초콜릿 파이를 내가 먹어버린 사실을 알았을 때 나는 진짜로 죽을 뻔했다.

실은 우리 모두가 죽음의 문턱까지 거의 갔었다. 당시 국방장관이던 로버트 맥나마라(Robert McNamara)의 회고록에 따르면, 당시 합동참모본부는 우리 진의를 알리는 동시에 우리 뒷마당에 핵무기를 설치하려는 생각은 꿈에도 하지 말라는 것을 소련에게 알리기 위해서라도 쿠바에 두 발의 핵폭탄을 떨어뜨리자고 제안했다. 정확히 말하면, 강력하게 주장했다. 맥나마라의 회고록에 따르면, 케네디는 그 공격을 거의 승인할 뻔했다.

그로부터 29년이 지나 소비에트연방이 붕괴된 후, 쿠바에 대한 CIA의 증언은 완전히 틀렸다는 사실이 밝혀졌다. 게다가 소련은 쿠바 땅에 170기의 핵미사일을 이미 배치해 우리를 겨냥하고 있었다는 사실도 밝혀졌다. 만약 우리가 쿠바에 핵폭탄을 떨어뜨렸다면, 170기의 핵미사일이 한꺼번에 발진해 즉각적으로 보복했을 것이다. 170기의 핵미사일이 미국의 대도시를 쓸어버렸다고 상상해보라. 거기에는 디모인도 포함됐을 것이다. 물론 핵공격은 거기에서 멈추지 않았을 것이다. 결국 우리 모두가 죽음의 문턱까지 다녀온 셈이었다.

나는 지금껏 어른들의 말을 믿지 않는다.

12

우리들만의 천국

미시간, 잭슨(AP통신) – 지난 토요일, 10대 소녀와 12세 된 남동생이 부모가 잠자는 동안 침대에 휘발유를 붓고 불을 붙여 부모를 살해하려 한 혐의로 경찰에 체포됐다. 두 남매는 경찰에서 부모가 "지나치게 엄격하고, 끊임없이 잔소리를 해대며 들볶았다."고 진술했다. 스털링 베이커 부부는 반신 화상을 입고 병원에 입원 중이다. 〈디모인 트리뷴〉, 1959. 6. 13

공포의 놀이공원

여름이면 학교도 한동안 문을 닫았다. 따라서 부모도 한 계절에 우리를 포용할 수 있는 한계에 부딪히기 마련이었다. 그럼 주머니에 2달러를 넣어주며 적어도 여덟 시간, 가능하면 그 이상이라도 실컷 놀다 오라는 당부와 함께 우리를 리버뷰로 보내는 악몽 같은 순간이 닥쳤다. 리버뷰는 디모인 북쪽으로 황량한 상업 지구에 있는 조그맣고 뙤약볕이 내리쬐는 놀이공원이었다.

리버뷰는 조금도 달갑지 않은 놀이공원이었다. 특히 히말라야 산맥처럼 거대한 롤러코스터는 낡을 대로 낡아서 발조차 올려놓고 싶지 않은 놀이기구였다. 좌석들의 안팎은 35년 동안이나 흘린 팝콘과 구토물로 가득했다. 1920년에 세워진 롤러코스터였다. 하나같이 삐걱대는 이음매와 금 간 가새로부터 그 연륜을 짐작할 수 있었다. 크기는 엄청나게 컸다. 순전히 내 짐작이지만, 길이 6.5킬로미터에 높이 3.5킬로미터는 넘어 보였다. 하여간 역사상 가장 겁나는 놀이기구였다. 사람들은 비명조차 지르지 못했다. 돌덩이처럼 굳어버려 아무런 소리도 내지 못했다. 롤러코스터가 지나가면 지축이 흔들렸고, 더러운 구조물의 뼈대에서는 먼지와 오래된 새똥이 우수수 떨어졌다. 그야말로 먼지와 새똥 사태였다. 게다가 잠시 후에는 구토물이 지나가는 비처럼 떨어졌다.

놀이기구를 관리하는 남자들은 모두가 시카고의 살인마인 리처드 스펙(Richard Speck)과 닮은꼴이었다. 그들은 일을 하면서도 여드름을 짰고, 짧은 양말을 신고 주책없이 모여드는 젊은 여자들과 수다를 떨었다.

놀이기구에는 시간 조절 장치가 없었다. 그래서 관리인들이 조그만 관리실에 들어가 섹스라도 하거나 두 책임자의 눈을 피해 울타리를 넘어 멀리 달아나기라도 하면, 손님들은 무한정 기다릴 수밖에 없었다. 더구나 그 관리인이 중요한 열쇠나 크랭크를 갖고 도망치면 며칠을 기다려야 했다. 나는 매드 마우스(Mad Mouse, 롤러코스터의 한 종류－옮긴이)를 너무 자주 타며 관성의 힘과 싸운 탓에 석 달 동안이나 머리를 앞으로 빗지 못하고 귀가 거의 머리 뒤로 달라붙어버린 구스 마호니라는 아이를 거기서 만났다.

범퍼카도 미친 듯이 빨랐다. 멀리서 본 범퍼카장은 불꽃이 천장에서 비처럼 떨어져서 마치 용접장 같았다. 따라서 내가 탄 차에 불꽃이 떨어질까 무서워 속도를 더 올리기 마련이었다. 범퍼카 관리인들은 정면충돌을 허락하는 데 그치지 않고, 오히려 적극적으로 권했다. 차들이 그동안 얼마나 빨리 달렸는지 액셀러레이터를 가볍게, 아니 살짝만 밟아도 총알처럼 튀어나가는 바람에 머리카락은 채찍 끝에서 울부짖는 실몽당이처럼 사방으로 흩날렸다. 범퍼카가 움직이기 시작하면 조절은 거의 불가능했다. 범퍼카는 제멋대로 미친 듯이 달렸다. 아니 바닥에 붙지 않고 거의 날아다녔다. 뭔가 단단한 것에 부딪히면서 얼굴을 핸들에 거의 처박을 뻔해야 겨우 멈출 수 있었다.

변덕스레 굼벵이처럼 움직이거나 완전히 고장 난 범퍼카에 걸리면 그야말로 최악이었다. 40명가량의 다른 녀석들이 주는 것 없이 미운 신경질적인 두꺼비보다 덩치가 큰 녀석에게 복수할 기회를 갖지 못해 속만 태우던 사람처럼 모든 각도에서 고삐 풀린 망아지같이 재미 삼아 부딪쳐왔다. 언젠가 나는 고장 난 범퍼카에 탄 아이가 차에서 나와 쏜살같이 달리는 범퍼카들을 피해 가장자리로 가려고 엉거주춤 서 있는 모습을 본 적이 있다. 그것은 범퍼카가 운행될 동안 절대로 해서는 안 되는 짓이었다. 그 아이가 금속 바닥에 발을 내려놓는 순간 수천 개의 푸르스름한 전기 불꽃이 타닥거리는 소리를 내며 사방에서 달려들었다. 그 아이는 종이 갓등처럼 환히 밝아지면서 살아 있는 엑스레이로 변했다. 모든 뼈와 커다란 내장까지 보일 것만 같았다. 그 아이는 자기에게 달려드는 범퍼카들을 기적적으로 요리조리 피해서 풀이 아무렇게나 자란 가장자리에 나동그라졌고, 머리끝에서는 연기가 모락모락 피어올랐다. 그 아이는 누워서 꼼짝도 못한 채 자기 엄마한테 사랑했다는 말을 전해달라고 누군가에게 부탁했다. 귀에서 끝없이 웽웽대는 이명을 제외하면 별다른 상해를 입지 않았지만, 그 아이의 손에 찼던 조로 시계는 2시 10분에서 영원히 멈추고 말았다.

리버뷰에 끔찍하지 않은 놀이기구는 하나도 없었다. 사랑의 터널조차 고통스런 시련이었다. 앞에서 달리는 배에는 끈적끈적한 가래를 모아 온 힘을 다해 나지막한 천장에 뱉어놓는 녀석이 꼭 있었다. 배가 왼쪽으로 회전한다는 걸 알리는 신호였다. 여하튼 가래는 종유석처럼 매달려 있다가 뒤따라오는 배에 탄 사람의 얼굴에 떨어지기 일쑤였다. 내가 여기서 자신 있게 말하지만, 이런 짓궂은 장난에는 상대를 모욕하려는 의도가 전혀 없었다. 그러나 배가 멈추면 죽을힘을 다해 도망쳐야 했다.

리버뷰는 반대편 동네에서 온 녀석들이 어두운 구석에서 우리를 죽음의 수렁으로 몰아넣을 기회를 호시탐탐 노리는 곳이기도 했다. 리버뷰 지역에 사는 아이들은 아무런 특징도 없고 희망도 없는 고등학교에 진학했다. 그 때문인지 그럴듯한 이름도 없이 지리적 위치를 뜻하는 '북 고등학교'로 불렸다. 그 학교 학생들은 시어도어 루스벨트 고등학교에 다니는 아이들을 몹시 싫어했다. 하기야 시어도어 루스벨트 고등학교는 특권과 평안과 품격의 전초기지였고, 우리는 그런 평가를 당연하게 받아들였다. 따라서 리버뷰에서 어디를 가더라도, 특히 친구들과 떨어져 외톨이가 되거나 밀턴 밀턴처럼 혼자서 돌아다니면 어둠 속으로 끌려가 실컷 두들겨 맞고 지갑과 구두, 입장권과 바지를 빼앗기기 십상이었다. 지금 생각해보면, 언제나 그 애가 밀턴 밀턴이긴 했지만, 축 처진 팬티만 입고 난감한 표정으로 서성대거나 지상에서 120미터 높이를 달리는 롤러코스터 궤도에 매달린 청바지를 쳐다보며 하염없이 울부짖는 아이가 항상 있었다.

부모에게 리버뷰에 절대 혼자 두고 가지 말라고 사정하며 손가락으로 자동차 문고리를 붙잡고 늘어지다가 지나가는 어른의 발길에 채어 떨어지는 아이들, 또 자동차에서 놀이공원 출입문까지 끌려가며 뒤꿈치로 15센티미터 깊이의 홈을 파지만 결국에는 회전식 개찰구에 걸려 나가떨어지는 아이들도 있었다. 부모들은 우리에게 리버뷰에서 재밌게 놀라고 말하지만, 우리는 사자 굴에 내던져지는 기분이었다.

'스트립쇼' 잠입 작전

모두가 정말로 재밌게 즐기던 유일한 놀이터는 매년 8월 말에 동쪽 변두리의 널찍한 터에서 개최된 아이오와 주박람회장이었다. 아이오와 주박람회는 미국에서 가장 큰 농산물 박람회이기도 했다. 1945년에 개봉된 〈어느 박람회장에서 생긴 일〉도 아이오와 주박람회장에서 생긴 일을 실제 현장에서 촬영한 영화였다. 그래서 우리는 괜한 자부심을 느꼈지만, 우리가 알기에는 아무도 그 영화를 보지 않았고 그런 영화가 있는지도 모르는 사람이 태반이었다.

주박람회는 1년 중 가장 무더운 때 열렸다. 따라서 박람회장을 돌아다니다 보면 땀으로 흠뻑 젖었고 빙수와 솜사탕, 막대 아이스크림과 아이스크림 샌드위치, 달짝지근한 양념통에서 꺼낸 30센티미터는 됨직한 핫도그, 세상에서 가장 단 레모네이드 등 건강에 안 좋은 것만 먹고 다녔다. 그래서 우리는 돌아다니는 파리 끈끈이가 됐고, 머리부터 발끝까지 얼룩과 반쯤 죽은 벌레로 뒤덮이기 일쑤였다.

주박람회는 주로 농업인을 위한 잔치였다. 따라서 널찍한 건물들이 누비이불과 잼, 수염을 떼지 않은 옥수수 등으로 채워졌고, 식탁에는 윗부분이 둥글게 부풀고 자동차 타이어만 한 파이들이 잔뜩 쌓여 있었다. 농산물로 재배되고 조리된 것, 통조림으로 만들어진 것과 바느질된 것이 아이오와 주 사방에서 디모인으로 모여들어 치열한 경쟁을 펼쳤다. 각종 산업용품 건물로 알려진 전시실에는 신형 트랙터를 비롯해 다양한 농기구가 번쩍이는 자태를 자랑하며 전시돼 있었다. 커다란 버터 덩어리, 정확히 말해 젖소만 한 버터 덩어리를 이용해 실제 크기로 조각한 '버터 젖소'를 전시하는 전통도 있었다. 아이오와의 자랑거리 가운데 하나로 인정받는 버터 젖소의 주변에는 항상 구경꾼들로 들끓었다.

전시용 건물 이외에 고약한 냄새를 풍기는 커다란 가설 전시관들도 있었다. 널찍한 면적을 차지한 전시관마다 동물 우리가 있었다. 대부분 돼지우리이긴 했지만. 게다가 예쁜 돼지 선발대회에서 우승을 차지해 고향인 그룬디 센터나 피스가로 금의환향하려는 꿈을 품은 많은 젊은이가 애지중지하는 돼지들을 열심히 비누칠해서 깨끗이 단장시키는 모습에 입이 벌어지지 않을 수 없었다. 명예를 얻는 방법도 가지가지라는 생각이 들었다.

대부분의 사람이 박람회장을 찾는 진짜 이유는 시끌벅적한 놀이기구, 도박성 게임, 자극적인 볼거리로 가득한 박람회장의 한가운데에 있었다. 누구보다 남자 아이들이 꼭 찾아보고 싶어하는 곳, 바로 스트리퍼의 천막이었다.

우리는 조명을 환하게 밝힌 스트리퍼의 천막과 쿵작거리는 음악에 가슴이 두근거렸다. 가끔 호객꾼이 곱상하게 차려입은 몇몇 아가씨를 데리고 나와 자그마한 노천 무대 주위를 누비고 다녔다. 그리고 우리 눈을 차례로 뚫어지게 쳐다보며, 진정한 아름다움을 깨닫고 붉은 피가 흐르는 젊은 남자들과 인생의 참맛을 함께 나누는 즐거움을 이 아가씨들에게 베풀어주지 않겠느냐고 말했다. 아가씨들은 한결같이 눈부시게 예뻐 보였다. 그러나 나는 그처럼 착하고 순결한 여자들과 같은 땅을 밟고 있다는 생각만으로도 45도의 고열에 시달렸다. 달리 말해 나는 거의 무아경에 빠져버렸다.

문제는 우리가 스트리퍼의 천막에 지극한 관심을 가졌을 때가 겨우 열두 살이었다는 점이다. 열세 살만 됐어도 허리를 꼿꼿하게 펴고 텐트에 들어갔을 텐데. 매표소에 걸린 팻말에는 분명히 그렇게 쓰여 있었다. 더그 윌러비의 형인 조는 열세 살이어서 스트리퍼의 천막에 들어갔고, 환희에 젖은 채 나왔다. 조는 35센트를 그렇게 값어치 있게 써본 적이 없다는 말밖에 하지 못했다. 조는 스트리퍼의 천막에 완전히 빠져서 그 후로도 세 번이나 더 들어갔고, 그때마다 "최고야!"라는 말만 연발했다.

당연히 우리는 스트리퍼의 천막 주변을 어정거리며 작은 구멍이라도 있는지 찾아보았다. 그러나 천막은 연방정부의 금괴가 보관된 포트 녹스만큼 빈틈이 없었다. 천막 단은 거의 1밀리미터 간격으로 바닥에 고정됐고, 천막 끈을 꿰는 데 쓰이는 금속 구멍도 완벽하게 막혀 있었다. 음악 소리는 들을 수 있었다. 사람들의 목소리도 들렸다. 손님들의 어른대는 그림자 윤곽도 어렴풋이 보였다. 그러나 여자의 몸이라 짐작할 만한 모습은 눈곱만치도 보이지 않았다. 내가 알기로 가장 영리하고 재주가 많던 더그 윌러비조차 속수무책이었다. 살아서 숨 쉬는 발가벗은 여체와 우리 사이를 쭈글쭈글한 천막만이 벽처럼 가로막고 있다고 생각하면 미칠 것만 같았다. 그러나 윌러비가 그 벽을 뚫고 들어갈 방법을 찾아내지 못했다면, 천막 안에 몰래 침투할 방법은 전혀 없다고 봐야 했다.

다음해에 나는 생활통지표, 출생증명서, 도서관 출입증, 색 바랜 스카이 킹 팬클럽 멤버십 카드 등 온갖 신분증을 주머니에 쑤셔 넣고 버디 도버먼과 함께 스트리퍼의 천막으로 직행했다. 산뜻하게 새로 색칠한 매력적인 여자들의 사진이 알베르토 바르가스(Alberto Vargas)처럼 요염한 자태를 뽐내고 있었다. 일이 제대로 풀릴 것만 같은 기분이었다. 나는 씩씩하게 말했다.

"앞 열로 두 장이요."

그런데 입장권을 파는 반백의 남자가 퉁명스레 말했다.

"꺼져! 어린애는 들어갈 수 없어!"

"열세 살이라고요."

나는 이렇게 말하며 증명서를 꺼내기 시작했다.

"열세 살은 안 돼. 열네 살이 돼야 해."

그는 이렇게 말하며 매표소 앞에 걸린 팻말을 툭 쳤다. '13'이라고 쓰여 있던 곳이 '14'라고 쓰인 네모진 종이로 덮여 있었다.

"언제부터 바뀌었나요?"

"올해부터."

"왜요?"

"법이 바뀌었다."

"그럴 수가! 공평하지 않아요."

"꼬마야, 불만이 있으면 의회에 탄원서를 써라. 덕분에 나도 돈 좀 벌자."

"알았어요, 하지만……."

"너 때문에 사람들이 기다린다."

"알겠어요, 하지만……."

"꺼지라니까!"

그래서 버디와 나는 옆으로 비켜섰다. 사람들이 우리를 훔쳐보며 낄낄거렸다. 틀림없이 얼간이들의 마을 모론빌에서 왔을 한 녀석이 "엄마 젖 좀 더 먹고 다시 와라!" 하며 우리를 놀렸다. 나는 선더비전을 날려 그 녀석을 태워 죽였다.

스트리퍼의 천막에 들어가는 것이 우리 사춘기 시절의 지상 목표였다.

돌격! 조조영화관

여름이 아니면 리버뷰나 주박람회장처럼 재밌게 시간을 보낼 곳이 없었다. 그래서 우리는 번화가나 가서 빈둥거리며 돌아다녔다. 우리는 빈둥대며 돌아다니는 데 탁월한 솜씨를 발휘했다. 일요일 아침에는 사무용 건물의 옥상이나 큰 호텔의 긴 복도 끝에 있는 창문 등 주로 높은 곳에 올라가서 까마득히 아래에서 돌아다니는 사람들에게 부드럽고 축축한 물질을 떨어뜨리는 고약한 장난을 일삼았다. 또 백화점이나 사무용 건물에서 외진 곳을 찾아다니며 청소도구함과 문구용 캐비닛을 뒤지고, 보일러실에 내려가 스팀 밸브를 이리저리 실험해보거나 창고에서 상자들을 꾹꾹 눌러보면서 재밌는 시간을 보내기도 했다.

짓궂은 장난이긴 했지만 남의 눈을 피해가며 몰래 하지는 않았다. 우리가 엉뚱한 곳에 있다는 사실을 의식하지 못하는 것처럼 행동했다. 예컨대 어른을 만나면 곧바로 "죄송합니다, 여기로 가면 맥켄지 씨 사무실이 나오나요?" 또는 "남자 화장실이 어디 있나요?"라고 바보 같은 질문을 해야 붙잡히는 걸 모면할 수 있었다. 그럼 관리인은 너그럽게 웃으면서 우리를 광명의 세계로 안내해주고 머리까지 쓰다듬어주었다. 우리 재킷 안에 다목적 접착테이프 열세 개, 소형 소화기 두 개, 계산기 한 개, 그의 사무실 벽에서 뜯어낸 포르노 달력 한 개, 그리고 치명적인 대형 호치키스 한 개가 감춰져 있다는 것도 모른 채.

토요일에는 오전부터 영화관에 갔다. 어머니가 데려가지 않는 동시상영관에서 〈미지의 혹성에서 온 사나이〉〈돌아온 고질라〉〈성층권의 좀비들〉 등 '반인반수, 하지만 완전한 괴물'이라 선전하는 영화를 주로 봤다. 물론 만화영화와 세 어수룩한 사내가 벌이는 〈폭소 삼총사〉란 코미디 영화를 보면서 마음껏 웃기도 했다. 툭하면 성질을 부리고 경련을 일으키듯 움직이는 공룡, 돌연변이로 괴물처럼 변해서 떼 지어 몰려다니는 벌레들, 커다란 파도나 고질라의 무시무시한 발 앞에서 공포에 질려 거리를 질주하는 일본인들이 주된 볼거리였다.

이런 영화들은 거의 항상 날림으로 제작되는 바람에 배우들의 연기도 시원찮고 내용도 앞뒤가 맞지 않았다. 그러나 토요일 아침에 동시상영관을 찾는 이유는 영화를 보는 데 있지 않았으므로 그런 것은 중요하지 않았다. 우리는 미친 듯이 싸돌아다녔고, 시끄럽게 떠들면서 영화를 봤다. 또 사탕을 던지면서 전쟁까지 벌였다. 우리가 영화관을 나올 때쯤 팝콘과 빈 봉지들이 널린 바닥은 발 디딜 틈도 없을 정도였다. 토요일 아침의 동시상영관은 널찍한 어둔 공간에서 많은 아이가 네 시간 동안

난동을 부리는 장소였다.

그래서 상영을 하기 전에는 관리자가 무대 위로 올라와 위압적인 목소리로 누구라도 사탕을 던지다가 발각되면, 아니 사탕을 던지려 하다가 발각돼도 뒷덜미가 잡혀 개구리처럼 끌려 나가 밖에서 기다리는 경찰에게 넘겨질 것이라고 협박했다. 이상하게도 거의 언제나 고약하게 생긴 대머리에 나비넥타이를 매고 얼굴이 유난히 새빨간 관리자들은 "너희 모두를 지켜보겠다. 너희가 어디에 살고 있는지도 잘 안다!"라고 덧붙이고는 인상을 험악하게 찌푸려 보였다. 그러나 조명이 어둑해지기가 무섭게 2만 개의 사탕이 관리자를 향해 무대 쪽으로 소나기처럼 쏟아졌다.

간혹 영화가 인기를 끌거나 관리자가 미숙하고 순진하면, 발코니를 개방해 많은 아이에게 축축하고 끈적거리는 물질을 아래층에 우글대는 아이들에게 떨어뜨리는 특권을 주었다. 언젠가 파라마운트 시어터의 경영진은 어린아이들을 직업적으로 한 번도 다루어본 적이 없는 상냥한 젊은이에게 운영을 맡겼다. 중간 휴식 시간에 그 청년은 생일을 맞아 생일 카드를 제시한 아이들을 무대 위로 불러 커다란 상자에서 장난감, 사탕 봉지, 선물 교환권 등을 뽑게 했다. 다음주에는 무려 1만 1,000명의 아이가 생일 카드를 제시했다! 또 신분증을 살짝 조작해서 무대에 일고여덟 번씩 오르내린 아이도 많았다. 세 번째 주가 되자, 관리자는 어디론가 사라졌고 경품 행사도 없어졌다.

그러나 영화만 상영해도 토요일 아침 상영은 수지가 맞지 않았다. 아이들은 입장료로 35센트를 내고 팝콘과 사탕을 사느라 다시 35센트를 썼지만, 수리비와 청소비 및 껌을 떼어내는 비용으로 1인당 4달러 25센트의 피해를 남겼다. 따라서 관리자들이 상영을 포기하거나 신경쇠약에 걸려서, 또는 아예 디모인을 떠나버려서 토요일 아침 상영관은 바서티에서 오르페움으로, 또 홀리데이로, 다시 힐랜드로 옮겨다녔다.

아주 드물게는 영화 제작자나 후원업체가 선물을 나눠주기도 했다. 선물은 거의 언제나 무모하기 짝이 없었다. 〈새〉가 개봉하는 날, 오르페움은 선착순 500명의 입장객에게 500그램 정도의 새 모이를 주었다. 곧 어두컴컴한 영화관으로 들어갈 500명의 천방지축 아이들에게 새 모이를 주었다고 상상해보라. 새 모이에 대해 조금만 알았어도……. 코카콜라를 빨대로 힘껏 빨았다가 온 힘을 다해 내뿜으면 거의 마하 1의 속도로 60미터까지 치솟아 올라가 퍼지면서 벽과 천장, 영화 스크린, 부드러운 천, 비명을 질러대는 안내양, 관리자의 양복과 얼굴 등 어디에나 접착제처럼 달라붙는다.

영화가 재미없고 상영장 밖 로비에 그럴듯한 볼거리가 있으면, 아무도 오랫동안 의자에 앉아 있지 않았다. 거의 30분마다, 스크린에서 아무도 긴박한 위험에 처하지 않거나 도끼를 들고 누군가를 죽이려 하지 않으면 더 짧은 간격으로 우리는 자리에서 벌떡 일어나 로비로 나가 조사해볼 만한 것이 없는지 두리번거렸다. 대부분의 극장 로비에는 매점 이외에도 아무도 감시하지 않는 어둑한 구석에 자동판매기가 있었다. 자동판매기는 언제나 지켜볼 만했다. 컵이 떨어지고 초코바가 밀려나오는 곳 바로 위, 정확히 말하면 손이 닿을 듯 말 듯한 곳에 작은 손잡이와 스위치가 있었다. 그것들을 제대로 작동시키면, 초코바가 한꺼번에 쏟아지고 잔돈 교환 장치가 고장 나서 은빛 동전을 폭포처럼 토해낼 듯했다. 하루는 더그 윌러비가 오르페움 극장에 조그만 손전등과 치과 의사가 사용하는 각거울을 가져왔다. 자동판매기의 안쪽을 면밀하게 관찰한 윌러비는 팔이 조금만 길면 자동판매기를 자신의 노예로 만들 수 있다고 자신 있게 말했다.

어느 날 한 친구가 키는 2미터가 넘는데 몸무게는 20킬로그램도 나가지 않는 홀쭉이를 데려왔다. 윌러비는 좋아서 어쩔 줄을 몰랐다. 그 홀쭉이의 팔은 정원 호스처럼 가늘고 길었다. 게다가 약간 멍청하고 몸이 유연하기도 했다. 순식간에 아이들이 자동판매기 앞으로 모여들었다. 200명쯤 됐을까……. 하여간 우리의 응원에 우쭐해서 홀쭉이는 무릎을 꿇고 앉아 자동판매기 위로 팔을 쭉 뻗고, 윌러비가 가리키는 대로 주변을 더듬었다.

윌러비가 말했다.

"조금 왼쪽으로. 축전기를 지나서, 원통형 코일 밑에. 그래, 경첩이 달린 뚜껑이 있는지 한번 더듬어봐. 그게 잔돈 상자일 거야. 느껴져?"

홀쭉이가 대답했다.

"아니."

윌러비가 홀쭉이의 팔을 더 밀어 넣으면서 물었다.

"이제 느껴져?"

"아니, 아악!"

홀쭉이가 갑자기 비명을 질렀다.

"전기에 감전됐나 봐."

윌러비가 말했다.

"접지 죔쇠였을 거야. 그걸 다시는 건드리지 마. 절대 건드려서는 안 돼. 다시 한 번 해보자."

윌러비는 홀쭉이 팔을 힘껏 밀면서 다시 물었다.

"어때, 느껴져?"

"아무것도! 팔이 저려 죽겠어."

그런데 잠시 후에 홀쭉이가 당황한 표정으로 다시 말했다.

"앗, 팔이 꼼짝도 안 해. 소매가 뭔가에 걸린 것 같아."

홀쭉이는 얼굴을 찌푸리며 팔을 이리저리 움직였다. 하지만 팔은 빠져나오지 않았다.

"안 돼. 팔이 완전히 걸린 것 같아!"

그러자 누군가 관리인을 부르러 달려갔다. 1~2분이 지났을까. 관리인이 바보 같은 조수를 데리고 헐레벌떡 달려왔다. 관리인은 아이들을 헤치고 다가오면서 으르렁거렸다.

"대체 뭔 짓을 한 거냐? 비켜라. 옆으로 비키라니까! 대체 어떻게 된 거냐? 뭔 짓을 한 거야? 빌어먹을 놈들, 저리 비켜! 빌어먹을 놈들, 대체 뭔 짓을 한 거야!"

마침내 관리인이 자동판매기 앞에 섰다. 자동판매기에서 뭔가를 훔치려는 소년을 보자 그는 얼굴을 일그러뜨리며 소리쳤다.

"이 자식, 뭐 하는 거야? 당장 팔을 빼지 못해!"

"팔이 빠지지 않아요. 꼼짝할 수가 없어요."

관리인이 홀쭉이의 팔을 확 잡아당기자, 홀쭉이는 아프다고 소리를 질렀다.

"누가 너한테 이런 짓을 시켰냐?"

"쟤들 다요."

"자동판매기에 몹쓸 짓을 해서 뭔가를 훔치면 연방법 위반이란 걸 아느냐?"

관리인은 이렇게 말하며 홀쭉이의 팔을 다시 힘껏 잡아당겼다. 홀쭉이는 비명을 지를 뿐이었다.

"넌 이제 큰일 났다. 내가 직접 너를 경찰서에 데려가야겠다. 네가 소년원에서 얼마나 오랫동안 갇혀 있어야 할지 생각하고 싶지도 않구나. 수염을 깎을 나이가 돼야 나올 수 있을 게다."

홀쭉이의 팔은 빠지지 않았다. 오히려 조금 전보다 더 깊이 들어간 듯했다. 관리인은 낄낄대고 웃으면서 커다란 열쇠 꾸러미를 꺼내더니 자동판매기의 자물쇠를 열고 문을 세게 잡아당겨 열었다. 홀쭉이가 문에 끌려 나왔다. 역사상 처음으로 자동판매기의 내부가 어린아이들에게 공개되는 순간이었다. 윌러비는 연필과 공책을 재빨리 꺼내 자동판매기의 내부를 그리기 시작했다. 우리는 눈이 황홀해지는 것 같았다. 200개의 초코바가 약간 기울어진 작고 길쭉한 구멍에 차곡차곡 쌓여 있었다.

관리인이 홀쭉이의 팔과 셔츠를 문에서 풀어주려고 몸을 기울이자, 곧바로 200개의 손이 그의 등을 넘어가 순식간에 자동판매기를 깨끗이 비워버렸다.

관리인은 끔찍한 불상사가 벌어진 걸 알고 소리쳤다.

"잠깐!"

관리인은 분을 참지 못하고 바로 옆을 지나던 조그만 아이의 손에서 밀크 더즈 캐러멜 상자를 빼앗았다. 꼬마가 두 손을 벌리고 캐러멜 상자에 달려들며 항의했다.

"내 거예요!"

꼬마는 발을 동동 구르면서 소리쳤다.

"내 거란 말이에요. 돈 주고 샀다고요!"

둘이서 실랑이를 하는 동안 상자가 열리면서 내용물이 우르르 쏟아졌다. 그러자 꼬마가 두 손으로 얼굴을 감싸고 울음을 터뜨렸다. 200명의 목소리가 자동판매기에서는 밀크 더즈 캐러멜을 팔지 않는다고 말하면서, 관리인을 앙칼지게 질타했다. 이런 소동이 벌어지는 틈을 타 홀쭉이는 긴 팔을 셔츠에서 빼내더니 반벌거숭이로 극장 안을 향해 도망쳤다. 그 기막힌 탈출에 감탄해서 우리 모두가 입을 다물지 못했다.

관리인이 멍청한 조수에게 소리쳤다.

"저 녀석을 잡아서 내 사무실로 끌고 와."

조수가 머뭇거리며 말했다.

"그런데 어떻게 생겼는지 모르겠는데요."

"뭐라고?"

"얼굴을 못 봤어요."

"셔츠를 안 입고 있잖아, 이 멍청아! 반벌거숭이라고!"

"알았습니다. 하지만 그놈이 어떻게 생겼는지 모르는데……."

조수는 이렇게 투덜거리고는 손전등을 비추면서 극장 안으로 터벅터벅 들어갔다.

긴 팔의 홀쭉이는 그 후로 극장에 두 번 다시 나타나지 않았다. 200명의 아이들은 공짜 초코바를 즐겼다. 윌러비는 자동판매기의 내부를 연구하면서 작동 원리를 파헤치기 시작했다. 키드 월드의 아이들이 어른들의 어둡고 억압적인 위력에 대항해 드물게 거둔 승리였다. 그러나 오르페움이 아이들을 위한 토요일 아침 상영을 포기한 날이기도 했다.

멈출 줄 모르는 천재적 장난기

더그 윌러비는 내가 만난 사람들 가운데 가장 영리했다. 특히 기계와 과학에 관련된 문제에서는 탁월한 능력을 보였다. 윌러비는 자동판매기 문이 열렸을 때 잽싸게 그린 그림을 나중에 내게 보여주며, "무지하게 간단해. 조금도 복잡하지 않아 믿기지 않을 정도야. 내부 차단 장치도 없고, 역류구 같은 것도 없어. 믿을 수 있겠어?"라고 말했다.

나는 무슨 말인지 모르겠다고 말했다.

"뒤로 넘어가는 걸 방지하는 장치도 없어. 아무것도 없다고."

윌러비는 고개를 설레설레 저으며 설계도를 주머니에 쑤셔 넣었다.

그 다음 주 토요일 아침에는 영화를 동시 상영하는 곳이 없었다. 그러나 우리는 〈서부 개척사〉를 보러 갔다. 영화가 시작하고 30분쯤 지나자, 윌러비는 나를 자동판매기 앞으로 데려갔다. 윌러비는 재킷 주머니에 포개서 끼워 넣은 자동차 안테나 두 개를 꺼냈다. 그리고 안테나를 쭉 잡아당겨 자동판매기 안으로 밀어 넣고 잠시 흔들었다. 그러자 도츠 젤리 드롭스 한 상자가 굴러떨어졌다.

윌러비가 물었다.

"뭘로 먹을래?"

"레드 하츠를 먹어도 될까?"

나는 레드 하츠(계피향이 나는 사탕-옮긴이)를 좋아했다.

윌러비는 안테나를 자동판매기에 밀어 넣고 살금살금 움직였다. 레드 하츠 한 상자가 툭 떨어졌다. 그날부터 윌러비는 내 최고의 친구가 됐다.

윌러비는 머리가 기막히게 좋았다. 모든 것이 거꾸로 돌아가는 비자로 세계에 대한 내 생각을 이해해준 최초의 인간이었다. 하지만 나보다 훨씬 치밀하게 그 세계를 분석했다.

"말도 안 되는 세계지. 비자로 세계에서 수학을 어떻게 할지 생각해보라고. 그 세계에는 소수(素數)가 있을 수 없어."

나는 조심스레 고개를 끄덕이며 말했다.

"게다가 만약 병이 나면 토한 것을 입으로 도로 빨아들여야 할 거야."

나는 우리 대화를 좀 쉬운 쪽으로 끌고 가려 애썼다.

하지만 윌러비는 까다로운 수학을 계속해서 들먹였다.

"기하학도 사라지고 없을 거야."

그러고는 모든 것이 거꾸로 돌아가는 세계에서 없어질 정리들을 나열하기 시작했다.

우리는 종종 이런 식으로 얘기를 나누었다. 요컨대 똑같은 것에 대해 말하지만 전혀 다른 관점에서 접근하는 식이었다. 그래도 버디 도버먼과 얘기를 하는 것보다는 좋았다. 도버먼은 그런 세계가 실제로 존재하지 않는다는 걸 알고도 놀랄 정도였으니까.

윌러비는 신통치 않은 상황에서도 재미를 찾아내는 천재였다. 언젠가 그의 아버지가 우리를 영화관에서 집까지 데려가려고 왔는데, 재산세를 내기 위해 시청에 들러야 했다. 그래서 우리는 체리 스트리트에서 차에 갇힌 채 거의 20분을 앉아 있어야 할 처지였다. 차에서 1미터 정도 떨어진 곳에 사무용 건물이 있기는 했지만, 재밌는 일을 찾아낼 조건이 전혀 아니었다. 그러나 그의 아버지가 모퉁이를 돌자마자 윌러비는 차 밖으로 고개를 내밀고는 어떻게 그런 재주를 부렸는지 모르지만 워셔액이 나오는 구멍을 돌려서 인도 쪽을 향하게 했다. 그리고 운전석으로 옮겨 앉으며, 내게 지나가는 사람과 절대로 눈을 마주치지 말라고 말했다. 아예 인도 쪽에 눈길도 주지 말라고 당부했다. 그리고 누군가가 우리 차 옆을 지나갈 때마다 윌러비는 물보라를 날렸다. 워셔액을 뿌리는 구멍은 많은 물을 뿜어냈다. 정말 엄청난 양이었다.

느닷없이 물벼락을 맞은 사람들은 깜짝 놀라서 사방을 둘러보고는 우리 쪽을 의심스런 눈빛으로 쳐다보았지만, 우리는 창문을 올리고 그들에게 어떤 일이 닥쳤는지도 모른 척했다. 그럼 그들은 뒤로 돌아 건물을 위아래로 훑어보았고, 그 틈을 노려 윌러비는 그들의 등에 다시 물세례를 퍼부었다. 손에 땀이 날 만큼 아슬아슬했지만 그보다 재밌는 장난은 없었다. 나에게도 그런 재주가 있었다면 나 혼자서라도 그 장난을 또 했을 것이다. 워셔액이 나오는 구멍으로 재밌는 장난을 칠 생각을 윌러비가 아니면 누가 해낼 수 있었을까?

월러비도 나만큼이나 비숍 식당을 좋아했다. 그러나 나에 비해 월러비는 훨씬 대담하고 상상력도 풍부했다. 그는 식탁에 오른 등불을 켜서 웨이트리스에게 이상한 것을 요구하곤 했다.

월러비는 성가대 소년처럼 얌전한 표정으로 "앙고스투라 비터즈를 좀 갖다주실래요?" "금방 얼린 얼음 좀 갖다주세요. 이건 보기 흉하거든요." "국자와 집게를 하나씩 더 갖다주시겠습니까?"라고 요구했다. 그럼 웨이트리스는 그런 걸 찾을 수 있을지 머릿속으로 생각하며 무겁게 발걸음을 옮겼다. 월러비의 해맑은 표정에는 그의 바람을 들어줘야겠다는 열의를 불러일으키는 뭔가가 있었다.

언젠가 월러비는 연극배우처럼 멋들어지게 깔끔하게 접은 하얀 손수건을 주머니에서 꺼냈다. 그리고 손수건에서 완벽하게 보존된 크고 납작하며 흉측하게 생긴 검은 사슴벌레를 꺼내 그의 토마토 수프에 살짝 올려놓았다. 아이오와에서는 '6월의 벌레', 즉 떡갈잎풍뎅이로 알려진 벌레였다. 사슴벌레는 수프 그릇에서 아름답게 떠다녔다. 그런 목적에서 태어난 벌레라는 생각이 들 정도였다.

잠시 후, 월러비는 식탁 위의 등불을 켰다. 웨이트리스가 다가와 사슴벌레를 보더니 날카로운 비명을 지르며 빈 쟁반을 떨어뜨렸다. 지배인이 허겁지겁 달려왔다. 지배인은 스트레스를 얼마나 많이 받았던지 머리카락도 헝클어지고 옷매무새도 단정하지 못했다. 하여간 바람굴을 금방 빠져나온 사람처럼 보였다. 그는 수프 그릇에 둥둥 떠 있는 벌레를 보자 곧바로 신경쇠약 환자 같은 발작을 일으켰다.

"저런, 저런, 저런! 어떻게 이런 일이……. 전에는 한 번도 없던 일인데. 이럴 수가! 정말 미안하구나."

지배인은 수프 그릇을 식탁에서 잽싸게 집어들더니, 수프 그릇에 전염병균이라도 우글대는 것처럼 그릇을 쥔 손을 앞으로 쭉 내밀었다. 그리고 웨이트리스에게 "밀드레드, 이 어린 손님들이 원하는 건 뭐든 갖다드려요. 원하는 건 뭐든!"이라 말했고, 우리에게는 "핫 퍼지 아이스크림 선디가 어떻겠니? 그거라면 너희에게 조금이라도 보상이 되지 않을까?"라고 물었다.

우리는 합창하듯 대답했다.

"좋아요!"

지배인은 손가락을 우두둑 소리가 나도록 꺾고, 밀드레드에게 선디를 가져오라고 시켰다. 또 밀드레드의 등에 대고 "호두와 체리를 듬뿍 넣으라고 해요. 거품 크림도 잊지 말고!"라고 말했다. 그리고 우리에게 얼굴을 돌리고 나지막이 말했다.

"얘들아, 이 얘기를 누구에게도 하지 않겠지?"

우리는 누구에게도 말하지 않겠다고 약속했다.

"너희 부모님은 뭘 하시는 분이니?"

윌러비가 해맑은 얼굴로 대답했다.

"우리 아빠는 위생 검사관이에요."

"저런!"

지배인은 피를 다 쏟아낸 사람처럼 얼굴이 하얘져서 부리나케 주방으로 달려갔다. 비숍 식당 역사상 가장 크고 맛있는 선디를 우리에게 만들어주려고!

다음 토요일, 윌러비는 나를 데리고 비숍 식당을 다시 찾았다. 이번에는 물을 반쯤만 마시더니 연못물로 채운 통을 재킷 주머니에서 꺼내 물 잔을 가득 채웠다. 물 잔을 불빛에 비추자 헤엄치는 작은 올챙이 열여섯 마리가 보였다.

윌러비는 지나가는 웨이트리스를 붙잡아 세웠다.

"잠깐만요, 내 물 잔에 있는 게 뭐예요?"

웨이트리스는 물 잔을 뚫어지게 쳐다보더니 표정이 굳어졌다. 그러고는 다른 물을 가져오겠다며 황급히 떠났다. 1분도 지나지 않아 웨이트리스 여섯 명이 차례로 윌러비의 물 잔을 살펴보고는 입을 다물지 못했다. 그러나 비명까지 지르지는 않았다. 마침내 우리의 수호천사 지배인이 다가왔다.

물 잔을 들어서 본 지배인은 얼굴이 창백해지고 말까지 더듬었다.

"저런! 정말 미안하구나. 어떻게 이런 일이 일어났는지 모르겠다. 전에는 이런 일이 한 번도 없었는데."

지배인은 윌러비를 자세히 보더니 덧붙여 말했다.

"그런데 지난주에도 오지 않았니?"

윌러비는 겸연쩍은 미소를 지으며 고개를 끄덕였다.

나는 우리가 곧 귀를 잡혀 끌려나갈 거라고 생각했다. 그러나 지배인은 "정말 미안하게 됐구나. 어떻게 사과해야 할지 모르겠다."라고 사정하고는, 웨이트리스에게 "이 어린 손님이 정말 재수가 없는 것 같군."이라고 말했다. 그리고 우리에게는 "선디를 준비해주마."라며 주방으로 달려갔다. 물론 도중에 다른 테이블들 앞에 멈춰 서서 살짝 허리를 굽혀 물 잔을 유심히 살폈다.

윌러비에게는 균형 감각이 부족했다. 나는 윌러비에게 운을 너무 믿고 욕심을 부리지 말라고 사정했다. 그러나 다음주에도 윌러비는 비숍 식당에 가겠다고 고집을 부렸다. 나는 윌러비와 같은 테이블에 앉지 않았다. 하지만 맞은편 테이블에 앉아서 그를 지켜보았다. 윌러비가 콧노래를 부르면서 주머니에서 갈색 봉지를 꺼내더니, 그의 침실 천장에 매달린 전구에서 떼어낸 파리와 나방을 두 움큼이나 조심스레 수프에 떨어뜨렸다. 수프 그릇에 거의 10센티미터나 되는 언덕이 생긴 것 같았다. 보기에는 멋졌지만 확률적으로는 있을 수 없는 사고였다.

윌러비가 등불을 켤 때 우연히 지배인이 지나갔다. 지배인은 파리로 산더미를 이룬 수프 그릇을 보더니 공포에 질려 얼굴이 하얗게 변했다. 한숨을 푹 쉬면서 윌러비에게 눈길을 돌렸다. 그때 나는 지배인이 기절하지 않으면 죽을지도 모른다고 생각했다. 내 예상대로 지배인은 "어떻게 이런 일……."이라고 말했지만, 갑자기 커다란 전구가 그의 머리 위에서 켜진 듯이 죽은 파리가 까맣게 떠 있는 수프를 손님에게 내놓을 웨이트리스는 어디에도 없을 거라는 사실을 문득 깨달았다.

지배인은 화를 꾹꾹 눌러 참으며 윌러비를 출입문까지 데리고 나갔다. 그리고 다시는 오지 말라고 신신당부했다. 윽박지르면서 말하지 않고, 나지막한 목소리로 공손하게 부탁했다. 완전 서운한 추방이었다.

윌러비의 부모님, 그리고 네 형제까지 윌러비네 식구는 모두가 똑똑한 머리를 타고난 듯했다. 나는 우리 집 거실에 커다란 책꽂이가 두 개나 있어 책이 무척 많다고 생각하곤 했다. 그런데 어느 날 윌러비의 집에 가보고는 깜짝 놀랐다. 현관 복도와 계단, 욕실과 부엌, 거실 벽 모두, 정말 어디에나 책과 책꽂이가 있었다. 게다가 모두가 정말로 무게 있는 책이었다. 러시아 소설, 역사책, 철학책, 프랑스어로 된 책……. 그제야 나는 우리 집이 한참 뒤처진다는 걸 깨달았다.

지금도 기억하지만, 언젠가 윌러비는 《브리태니커 백과사전》에서 긴 글을 읽다가 우연히 봤다며 시골 남자 아이의 수간(獸姦)에 관한 구절을 내게 보여주었다. 정확한 내용은 기억나지 않지만, 또 40년이나 기억할 만한 내용도 아니었지만, 인디애나의 시골 소년 가운데 32퍼센트가 가축과 한두 번쯤 섹스를 했다는 내용이었다. 인디애나가 아닐 수도 있지만, 내 기억으로는 인디애나가 틀림없다.

그 구절을 읽고 나는 기절할 것처럼 놀랐다. 인디애나든 어디든 간에 농촌 사람이 짐승과 섹스를 한다는 생각은 한 번도 해본 적이 없었다. 하지만 권위를 자랑하는 백과사전에는 상당수의 사람이 적어도 한 번쯤은 그런 시도를 해봤다고 분명히 쓰여 있었다. 그런 관계가 얼마나 오랫동안 지속되는지에 대해서는 명확히 밝히지 않았다. 그런데 사람과 짐승이 섹스를 한다는 내용 자체보다 윌러비가 그런 사실을 알아냈다는 것이 더 놀라웠다. 《브리태니커 백과사전》은 총 23권에 면수만도 1만 8,000쪽이 넘었다. 단어 수로 따지면 5,000만 단어쯤 됐다. 윌러비는 그 많은 글 중에서 유일하게 재밌는 구절을 찾아냈다. 어떻게 그 구절을 찾아냈을까? 또 《브리태니커 백과사전》을 읽는 사람이 있기나 할까?

윌러비와 그의 형제들은 내게 신세계를 보여주었다. 완전히 새로운 가능성의 세계였다. 나는 그때까지 시간을 낭비하며 헛산 기분이었다. 그들의 집에 있는 모든 것이 황홀하고 재밌게 보였다. 윌러비는 한 살 많은 조 형과 같은 방을 썼다. 조 형도 과학에 뛰어났다. 그들의 방은 침실이 아니라 실험실이었다. 어디에나 실험도구가 널려 있었다. 비커, 작은 유리병, 화학실험용 가스버너인 분젠 버너, 온갖 화학약품이 든 병 등. 게다가 응용역학, 파동역학, 전기공학, 수학, 병리학, 군사학 등 갖가지 주제에 관련된 책들이 사방에 있었고, 모두 몇 번이고 읽은 듯했다. 윌러비네 형제는 항상 대규모로 야심 찬 짓을 했다. 헬륨 풍선을 직접 만들고, 로켓을 제작하기도 했다. 심지어 화약을 만들기도 했다. 어느 날 그들은 금속 파이프로 실험용 대포를 만들어 화약과 구슬만 한 볼 베어링 하나를 채워 넣었다. 그렇게 만든 대포를 뒷마당에 있는 나무 그루터기에 올려놓고, 5미터쯤 떨어진 합판을 겨냥했다. 도화선에 불을 붙이고, 합판이 산산조각날 경우를 대비해 안전한 곳으로 물러선 우리는 피크닉 테이블을 옆으로 돌려놓고 그 뒤에 숨었다. 도화선이 타오르자 파이프가 뒤뚱거렸다. 곧 파이프가 그루터기에서 느릿하게 구르기 시작했고, 겨냥하는 방향이 틀어졌다. 우리가 방향을 바꿀 틈도 없이 파이프가 엄청난 소리를 내면서 폭발했다. 볼 베어링은 포탄처럼 날아가 세 집 너머에 있던 집의 위층 욕실 창문을 산산조각냈다. 다행히 아무도 다치지는 않았다. 그러나 윌러비는 한 달 동안 금족령을 받았고, 손해 배상으로 65달러를 물어줘야 했다. 윌러비가 금족령을 받는 일은 흔했다.

윌러비네 형제는 정말 아무것도 아닌 것에서 재밋거리를 찾아내는 데 귀재였다. 내가 윌러비네 집에 처음 놀러 갔을 때, 그들은 내게 성냥싸움이라는 흥미진진한 놀이를 가르쳐주었다. 우리는 부엌용 성냥을 무기로 삼고 지하실에 들어가 모든 전등불을 끈 채 어둠 속에서 성냥에 불을 붙여 상대에게 던지면서 저녁 시간을 보냈다.

당시 부엌용 성냥은 아주 튼튼한 가재도구였다. 요즘처럼 가냘픈 나무막대가 아니라 봉홧불에 가까웠다. 단단한 곳이면 어디에나 불을 붙일 수 있었고, 5미터쯤 던져도 불이 꺼지지 않았다. 실제로 두 손으로 세게 때려도 스웨터 앞에 박혔을 때처럼 쉽게 꺼지지 않았다. 여하튼 놀이 방법은 불붙은 성냥으로 상대를 맞혀 상대의 어떤 부분에 조그만 산

불을 일으켜 깜짝 놀라게 하는 것이었다. 머리카락이 최고의 공격 목표였다. 성냥에 불을 붙여 던질 때마다 어둠 속에 숨어 있는 상대에게 내 위치가 노출된다는 데 문제가 있었다. 따라서 상대를 공격한 후에는 내 어깨가 활활 타오르거나 머리카락이 순식간에 타면서 머리 가운데가 불붙은 베이컨처럼 변하기 일쑤였다.

어느 날 저녁 우리는 무려 세 시간 동안이나 성냥싸움을 벌인 후에 전등불을 켰다. 우리 모두의 머리에 서너 군데씩 불탄 자국이 남아 있었다. 그래도 우리는 기분이 너무 좋아 맑은 공기도 쐬고 뭔가를 사 먹으려고 잉거솔 애비뉴에 있는 데어리 퀸까지 걸어갔다. 집에 돌아오자 소방차 두 대가 집 앞에 서 있고, 윌러비 씨가 안절부절못하는 모습이 눈에 들어왔다. 우리가 모르고 세탁물 통에 남겨둔 불씨가 화근이었다. 작은 불씨가 큰불로 번지고 뒷담을 타고 올라가 서까래까지 그슬리면서 집 안을 매케한 연기로 뒤덮었다. 소방차가 달려와 신나게 물세례를 퍼부은 바람에 물이 뒷문으로 줄줄 흘러나오고 있었다.

윌러비 씨가 어이없다는 표정으로 물었다.

"대체 너희, 지하실에서 무슨 짓을 한 거냐? 바닥에서 성냥개비가 800개나 발견됐단다. 소방서장이 나를 방화죄로 체포하겠다고 난리야. 내가 내 집에 불을 질렀다니……. 대체 지하실에서 뭘 한 거냐?"

내 생애 최고의 날

그 후 윌러비는 6주 동안 금족령을 받았고, 우리 우정도 일시적으로 중단될 수밖에 없었다. 그러나 나는 괜찮았다. 운 좋게도 이때 제드 매티스와 친구가 됐기 때문이다. 제드는 모든 면에서 윌러비와 달랐다. 한 예로 제드는 게이였다. 그때는 아니었을지 모르지만 나중에는 게이가 됐다.

　제드는 예쁘고 매력적이었다. 행실도 나무랄 데가 없었다. 제드 덕분에 나는 운치 있는 삶을 경험할 수 있었다. 여행과 고급 요리, 문학소설과 실내장식이 뭔지 배웠다. 나름대로 독특한 재미가 있었다. 제드의 할머니는 그랜드 애비뉴에 있는 코모도르 호텔에서 살았다. 이 점도 색달랐다. 제드의 할머니는 1,000년을 넘게 산 노파처럼 보였지만 몸무게는 17킬로그램밖에 나가지 않을 듯했다. 그것도 얼굴에 덕지덕지 칠한 화장품 무게 7킬로그램을 포함해서! 할머니는 우리에게 영화를 보라고 돈을 쥐여주곤 했다. 때로는 40~50달러로 상당한 액수였다. 1960년대 초에 그 돈이면 밖에 나가 하루를 뻐근하게 놀 수 있었다. 제드는 〈15미터 여인의 공격〉 같은 영화를 결코 보지 않았다. 대신 〈몰리 브라운〉이나 〈마이 페어 레이디〉 같은 뮤지컬을 좋아했다. 나는 그런 뮤지컬을 좋아하지 않는다고 말할 수 없었다. 나는 우정을 발휘해서 제드와 함께 뮤지컬을 보았다. 뮤지컬을 통해 나는 세계주의의 빛을 조금이나마 맛볼 수 있었다. 뮤지컬을 보고 난 우리는 택시를 타고 잉거솔 애비뉴에 있는 유명한 이탈리아 식당 노아의 방주에 갔다. 나로서는 택시도 감지덕지한 화려한 운송 수단이었지만, 노아의 방주는 그야말로 품격이 넘치는 식당이었다. 그 식당에서 제드는 미트볼을 곁들인 스파게티와 마늘빵 등 감칠맛 나는 고급 요리의 세계로 나를 안내해주었다. 내가 아마포 냅킨을 사용하고, 비닐로 씌워지지 않고 끈적이지도 않는 메뉴판, 또 음식의 사진이 없는 메뉴판을 접한 것도 그때가 처음이었다.

　제드는 말솜씨가 아주 뛰어났다. 우리는 종종 부자들의 집에 접근해서 유리창으로 들여다보곤 했다. 게다가 가끔 제드는 겁 없이 현관 벨을 누르기도 했다.

집주인 여자가 나오면 제드는 "방해해서 대단히 죄송합니다. 하지만 아주머니의 거실 커튼이 너무 멋지게 보여서요. 저 커튼 천을 어디에서 구했는지 여쭤보고 싶은데요. 정말 아름다운 커튼입니다!"라고 말했다.

짐작하겠지만, 우리는 거의 언제나 그 집에 들어가 실내를 둘러보았다. 제드는 감탄사를 연발하며 집주인의 기분을 북돋워주었고, 때로는 집을 훨씬 멋지게 꾸밀 수 있을 거라며 조심스레 제안을 하기도 했다. 덕분에 우리는 디모인에서 가장 멋진 집들에서 따뜻한 환영을 받았다. 제드는 블랭크 아동병원의 창립자인 A. H. 블랭크라는 노령의 자선사업가와도 이런 식으로 특별한 우정을 맺게 됐다.

블랭크 씨는 아이오와의 상류층으로부터 새롭게 각광받던 신주소로 그랜드 애비뉴에 세워진 펜트하우스형 아파트 타워스 빌딩에서 걸음도 제대로 걷지 못하는 푸른 머리카락의 부인과 함께 살고 있었다. 블랭크 부부는 10층 전체를 사용했다. 블랭크 부부의 말을 빌리면, 타워스 빌딩은 시카고와 덴버 사이에서 가장 높은 아파트이기도 했다. 적어도 그리넬과 카운실 블러프스 사이에는 그보다 높은 아파트가 없었다. 금요일 밤이면 우리는 종종 블랭크 부부의 아파트에 들렀고, 널찍한 발코니에 앉아 코코아를 마시고 커피 케이크를 먹으며 디모인 시를 한눈에 내려다보았다. 중서부 지역 대부분이 우리 눈 아래에 펼쳐진 듯했다. 모든 점에서 그때처럼 신나는 때가 없었다. 나는 블랭크 씨가 하루라도 빨리 세상을 떠나기를 손꼽아 기다렸다. 그가 나한테 뭔가를 남겨줄지 모른다는 기대감에……. 하지만 그는 모든 재산을 자선단체에 기부해버렸다.

어느 토요일, 우리는 도리스 데이(Doris Day)가 주연한 〈미드나잇 레이스〉를 보았다. 우리 생각에 도리스 데이가 연기를 잘하긴 했지만, 그녀의 대표작이라 하기에는 부족한 면이 있었다. 하여간 영화를 본 후 우리는 하이 스트리트를 택해 집으로 걸어갔다. 모험을 즐기는 사람이나 다니는 길이어서 우리가 평소에 다니던 길은 아니었다. '중부 영화배급 회사', 정확히 기억나지는 않지만 그런 간판이 걸린 조그만 벽돌 건물 앞을 지날 때, 제드가 들어가보지 않겠느냐고 물었다.

건물 안에 들어서자, 번쩍이는 양복을 입은 초로의 왜소한 남자가 책상 뒤에 앉아 빈둥대고 있었다.

제드가 말했다.

"안녕하세요. 방해하고 싶진 않지만, 혹시 옛날 영화 포스터가 없나요?"

그 남자가 물었다.

"영화를 좋아하니?"

"영화를 좋아하냐고요? 물론이죠, 영화를 사랑한다고요!"

남자는 환히 웃으면서 말했다.

"정말이냐? 잘됐구나! 그래, 가장 좋아하는 영화가 뭐냐?"

"나는 〈이브의 모든 것〉이 최고라고 생각해요."

"그 영화를 좋아한다고? 어딘가 그 영화 포스터가 있을 게다. 잠깐만 기다리렴."

그리고 그는 우리를 창고로 데리고 갔다. 창고에는 바닥부터 천장까지 돌돌 말린 포스터로 가득했다. 그는 그 틈을 뒤지기 시작했다.

"어딘가 있을 텐데. 좋아하는 다른 영화는 없니?"

제드가 대답했다.

"무지하게 많아요. 〈선셋 대로〉〈레베카〉〈러브 어페어〉〈잃어버린 지평선〉〈즐거운 영혼〉〈아담의 갈빗대〉〈미니버 부인〉〈밀드레드 피어스〉〈필라델피아 이야기〉〈만찬에 온 사나이〉〈브루클린의 나무 성장〉〈스톰 워닝〉〈파자마 게임〉〈저주받은 재산〉〈아스팔트 정글〉〈7년 만의 외출〉〈그날부터 쭉〉〈나의 계곡은 푸르렀다〉〈어느 여인의 행로〉, 하지만 순서는 신경 쓰지 마세요."

그가 소리쳤다.

"찾았다! 전부 찾았어."

그는 제드에게 포스터를 하나씩 건네주기 시작했다. 거의 미친 사람처럼 보였다. 그가 나를 돌아보며 물었다.

"너는 어떤 영화를 좋아하니?"

나는 잔뜩 기대에 부풀어 대답했다.

"〈죽지 않는 뇌〉요."

그는 얼굴을 찌푸리며 고개를 저었다.

"그런 B급 영화는 취급하지 않는단다."

"〈브로드웨이 좀비들〉은요?"

그는 다시 고개를 저었다.

"〈망자들의 섬〉도요?"

그는 내게 정나미가 떨어졌는지 다시 제드에게 고개를 돌리며 물었다.

"라나 터너(Lana Turner)의 영화도 좋아하니?"

"물론이죠, 누가 그녀를 좋아하지 않겠어요?"

"라나 터너가 출연한 영화 포스터도 전부 있지. 〈춤을 추는 여학생〉부터. 너한테 포스터를 다 찾아주마."

그리고 그는 제드의 팔에 포스터를 하나씩 안겨주기 시작했다.

마침내 그는 우리에게 1930년대 말부터 그때까지의 영화 포스터를 거의 건네주었다. 완벽한 상태로 보관된 포스터였다. 지금 계산하면 그 포스터의 값이 얼마나 됐을까? 택시를 타고 제드의 집으로 돌아온 우리는 침실 바닥에 앉아 포스터를 나눠 가졌다. 제드는 도리스 데이와 데비 레이놀즈(Debbie Reynolds)가 출연한 영화 포스터 전부를 가졌고, 나는 몸을 움츠리고 총을 쏘는 남자가 있는 포스터들을 가졌다. 우리는 너무너무 행복했다.

그로부터 수년 후, 나는 여름을 맞아 유럽으로 떠났고 내친김에 2년 동안 유럽에서 지냈다. 내가 집을 비운 사이에 아버지와 어머니가 내 방을 깨끗이 치웠는데, 포스터들은 그때 화톳불 신세가 되고 말았다.

그러나 제드와 함께 편하게 즐길 수 없는 것들이 있었다. 발가벗은 여자를 보고 싶어하는 내 음탕한 욕심이 가장 큰 문젯거리였다. 주박람회에서 퇴짜를 맞은 후 364일 동안 한 시간마다 스트리퍼의 천막을 적어도 두 번은 머릿속에 떠올린 것 같다. 스트리퍼의 천막이 발가벗은 여자의 맨살을 실물로 볼 수 있는 유일한 곳이었으니까! 음욕에 내 몸은 점점 뜨겁게 달궈질 뿐이었다.

열네 번째 생일을 지내고 나는 3월의 첫날부터 주박람회 날까지 달력에서 하루씩 지워가기 시작했다. 마침내 6월 말에 접어들자 호흡이 가빠졌다. 7월 20일, 나는 옷을 쭉 펼쳐놓고 다음달에 입을 옷을 골랐다. 결정을 내리는 데 무려 세 시간이나 걸렸다. 나는 오페라글라스도 가져갈까 생각했지만, 렌즈에 김이 뿌옇게 서릴 수 있다는 판단에 포기했다.

8월 20일은 박람회가 정식으로 개장하는 날이었다. 개장하는 날에는 구경꾼이 너무 많아 숨이 막힐 지경이었으므로, 제정신인 사람은 아무도 박람회에 가지 않았다. 그러나 더그 윌러비와 나는 그런 것을 따질 여유가 없었다. 우리는 가야 했다. 만사를 제치고 가야만 했다. 우리는 동이 트자마자 만나서 버스를 타고 동쪽 끝까지 갔다. 거기서 우리는 시끌벅적한 인파에 휩쓸리며 줄을 서서 세 시간을 기다렸다.

10시 정각이 되자 문이 열렸다. 2만 명의 인파가 함성을 지르면서 박람회장 안으로 뛰어들어갔다. 영화 〈브레이브하트〉에서 공격하는 군중처럼! 의외라고 생각하겠지만, 윌러비와 나는 스트리퍼의 천막으로 직행하지 않았다. 우리는 때가 오기를 참고 기다렸다. 기회가 무르익을 때까지 기다리자는 것이 우리의 계산된 의도였다. 우리는 박람회장을 여유 있게 구경하며 돌아다녔다. 아마 우리는 누비이불과 버터 젖소를 일종의 전희(前戱)로 즐긴 역사상 최초의 인물들이었을 것이다. 그러나 우리가 그렇게 행동한 데는 이유가 있었다. 우리는 여자들에게 몸을 충분히 풀고 컨디션을 회복할 시간을 넉넉하게 주고 싶었다. 생전 처음 스트립쇼를 보면서 엉터리 쇼를 보고 싶지는 않았다.

오전 11시, 우리는 원더 바라는 유명한 아이스크림으로 원기를 보충하고 스트리퍼의 천막으로 향했다. 마침내 성년의 대열에 합류했다는 뿌듯한 자부심을 느끼며 줄을 섰다. 그러나 매표소에 거의 이르렀을 때 윌러비가 내 옆구리를 쿡 찌르며 앞에 걸린 팻말을 가리켰다. 새로운 팻말이었다. "미성년자 입장 금지! 16세 이상, 신분증을 제출해주십시오."라고 쓰여 있었다.

나는 말문이 막혔다. 이런 식이라면, 나는 꼬부랑 노인이 된 후에야 발가벗은 여자를 볼 수 있을 것 같았다.

매표소 남자가 우리에게 몇 살이냐고 물었다.

윌러비가 어떤 질문이라도 대답해주겠다는 표정으로 씩씩하게 대답했다.

"열여섯."

"열여섯으로는 보이지 않는데."

"약간 호르몬 결핍이 있기는 하죠."
"신분증을 갖고 왔니?"
"아니요. 하지만 내 친구가 보증해줄 거예요."
"그만 가라!"
"하지만 쇼를 정말 보고 싶단 말이에요."
"가라고 했지!"
"이 날을 1년 동안이나 기다렸단 말이에요. 오늘도 새벽 6시부터 기다렸다고요."
"꺼지라니까!"

우리는 물러설 수밖에 없었다. 내 삶에서 가장 잔혹한 치명타를 얻어맞은 기분이었다.

그 다음주, 나는 제드와 함께 다시 박람회장을 찾았다. 제드는 가장자리를 주름으로 장식한 앞치마를 걸친 여자 농부들과 잼이나 누비이불에 대해 얘기를 나누며 시간을 보냈다. 윌러비와는 너무 달랐지만 재밌기도 했다. 살림살이에 관련해서 제드가 관심을 갖지 않는 부분은 없었다. 살림을 하는 데 조금이라도 어렵고 곤란한 문제에는 곧바로 동정심을 드러내며, 그 여자들과 함께 안타까워했다. 열 명의 여자가 제드의 주변에 모여들었다. 모두가 〈앤디 그리피스 쇼〉에 등장하는 비 아줌마와 닮은꼴이었다. 그들은 제드를 빙 둘러싸고 재밌게 얘기를 나누었다.

나중에 제드는 내게 "재밌지 않았어?"라고 물으며 행복한 한숨을 내쉬었다. 그러고는 "내게 그런 시간을 갖게 해줘서 고마워. 그럼 스트리퍼의 천막에 가볼까?"라고 말했다.

나는 전주에 겪은 실망스런 사건을 얘기해주고, 우리가 아직 어려서 입장할 수 없다고 말했다. 하지만 제드는 아무렇지도 않게 말했다.

"나이는 형식적인 숫자에 불과해."

천막에 도착해서 나는 멈칫거렸지만, 제드는 매표소를 향해 씩씩하게 걸어갔다. 제드는 한동안 매표소 남자와 얘기를 주고받았다. 가끔 그들은 내게 눈길을 던지며 고개를 천천히 끄덕이기도 했다. 나의 중대한 결함에 대한 어떤 합의가 이루어진 듯한 분위기였다. 마침내 제드가 웃으면서 돌아와 내게 입장권 한 장을 건네주며 말했다.

"들어가 봐. 내가 같이 가지 않아도 괜찮겠지?"

나는 말문이 떨어지지 않았다. 놀라서 제드의 얼굴을 멍청하게 쳐다볼 뿐이었다. 어렵사리 입을 떼고 더듬거리며 물었다.

"그런데 어떻게?"

"네가 불치병인 뇌종양에 걸렸다고 거짓말했지. 그런데 속아 넘어가지 않더라고. 그래서 10달러를 찔러줬어."

그리고 제드는 빙긋이 웃으며 덧붙였다.

"재밌게 봐!"

내 삶의 하이라이트였다! 그렇게 표현하지 않으면 달리 어떻게 말할 수 있겠는가? 그러나 나중에야 알았지만 스트립쇼에는 한 여자밖에 출연하지 않았다. 윌러비의 형은 우리에게 그 사실을 빼놓고 말했던 것이다. 게다가 스트리퍼는 권태로 지치고 피곤한 모습이었다. 그러나 그 시무룩한 무표정과 반짝이는 시선에는 성욕을 불끈 솟게 하는 뭔가가 있었다. 스트리퍼는 그렇게 못생긴 얼굴이 아니었다. 옷을 완전히 벗지는 않았다. 푸른 국부 가리개는 벗지 않았다. 젖가슴을 두른 장식술과 젖꼭지를 앙증맞게 가린 씌우개도 벗지 않았다. 그러나 종교적 체험처럼 감격스런 시간이었다. 내가 심사숙고한 끝에 선택하기는 했지만 과학적 근거를 지닌 단어로 표현하자면, 일종의 '클라이맥스'에 스트리퍼는 손님들 쪽으로 몸을 내밀었다. 욕정에 이글대는 내 눈빛에서 2미터도 채 떨어지지 않은 곳까지! 그러고는 거의 10초 동안 젖가슴을 가린 장식술을 빙빙 돌렸다. 장식술이 잠깐 들춰졌다가 금세 가라앉으며 젖가슴을 가렸다. 아하, 바로 이런 게 기술이야! 나는 죽었다고 생각했다. 그곳이 천국이라 생각했다.

훗날 내가 죽어서 천국에 가면 그곳과 비슷할 거라고 지금도 굳게 믿는다. 그처럼 황홀한 세상에 대해 알고 나자, 그 후로는 지극히 행복하고 좋은 순간이 별로 없었다.

13

행복했던 시대의 끝자락에서

아이다호 퀘르달렌에서 자동차 한 대가 후진으로 동네를 질주했다는 주민들의 신고가 접수된 후, 로버트 슈미트 경찰 차장은 진상을 조사한 끝에 10대 소녀가 범인이었다는 사실을 밝혀냈다. 그 소녀는 "내가 열쇠를 갖고 나오는데 아무도 말리지 않았어요. 주행거리가 너무 많아서 조금 뒤로 돌려놓으려 한 거예요."라고 말했다. 〈타임〉, 1956. 7. 9

거침없는 풍요의 대가

여론조사기관 갤럽에 따르면, 1957년은 미국 역사상 가장 행복한 해였다. 전반적으로 평온무사했던 그해가 미국 역사에서 지극히 행복한 시기였다고 누가 결정했는지 모르겠지만, 바로 다음해가 뉴욕 자이언츠와 브루클린 다저스가 고향의 팬들을 저버리고 캘리포니아로 도망친 해였다는 사실을 우연한 일치로만 돌릴 수는 없을 듯싶다.

야구가 서쪽으로 팽창해야 할 시기이긴 했다. 동부와 중서부의 유구한 도시들에 야구팀이 밀집하고, 서쪽에 새롭게 건설된 대도시에는 한 팀도 없다는 사실이 우습기도 했다. 그러나 다저스와 자이언츠의 소유주가 야구의 발전을 위해 본거지를 서쪽으로 옮긴 것은 아니었다. 돈 욕심 때문이었다. 바야흐로 더 좋은 세상이 아니라, 더 나은 이익을 보장받으면 무슨 일이든 저질러지는 세상이 다가오고 있었.

사람들은 예전보다 풍요해졌지만 삶까지 더불어 윤택해진 것은 아니었다. 경제는 멈출 수 없는 기관차가 됐다. 국민총생산(GNP)은 10년 만에 40퍼센트가 성장했다. 정확히 말해 1950년 약 3,500억 달러에 불과하던 국민총생산이 10년 후 거의 5,000억 달러로 증가했고, 그 뒤로 6년 만에 6,580억 달러로 다시 3분의 1만큼 성장했다. 그러나 옛날에는 즐겁기만 하던 일이 그때는 이상하게도 약간 불만스레 다가왔다. 소비하는 즐거움의 대가가 점점 줄어드는 세계로 변했다는 사실을 깨닫기 시작한 것이다.

1950년대를 끝내가던 시기에 대부분의 국민, 특히 대부분의 중산층은 예부터 꿈꾸던 모든 것을 갖추게 됐다. 따라서 돈을 갖고 특별히 살 것은 많지 않았지만, 꼭 필요하지는 않은 것과 더 크게 변형된 것을 사들이기 시작했다. 예컨대 세컨드 카, 트랙터식 잔디 깎는 기계, 양문 냉장고, 대형 스피커와 다양한 회전식 음향 조절 장치가 달린 전축, 방마다 설치할 여분의 전화기와 텔레비전, 인터폰, 가스그릴, 주방기구, 분사식 제설기 등이 대표적이었다. 물론 더 많이 갖는다는 것은 살기가 더 복잡해지고, 더 많은 돈이 들며, 돌봐야 할 것이 더 많아진다는 뜻이었다. 또 깨끗하게 닦아내고 분해해서 고쳐야 할 것도 많아진다는 뜻이었다. 빚지지 않고 살림을 꾸려가기 위해 밖으로 일하러 나가는 여자도 점점 늘어났다. 곧 수많은 인구가 노동을 덜어주는 기계를 사기 위해 더 열심히, 더 오래 일해야 하는 악순환에 빠져들었다. 그들이 애초부터 그렇게 열심히 일하지 않았다면 필요하지도 않았을 기계를 사려고…….

1960년대에 접어들면서 미국의 평균 생산성은 15년 전보다 두 배나 상승했다. 적어도 이론적으로는 하루에 네 시간, 1주일에 이틀과 한나절, 요컨대 연간 6개월만 일하면 상당히 윤택한 삶을 누리던 1950년 삶의 수준을 유지할 수 있었다. 또 논란의 여지가 있기는 하지만, 스트레스와 여가 활동과 절박감에서도 많은 부분이 훨씬 나아졌다. 그러나 선진국 중에서도 유일하게 미국에서만 생산성이 증가한 만큼 여가 시간은 증가하지 않았다. 미국인은 더 일해서 더 많은 것을 사는 쪽을 택했던 것이다.

물론 모두가 풍요의 시대를 공평하게 만끽한 것은 아니었다. 흑인, 특히 최남부 지방, 예컨대 미시시피의 흑인들은 운명을 개척하기 위해 부단히 노력했지만 부당하고 잔혹한 학대를 받았다. 당시에는 대부분의 사람이 학대를 받거나 부당한 대우를 받지 않고 살았기 때문에 그런 소식은 더더욱 충격적으로 받아들여졌다. 예비역 육군 하사관으로 낙하산 부대원이었고 선량하기 이를 데 없던 클라이드 케너드(Clyde Kennard)는 1956년 해티즈버그에 있는 미시시피 서던 칼리지에 등록하려 했지만 거부당했다. 그는 오랫동안 생각한 끝에 그 대학교를 다시 찾아가 입학을 신청했다. 케너드가 고집스레 입학 신청을 거듭하자, 대학 관리들은 밀주(密酒)와 훔친 닭 모이를 그의 차에 몰래 실어놓고 그를 절도죄로 고발했다. 여기에서 나는 분명히 해두고 싶다. 학생이나 교육 수준이 낮은 하얀 얼굴의 주민이 아니라 대학 관리들이었다! 케너드는 재판을 받고, 저지르지도 않은 죗값으로 7년형을 선고받았다. 그는 형기를 마치지도 못하고 교도소에서 세상을 떠났다.

당시에는 미시시피 이외의 다른 지역에서도 인종차별적 사건이 많았다. 조지 리(George Lee) 목사와 라마 스미스(Lamar Smith)란 남자는 투표권을 보장받기 위해 백방으로 뛰어다녔다. 스미스는 투표권을 행사하는 데 성공했지만, 위험하게도 득의의 미소를 지으며 나온 지 5분도 되지 않아 군청 계단에서 총에 맞아 죽고 말았다. 하지만 투표권을 행사했다는 자체만으로도 기적에 가까웠다. 대낮에, 그것도 공공장소에서 살인 사건이 벌어졌지만 증인이 한 명도 나서지 않아 가해자는 기소조차 되지 않았다. 한편 리 목사는 투표장에서 쫓겨났다. 그런데도 그날 밤 집으로 돌아가던 길에 지나가는 차에서 쏜 총에 맞아 죽었다. 험프리스 카운티의 보안관은 리 목사의 사망을 교통사고로 처리해버렸다. 카운티 검시관도 사망의 원인을 '불명(不明)'으로 기록했다. 물론 이 사건에서도 기소나 재판은 없었다.

가장 충격적인 사건은 미시시피 머니에서 일어났다. 시카고에서 온 엠메트 틸(Emmett Till)이란 어린 소년이 한 잡화점 밖에서 백인 여자에게 휘파람을 불었다. 그날 저녁, 백인 남자 둘이 틸의 친척 집까지 들이닥쳤다. 그들은 틸을 끌어낸 다음 차에 태워 한적한 곳으로 끌고 가 엄청나게 두들겨 팼다. 그래도 분이 풀리지 않았던지 총 쏘아 죽이고 시신을 탤러해차이 강에 던져버렸다. 그때 틸은 겨우 열네 살이었다.

틸이 너무 어렸고 시카고에 사는 틸의 어머니가 고집스레 시신을 공개하는 바람에 틸의 죽음이 세상에 알려지면서 전국적으로 규탄이 잇달았다. 결국 두 남자, 즉 틸이 휘파람을 불었다는 여자의 남편과 그의 이복동생은 체포됐고, 정식 재판이 시작됐다. 두 남자에게 불리한 증거가 압도적으로 많았다. 그들은 범행 흔적을 지워버리려고도 하지 않았다. 하기야 그럴 필요도 없다고 생각했을 것이다. 그런데 배심원들은 한 시간 남짓 토의한 후에 무죄라는 결정을 내렸다. 물론 배심원 모두가 그 지역 사람으로 백인이었다. 배심원들이 음료수를 마시려고 휴식 시간을 갖지 않았더라면 평결이 더 빨랐을 거라고 배심장은 싱긋이 웃으면서 말했다. 다음해에 두 남자는 다시 재판받지 않을 거라는 사실을 알았던지 잡지 〈룩〉과의 인터뷰에서 그들이 틸을 흠씬 패주고 죽였다고 인정했다.

그런데 더 넓은 세상에서는 모든 일이 미국에 유리한 쪽으로 진행되지는 않았다. 1957년 가을, 소련은 대륙간 탄도미사일의 실험 발사에 성공했다. 소련이 편안히 앉아서 우리를 죽일 수 있다는 뜻이었다. 또 몇 주 후에는 세계 최초로 인공위성을 우주로 발사하는 데 성공했다고 발표했다. '스푸트니크'라는 인공위성은 금속으로 만든 조그만 구체(球體)로 비치볼만 한 크기였다. 별로 하는 일도 없이 지구궤도를 따라 회전하고, 가끔 '핑!' 하고 날아갈 뿐이었다. 하지만 우주 기술에서 미국보다 훨씬 앞선 것은 사실이었다. 게다가 다음달에 소련은 스푸트니크 2호를 발사했다. 앞선 인공위성보다 훨씬 크고 무게도 500킬로그램이나 됐으며, 라이카라는 이름의 공산당 개까지 태우고 우주로 나갔다. 자존심이 크게 상한 미국은 자체 개발한 인공위성을 조만간 발진시킬 예정이라고 발표했다. 마침내 1957년 12월 6일, 플로리다 케이프 커내버럴에서 산뜻한 뱅가드 인공위성을 탑재한 바이킹 로켓의 엔진이 불을 뿜었다. 바이킹 로켓은 전 세계가 지켜보는 가운데 천천히 60센티미터쯤 올라가다가 거꾸러지더니 폭발해버렸다. 치욕적인 실패였다. 신문에서는 그 사고를 빈정대며 '카푸트니크' '스테이푸트니크' '스푸터니크' '플로프니크'라고 재밌게 표현했다. 그 사고로 꾸준한 인기를 누리던 아이젠하워의 지지도가 한 주 만에 22퍼센트나 떨어졌다.

미국은 1958년에야 비로소 첫 인공위성을 우주에 쏘아 올릴 수 있었다. 그 인공위성도 그다지 인상적이지는 않았다. 무게가 겨우 14킬로그램에 불과한 데다 크기도 오렌지보다 약간 큰 정도였다. 그해 미국은 네 번의 발진을 더 시도했지만, 네 개의 인공위성 모두 휘황찬란한 빛을 발하며 폭발하거나 공중에 날아오르지 못하고 추락했다. 1961년까지도 미국이 발진한 인공위성의 3분의 1가량이 실패로 끝났다.

그러나 소련은 미국을 성큼성큼 앞서갔다. 1959년에는 달에 로켓을 착륙시켰을 뿐 아니라, 달의 뒷면을 최초로 촬영하기도 했다. 1961년에는 최초의 우주 비행사 유리 가가린을 우주에 진입시키는 데 성공했고, 무사히 귀환시켰다. 가가린이 우주여행을 시작하고 한 주 후에 미국은 쿠바의 피그스 만을 침공해서 국민에게 불안감과 당혹감을 안겨주었다. 우리는 하는 짓마다 소련에 뒤처지고, 희망마저 사라지는 듯 보이기 시작했다.

대중문화에서 들려오는 소식도 실망스럽기는 마찬가지였다. 많은 사람이 오래전부터 의심해왔듯이 담배가 암의 원인이라는 사실이 밝혀졌다. 아버지가 즐겨 피던 타레이턴 담배는 곧바로 "타르와 니코틴은 모두 필터에서 걸러지기 때문에 목구멍에 닿지 않는다."는 식의 광고를 연달아 내놓으면서 흡연자들을 안심시켰지만, 찐득거리는 치명적인 물질이 모두 필터에서 걸러지지 않는다는 사실은 언급하지 않았다. 그러나 소비자들은 알맹이를 빼놓은 거짓말에 더 이상 쉽게 넘어가지 않았다. 특히 광고업자들이 교묘하게 잠재의식에 호소하는 광고를 비밀리에 시도해왔다고 폭로한 뉴스가 발표된 후부터 소비자들은 광고에 쉽게 현혹되지 않았다. 뉴저지 주 포트 리의 어느 영화관에서 시도한 한 실험에서, "코카콜라를 마시자."와 "배고파? 팝콘을 먹자."라는 단축된 두 문장을 5초 간격으로 3,000분의 1초 동안 스크린에 비춘 영화를 관객들에게 보여주었다. 아주 짧은 시간이어서 의식적으로는 눈에 띄지 않지만 잠재의식적으로는 영향을 미쳤는지, 〈라이프〉는 실험 기간 동안 코카콜라의 판매량은 57.7퍼센트, 팝콘의 판매량은 거의 20퍼센트가량 증가했다고 보고했다. 이와 같은 실험 결과를 근거로 〈라이프〉는 모든 영화와 텔레비전 프로그램이 우리에게 무엇을 마시며, 어떤 담배를 피우고, 어떤 옷을 입으며, 어떤 생각을 해야 하는지 시간당 수백 번씩 세뇌시키면서 소비자를 좀비처럼 만들어버릴 수 있다고 경고했다. 하지만 잠재의식에 호소하는 광고는 실제로 아무런 효과를 거두지 못해 곧 폐기되고 말았다.

한편 청소년 범죄가 꾸준히 증가했고, 교육 시스템이 붕괴돼가는 듯했다. 1957년에 가장 많이 판매된 논픽션 서적은 《왜 조니는 글을 읽지 못하는가?》로, 미국의 교육 수준을 신랄하게 비판한 책이었다. 이 책의 저자는 미국이 다른 나라들에 비해서 위험할 정도로 뒤처지고 있다고 경고하며, 공산주의의 성공을 미국인의 독서량 감소와 연계시켰다. 또한 많은 게임 프로그램이 조작되었다는 사실이 폭로되면서 텔레비전도 큰 홍역을 치렀다. 유명한 학자와 지식인을 배출한 가문의 자식으로 쾌활하면서도 겸손하고 잘생기기도 한 찰스 반 도렌은 〈21〉이란 프로그램에 출연해서 13만 달러의 상금을 받았다. 국민적 영웅이 된 찰스는 예절바른 청년으로 모든 젊은이의 귀감이 된다고 떠받들어졌지만, 문제의 답을 미리 제공받았다는 사실을 인정해야만 했다. 그 때문에 다른 프로그램에 출연해서 거액의 상금을 획득한 사람들까지 진실을 토해내야 했다. 찰스 잭슨이란 프로테스탄트 목사도 그런 사기극에 끼었다는 소식은 그야말로 충격이었다. 하여간 어디로 눈을 돌려도 나쁜 소식만 들렸다. 이처럼 평지풍파를 일으킨 온갖 추잡한 사건들이 거의 1년 남짓한 기간에 일어났다. 우리는 행복하던 시대에서 그렇지 못한 시대로 급속히 추락해가고 있었다.

1950년대가 끝나갈 무렵, 디모인에서도 변화의 조짐이 뚜렷하게 나타났다. 체인점 형식의 상점과 식당이 문을 열기 시작했고, 여는 가게마다 커다란 반향을 일으켰다. 그때부터 우리는 캘리포니아, 뉴욕, 플로리다에 사는 사람들과 똑같은 식당에 가고, 똑같은 패스트푸드를 먹을 수 있었다. 또 똑같은 옷을 입고, 손님들을 똑같은 모텔의 침대로 안내할 수도 있었다. 디모인이 다른 도시와 똑같아진다는 생각에 대부분은 가슴 설레며 좋아했다.

느릅나무들도 디모인에서 사라졌다. 느릅나무입고병 때문에! 디모인 시내를 가로지르는 대로가 완전히 발가벗겨진 것처럼 보였다. 그랜드 애비뉴와 유니버시티 애비뉴 등의 길에 있던 낡은 집들도 불도저에 허물어졌고, 그 자리에는 아쉬움을 달랠 틈도 없이 주유소, 유리로 벽을 댄 식당, 세련된 현대풍의 아파트 단지가 들어섰다. 때로는 이웃 상가에 오는 손님들을 위한 널찍한 주차장으로 변하기도 했다. 나는 어느 해인가 방학을 맞아 과거 속달우편 길을 따라 평지 지역을 여행하다가 고향에 들렀을 때, 그랜드 애비뉴에서 테크 고등학교 맞은편에 있던 빅토리아풍의 웅장한 두 주택이 사라진 것을 보고 깜짝 놀랐다. 드넓은 개간지로 변한 듯한 그 자리에는 햇살에 콘크리트가 반사돼 하얗게 보이는 트래블 로지라는 고층 모텔이 우뚝 서 있었다. 아버지는 얼굴이 빨개질 정도로 화를 냈지만 대부분의 주민은 좋아했고, 자랑스레 생각하기도 했다. 트래블 로지는 단순한 모텔이 아니었다. 훨씬 세련된 모텔, 자동차 여행자를 위한 '모터 로지(motor lodge)'였다. 디모인이 세계의 일원이 됐다는 증거였다. 나는 그런 극적인 변화가 그처럼 급속히 진행될 수 있다는 사실에 놀라기도 했지만 감동을 받았다.

거의 같은 시기에 홀리데이 인 호텔이 공원 같은 대로이던 플뢰르 드라이브에 들어섰다. 도심에서 공항까지 연결된 길로, 전에는 주로 주택가가 있던 곳이다. 홀리데이 인은 비교적 차분한 분위기를 띠었지만, 엄청나게 커서 유난히 눈에 띄는 간판을 도로가에 세워놓아 아버지가 분을 참지 못했다. 하기야 멋없는 각진 기둥에 끝없이 뱅뱅 돌아가는 전구로 별이 폭발하는 모습과, 번쩍거리는 폭포 등 거의 발광에 가까운 모양으로 꾸며놓은 간판이긴 했다. 그래서 아버지는 1959년부터 25년 후 세상을 떠날 때까지 그 옆을 지날 때마다 "어떻게 저런 간판을 세울 생각을 했을까?"라고 탄식했다. 그러고는 "지금까지 살면서 저렇게 꼴사나운 간판을 본 적이 있니?"라고 물었지만, 대답까지 바란 것은 아니었다.

그래도 나는 멋진 간판이라고 생각했다. 어디에서나 그와 비슷한 간판을 볼 수 있었다. 게다가 자동차 친화적인 기업이 더 새롭고 강렬한 형태로 곳곳에 생겨나면서 내 바람은 속속 이루어졌다. 1959년 디모인 최초의 쇼핑몰이 문을 열었다. 디모인에 속하기는 했지만 도심에서 상당히 떨어진 멀 헤이 로드로 가는 길에 있었다. 들판을 지나 있어서 그 쇼핑몰이 어디에 있느냐고 묻는 사람이 많았다. 게다가 이 쇼핑몰에는 뉴잉글랜드 주만 한 주차장이 있었다. 한군데 그처럼 많은 아스팔트가 깔린 곳은 처음 보았다. 내 아버지조차 감탄사를 연발할 정도였다.

"우아! 이 넓은 곳에 아무 데나 주차할 수 있단 말이냐!"

아버지는 오랫동안 쉬지 않고 돌아다녀도 주차한 차를 찾을 수 없을까 걱정스럽다는 듯이 말했다. 그 후로 거의 1년 동안 디모인에서 운전하기에 가장 위험한 곳은 멀 헤이 몰의 주차장이었다. 모든 차가 상대를 전혀 고려하지 않은 채 끝없이 포장된 아스팔트 위에서 속도를 내면서 아무렇게나 방향을 틀었기 때문이다.

그때부터 아버지는 오로지 멀 헤이 몰에서만 쇼핑을 했다. 다른 곳은 거들떠보지도 않았다. 대부분의 사람이 그랬다. 1960년대 초, 디모인에서는 자랑거리가 바뀌기 시작했다. 번화가를 오래전부터 다녔다는 것은 더 이상 자랑거리가 아니었다. 쇼핑몰을 자주 들락거리는 것이 자랑거리였다. 그들은 쇼핑몰에서 새로운 행복을 찾았다. 내가 성인이 됐을 즈음, 디모인은 내가 자라던 곳과 완전히 다른 모습으로 변해버렸다.

동심의 끝자락에서

그린우드 초등학교를 졸업한 나는 캘러넌 중학교로 옮겨 7학년부터 9학년까지 다녔다. 10대 초반의 시절이었다. 캘러넌은 훨씬 넓은 세상이었다. 디모인의 곳곳에서 학생들이 모여들면서 대략 반쯤은 흑인, 반쯤은 백인이었다. 대부분의 우리는 흑인 아이를 가까이에서 만나는 것이 처음이었다. 우리보다 강하고 재빠르며, 대담한 데다 세상 물정에 밝고 영리한 아이가 갑자기 600명이나 나타난 셈이었다. 이때 우리는 혼자서 속으로 의심해왔던 것, 예컨대 우리가 보스턴 셀틱스에 들어가 밥 쿠지(Bob Cousy)처럼 활약할 수 없고, 세인트루이스 카디널스에 입단해서 루 브록(Lou Brock)의 도루 기록을 깰 수 없으며, 어떤 스포츠에서도 올림픽 대표선수 선발전에 초대받지 못하리라는 사실을 확신할 수 있었다. 우리는 주니어 소프트볼 대표팀에도 낄 수 없을 것 같았다.

첫날부터 모든 것이 분명해졌다. 얼굴이 배처럼 생긴 체육 교사 슬럽 씨가 우리 모두에게 석탄재를 깐 트랙을 여섯 바퀴나 돌라고 지시했다. 우리가 보기엔 어마어마하게 긴 트랙이었다. 그린우드를 졸업한 아이들은 모두 백인이었는데, 마시멜로처럼 허약하고 선천적으로 운동을 좋아하지도 않았다. 또 밝은 햇살 아래서 뛰는 데도 익숙지 않았다. 따라서 우리는 그런 터무니없는 명령에 충격을 받았다. 우리는 유사(流砂) 위를 걷듯이 느릿하게 뛰었고, 반 바퀴를 돈 다음부터 헐떡이기 시작했다. 두 번째 바퀴를 돌기 시작할 무렵, 윌리 포메란츠란 아이가 전에는 땀을 흘려본 적이 없는데 생명에 지장이 있을 정도로 땀을 흘린 것 같다며 울음을 터뜨렸다. 세 명의 다른 아이도 양호실에 보내달라고 징징댔다. 하지만 흑인 아이들은 예외 없이 우리를 추월해 달려나갔다. 몸무게가 135킬로그램이나 나가던 뚱뚱보 터비 브라운도 마찬가지였다. 흑인 아이들은 우리보다 조금 나은 정도가 아니었다. 우리와는 완전히 다른 차원에 있는 아이들이었다. 운동의 종류와 상관없이 그들은 우리보다 월등했다.

겨울에는 체육관에서 농구를 하며 보냈다. 조명이 흐릿하기는 했지만 매일같이 몇 시간씩 농구를 한 듯싶다. 내가 아는 한 백인 아이는 공을 눈으로 쫓아가는 것도 힘들어 했다. 정말이다! 우리는 홀쭉한 흑인 아이 둘이나 셋이 쉽게 주고받는 공의 윤곽을 겨우 볼 수 있었다. 공이 네트를 가르는 소리가 들리면, 뒤로 돌아 반대편 코트로 급하게 뛰어갔다. 우리는 가능하면 방해꾼이 되지 않으려고 애썼다. 그래서 절대 손을 허리 위로 올리지 않았다. 손을 허리 위로 올리면 공을 패스해달라는 신호였고, 공이 우리 손에 넘어오면 상대편에게 빼앗기기 일쑤였기 때문이다. 언젠가 월터 해스킨스란 아이가 경솔하게 골대 부근에서 서성대다 옆얼굴에 상처를 입었고, 다음에는 공에 정면으로 세게 얻어맞아 얼굴이 오목거울처럼 쏙 들어가버렸다. 그래서 화장실 흡착기를 사용해서 얼굴을 원래대로 돌려놓았다는 말을 들었다.

흑인 아이들은 무척 거칠기도 했다. 언젠가 먹보 뒤틈바리 드웨인 더들이 구내식당에 줄을 서서 차례를 기다리는 동안 타이런 모리스라는 조그만 흑인 아이를 집적거리며 괴롭혔다. 더 이상 참을 수 없던 타이런은 짜증나고 화난 표정으로 돌아섰다. 그리고 더들의 푹신한 얼굴을 향해 번개처럼 주먹세례를 퍼부었다. 주먹이 얼마나 빨랐던지 움직임이 보이지 않았다. '파바박' 하고 고무를 때리는 소리와, 이빨들이 벽과 라디에이터에 부딪히고 튕겨 나오는 '팅' 소리만 들려올 뿐이었다. 더들이 무릎을 꿇고 주저앉아 눈물을 글썽대고 쿨럭거리자, 타이런은 더들의 목구멍 안으로 손을 쑥 집어넣고 뭔가를 꽉 잡아 더들을 뒤집었다.

"바보 멍청이 같은 녀석!"

타이런은 실망했다는 듯 이렇게 내뱉고는 자기 식판을 찾아 들고 디저트를 집으러 갔다.

그러나 캘러넌에서 흑인과 백인 간의 공공연한 갈등은 거의 없었다. 흑인 아이들은 대부분 우리보다 가난했다. 그러나 경제력을 제외하면 거의 모든 점에서 우리와 다를 바가 없었다. 그들 대부분이 건실하고 열심히 일하는 가정 출신이었다. 그들도 우리와 똑같은 목소리로 말했고, 똑같은 상점에서 물건을 샀다. 또 우리와 똑같은 옷을 입었고, 똑같은 영화관에 다녔다. 우리 모두가 어린아이였을 뿐이다. 비숍 식당에서 '깜둥이 젖먹이'를 줄기차게 요구하던 할머니를 제외하면, 나는 어린 시절에 인종차별적인 말을 한 번도 들어본 적이 없다.

그렇다고 우리가 흑인 아이를 흑인으로 의식하지 않았다는 뜻은 아니다. 하지만 세상 사람들이 생각하는 것처럼 의식하지는 않았다. 다른 유색인에 대해서도 마찬가지였다. 수년 전에 어린 시절의 한 친구를 가명으로 인용해야 했을 때, 나는 당시 디모인의 명소였던 카츠라는 약국에 경의를 표하려고 스티븐 카츠라는 이름을 택했다. 물론 타이핑하기 쉽게 짧은 이름으로 하고 싶은 욕심도 있었다. 여하튼 세미틱(Semitic, 셈족)이란 이름은 떠오르지도 않았다. 나는 디모인에서 누구도 유대인일 거라고 생각해본 적이 없다. 비단 나뿐 아니라 누구도 그런 생각을 해본 적이 없을 거라고 믿는다. 와서스타인이나 리보비츠란 이름을 가진 친구가 있었지만, 그들이 유대인이라는 사실을 알고는 언제나 깜짝 놀랐다. 디모인은 인종을 차별하던 곳이 아니었다.

어쨌든 카츠는 유대인이 아니었다. 그는 천주교 신자였다. 나는 그를 캘러넌에서 만났다. 더그 윌러비가 재조직한 오디오 비주얼 클럽(A/V Club)에 카츠가 회원으로 가입했을 때였다. 클럽의 재조직은 약삭빠르긴 했지만 이례적인 행동이었고, 윌러비의 천재성을 입증해주는 증거이기도 했다. 클럽 회원은 학교에 있는 엄청나게 많은 교육용 필름을 보관하고 상영하는 책임을 지었다. 교사가 어떤 영화를 학생들에게 보여주려고 할 때면, 정예회원이 영사기를 그 교실로 옮겨가 여섯 개의 스프로

킷에 필름을 끼우고 걸어서 교육용 자료를 보여주었다. 그러나 교육용 필름을 상영하면 교사가 하는 일도 없이 교실에서 많은 시간을 보낼 수 있었으므로 이런 걸 좋아하는 교사가 적지 않았다.

역사적으로 A/V 클럽은 학교에서 가장 엽기적인 아이들의 놀이터였다. 그러나 윌러비는 정상적인 학생들도 얼마든지 재밌게 이용할 수 있다고 생각했다. 예컨대 A/V 클럽의 본부인 시청각실은 학교에서 유일하게 잠금 장치가 있는 공간이었다. 따라서 환기 문제를 해결하면 우리가 안전하게 담배를 피울 수 있는 유일한 공간이기도 했다. 물론 윌러비는 이 문제를 어렵지 않게 해결했다. 게다가 A/V 클럽에서 1938~1958년에 제작된 성교육 필름을 비롯해 수많은 영화를 볼 수 있었다. 끝으로 A/V 클럽이 회원에게 안겨준 가장 커다란 이점은 수업 시간에도 캘러넌의 텅 빈 복도를 마음대로 돌아다닐 수 있는 특권이었다. 어떤 학교에서나 텅 빈 복도를 걸으면 즐겁고 나른하며 특권을 누린다는 기분에 젖지 않는가. 여하튼 햇살이 따뜻한 복도를 서성대다가 선생님에게 걸려도 "벨 앤 하우얼 1040-Z를 손볼 곳이 있어서 시청각실에 가는 길입니다."라고 말하면 무사통과였다. 그런 핑계가 완전히 거짓말만은 아니었다. 다만 시청각실에서 기계를 손보면서 체스터필드 담배 반 갑까지 피운다는 것을 말하지 않았을 뿐이다.

윌러비의 달콤한 유혹에 15명이 A/V 클럽에 가입했다. 우리는 첫 번째 과제로 기존 회원들을 모두 몰아냈다. 밀턴 밀턴만은 멍청한 괴짜의 상징으로 남겨두며 쫓아내지 않았다. 그가 아버지의 술 장식장에서 훔쳐낸 박하술 반 병을 우리에게 주기도 했지만, 자기를 클럽에서 쫓아내면 자기 부모와 교장은 물론 교육위원회에까지 고발하겠다고 협박했기 때문이다. 더구나 미심쩍기는 했지만 그의 아버지와 가까운 친구인 카운티 보안관에게도 고발하겠다고 위협했다.

　시청각실은 학교 건물에서도 위층 구석에, 하여간 눈에 잘 안 띄는 곳에 있었다. 학교 다락방과도 같았다. 낡은 무대 소품과 의상, 대본, 1920~1930년대의 졸업앨범이 잔뜩 쌓여 있었고, 먼지 낀 선반에는 오래된 필름들이 주제별로 분류돼 있었다. 위생교육 영화, 뉴스영화, 성교육 영화, 마리화나를 피우면 뇌가 녹아버린다고 협박하는 영화……. 우리는 성교육 영화를 보면서 행복한 시간을 보냈다.

　필름을 잇는 도구를 찾아낸 윌러비는 순전히 재미로 여러 필름을 편집해서 무릎을 굽히지 않고 다리를 높이 들어 걷는 나치들의 모습을 오리건 통로(미국 개척사상 유명한 이주 도로-옮긴이)를 다룬 영화에 끼워 넣었다. 특히 성교육 영화에서 "조니는 방금 처음으로 몽정을 경험했습니다."라는 대사 바로 뒤에 해군 사관생도들이 모자를 하늘로 던지는 장면을 연결시킨 편집은 그의 대표작이라 할 만했다.

　내가 가톨릭 학교에서 전학 온 스티븐 카츠를 만난 곳도 시청각실이었다. 지금까지 나는 여러 책에서 스티븐 카츠에 대해 언급했지만, 카츠의 진정한 모습을 올바로 얘기한 적은 없는 듯싶다. 하기야 어떤 작가가 그렇게 할 수 있겠는가! 하지만 이제라도 내가 만난 이들 가운데 카츠만큼 훌륭한 사람이 없었고, 여러 면에서 그가 최고였다는 사실을 말하지 않으면 크게 후회할 듯하다. 당시 카츠는 지구에서 가장 명랑하고 가장 친절한 아이였다. 또 언제라도 친구들과 어울릴 준비가 되어 있는 아이였다. 술을 마시지 않았을 때도 그랬지만, 술을 마시면 더욱 그렇게 변했다. 이상하게도 그는 열네 살의 나이에도 술을 자주 마셨다. 나는 카츠만큼 술을 좋아하고 술을 친구처럼 편하게 생각하는 사람을 만난 적이 없다. 확실히 처음부터 카츠는 매력적인 위험인물이었다.

카츠와 윌러비, 그리고 나는 걸핏하면 학교를 빼먹고, 윌러비의 형 로널드의 옷장에 침투할 방법을 고민하며 몇 날 며칠을 보냈다. 로널드는 남성용 잡지를 엄청나게 수집해서 커다란 옷장에 감춰놓고 튼튼한 자물쇠를 채워두었다. 로널드는 윌러비네 형제 중에서 제일 큰 형인 데다 가장 영리하고 반듯한 행실로도 유명했다. 성당에서 신부를 돕는 복사였고, 익스플로러 스카우트(Explorer Scout)였으며, 학생위원회 간부이기도 했다. 또 학교 규율반장까지 맡은 만능 재주꾼이었다. 하여간 세 동생이 머리를 맞대고 덤벼도 이겨내지 못할 정도로 영리하고 똑똑했다. 옷장의 모든 서랍이 정교하게 잠겨 있었을 뿐 아니라, 서랍을 힘겹게 열어도 도무지 틈새라곤 없는 단단한 뚜껑이 우리를 맥 빠지게 했다. 게다가 문고리에서 바닥까지 로널드의 방에는 곳곳에 치명적인 부비 트랩이 설치돼 있었다. 무단 침입자가 무언가를 잘못 건드리고 만지면 찌릿한 전기 충격이나 미사일 공격을 받았다. 때로는 무거운 뭔가가 툭 떨어졌고, 망치가 휙 날아오기도 했다. 심지어 쥐덫에 발이 걸리고, 로널드가 직접 만든 최루가스를 뒤집어쓰기도 했다.

그러나 윌러비가 과학적 지식을 총동원해서 서너 시간을 조사한 끝에 옷장의 두 번째 서랍을 여는 방법을 알아냈을 때, 우리는 짧은 순간이지만 말로 표현하기 힘든 환희에 젖은 기억이 아직도 생생하다. 정확히는 모르지만 옷장의 틈새에 끼워진 조각된 장식물을 돌리는 방식이었다. 그런데 그 장식물을 돌리는 순간, 삑 소리가 나면서 15센티미터가량으로 정말 예쁘게 만든 가느다란 화살이 어딘가에서 튀어나와 때마침 얼굴을 숙이고 있던 윌러비의 왼쪽으로 5센티미터도 떨어지지 않은 옷장에 '퉁!' 소리를 내며 박혔다. 화살 자루에는 깔끔한 글씨체로 "경고: 쏴 죽일 거다!"라고 쓰인 종이쪽지가 매달려 있었다.

우리는 이구동성으로 말했다.

"정말 미쳤어!"

그 후 윌러비는 용접공의 안경, 하키 선수용 장갑, 두꺼운 외투, 포수의 가슴 보호대, 오토바이용 헬멧 등 온갖 보호 장비로 무장했고, 카츠와 나는 로널드의 방 밖에서 맴돌며 서랍을 빨리 좀 열어보라고 윌러비를 재촉해댔다.

우리가 그렇게 서둘러야 하는 이유가 있었다. 〈플레이보이〉의 최근호에 음모가 노출됐다는 소문이 떠돌았기 때문이다. 1960년대까지 성욕을 자극하는 데 그처럼 중요한 부분을 노출하지 않았다는 것이 믿기 힘들겠지만, 실제로 그랬다. 그 이전에 남성용 잡지에서 포즈를 취한 여자들에게는 생식기관이 아예 없었다. 하여간 낯선 남자들에게는 아무것도 보여주지 않았다. 윌러비의 표현을 빌리면 '바기니스 티미디투스'라고 성기를 보여주는 걸 부끄럽게 생각하는 이상한 병에 걸린 여자들인 듯했다. 하여간 카메라가 켜지면, 그 병 때문인지 여자들은 엉덩이를 비틀어 아랫도리를 뒤로 향하게 하고 한쪽 다리를 다른 쪽 다리 위에 포개 놓았다. 그래서 한동안 나는 발가벗고 편한 여자들은 자연스레 그런 자세를 취하는 줄 알았다. 〈플레이보이〉가 음모를 처음 노출했을 때 미국에서는 적어도 72시간 동안 모든 남성에게 커다란 화젯거리가 됐다. 울워스는 재고로 쌓였던 돋보기를 24시간 만에 전부 팔아 치웠다는 소문도 있었다.

우리도 그런 특권 계급에 속하고 싶은 마음이 간절했다. 그러나 거의 2년간이나 씨름했지만 윌러비는 로널드 형의 사물함에 접근하지 못했다. 마침내 어느 날, 윌러비는 화가 나서 소방관의 도끼로 아랫서랍을 부수고 열었다. 남성용 잡지가 우르르 쏟아져 내렸다. 로널드 형은 남성용 잡지 수집가였다! 나는 그날 오후만큼 즐겁고 유익한 시간을 보낸 적이 없다. 그 때문에 윌러비는 두 달이나 근신 처분을 받았지만, 우리 모두가 고결한 희생이었다며 박수를 보내주었다. 윌러비도 로널드 형을 곤경에 빠뜨리는 복수를 했다. 몇몇 잡지가 상당히 노골적이고 외설적이었으니까.

항상 그랬듯이, 살아 있는 여자의 몸을 향한 내 욕망은 식을 줄을 몰랐다. 8학년을 끝내고 9학년으로 올라가기 전 여름, 나는 할아버지 집에 가서 잔류물을 쏟아내는 인간 기계 디 삼촌과 평소처럼 재밌는 시간을 보냈다. 그런데 집에 돌아오자마자 내가 없는 동안에 눈부시게 예쁘고 명랑한 캐시 윌콕스란 여자 아이가 트레이싱 페이퍼를 빌리려고 윌러비의 집에 왔다가, 여름 성경학교에서 배웠다는 새로운 놀이를 윌러비와 카츠에 가르쳐주었다는 소식을 들었다. 성경학교에서!!! 여하튼 술래의 눈을 가리고 2분 동안 빙빙 돌린 후에 서른 번가량 술래의 가슴을 세게 누르는 놀이였다. 그럼 술래는 자지러지게 웃으면서 쓰러지기 마련이었다.

윌러비와 카츠가 말했다.

"매번 그랬어."

"잠깐, 캐시의 가슴이라고 말했어? 캐시의 가슴을 눌렀다고?"

캐시 윌콕스는 정말 눌러보고 싶은 가슴을 가진 아이였다. 캐시란 이름만 들어도 내 몸속에 흐르는 모든 피가 성기 쪽으로 몰려 주체할 수 없을 정도로 부풀었다. 윌러비와 카츠는 흐뭇한 표정을 감추지 않으며 고개를 끄덕였다. 나에게도 그런 행운이 있을 것 같지는 않았다.

"캐시 윌콕스의 가슴을? 너희가 캐시 윌콕스의 가슴을 눌러봤다고? 너희 손으로?"

윌러비가 환히 웃으면서 대답했다.
"몇 번이나!"
카츠는 고개를 마구 끄덕이며 거짓말이 아니라고 굳게 확인해주었다.
나는 절망의 수렁에 깊이깊이 빠져드는 기분이었다. 열네 살의 소년이 유일하게 실제로 즐길 수 있는 에로틱한 기회를 안타깝게 놓치고, 온갖 음식물을 찌꺼기처럼 날려 보내는 남자를 지켜보면서 48시간을 보냈던 것이다.

탈주하는 동심

담배는 그때 찾아낸 최고의 소일거리였다. 정말 나는 담배를 좋아했다. 아니 담배가 나를 사랑했다. 담배와 친구가 된 후로 거의 10여 년간 나는 책을 펴고 책상에 구부정하게 앉아 프랑스식으로 담배 연기를 빨아들이거나, 두 손을 머리 뒤에 받치고 빈둥거리는 동안 담배 연기로 도넛을 만들며 시간을 보냈다. 입에서 연기를 빨랫줄처럼 콧구멍으로 빨아들이는 프랑스식 흡연법은 연기를 들이마실 때마다 니코틴 효과를 두 배로 증가시켰다. 또 담배 연기로 도넛을 만드는 데 달인이던 나는 멀리 떨어진 벽을 연기 도넛으로 장식하고, 도넛 속으로 도넛을 통과시킬 수도 있었다. 이런 기술 덕분에 나는 열다섯 살이 되기도 전에 '담배 연기의 위대한 달인'으로 친구들에게 추앙을 받았다.

우리는 윌러비의 방에서 주로 창문에 달린 환풍기 아래에 앉아 담배를 피우곤 했다. 연기를 밖으로 배출하도록 설치된 환풍기 덕분에 모든 연기가 빙빙 도는 환풍기 날에 말려 들어가 밖으로 날아갔다. 당시에는 환풍기가 방 안의 더운 공기를 밖으로 배출하고 다른 창문으로 시원한 공기를 끌어들인다는 이론이 지배적이었다. 내 아버지는 이 이론을 철석같이 믿었고, 결국엔 혼자서만 외롭게 이 이론을 주장하고 다녔다. 어쨌든 이 이론은 무척 경제적으로 들리기는 했다. 그래서 아버지가 쌍수를 들고 환영했는지도 모른다. 하지만 이 이론은 새빨간 거짓말이었다. 오히려 환풍기는 바깥쪽을 조금이나마 시원하게 해주었다. 따라서 모두가 환풍기를 포기하고 말았지만, 내 아버지만은 예외였다. 아버지는 죽는 날까지 창밖의 공기를 식히는 데 조금이나마 일조했다.

어쨌든 공기를 밖으로 배출하도록 설치된 환풍기를 잘 이용함으로써 담배 피우기를 멋지게 마무리 지을 수 있었다. 꽁초를 윙윙거리는 날에 살짝 튕기면, 날이 꽁초를 잘게 썰어서 작은 불똥들을 밖으로 쏟아냈다. 보기에도 멋졌지만 그 과정에서 담배를 깔끔하게 제거해서 어떤 증거도 남기지 않았다. 우리가 치명적인 실수를 하기 전까지 이 방법은 거의 완전무결했다. 어느 해 8월 저녁, 윌러비와 나는 담배를 피우고 나서 산책하러 나갔다. 불이 꺼지지 않은 꽁초가 방에 도로 튕겨 들어와 커튼의 접힌 틈에 숨어 있다는 사실을 우리는 전혀 몰랐다. 꽁초는 한 시간 남짓 연기를 피웠고, 결국엔 불이 커튼에 옮겨 붙고 말았다. 우리가 윌러비의 집에 돌아왔을 때는 석 대의 소방차가 현관 앞에 서 있었다. 소방호스가 뱀처럼 꾸불꾸불 잔디밭을 가로질러 현관을 통해 위층까지 이어졌다. 윌러비 방의 커튼과 가구는 물에 흠뻑 젖어 잔디밭에 널브러져 있었고, 그때까지도 옅은 연기가 살살 피어올랐다. 윌러비 씨는 화가 잔뜩 난 얼굴로 현관에서 아들을 심문하려고 기다리고 있었다.

그러나 윌러비 씨에게 날벼락 같은 사건은 거기에서 끝나지 않았다. 다음해 봄, 윌러비와 그의 형은 방학을 하루 앞둔 전날 밤 수업 종료를 자축하기 위한 폭탄을 만들어 색종이 조각을 채워 넣고 캘러넌 중학교의 잔디밭 한가운데에 몰래 묻어두기로 했다. 반원형의 차도로 둘러싸여 평소에는 아무도 다니지 않는 잔디밭이긴 했다. 정확히 오후 3시 1분에 1,000여 명의 학생이 왁자지껄 하면서 학교의 네 출입구에서 쏟아져 나오면, 시한장치가 설치된 폭탄이 엄청난 폭음을 내며 터질 예정이었다. 그럼 먼지와 연기로 하늘이 자욱하게 변하겠지만, 울긋불긋한 색종이들이 너울대며 하늘에서 떨어질 거라고!

윌러비 형제는 방학을 앞둔 서너 주 전부터 방에서 위험한 화약을 혼합한 다음, 워터워크스 공원 근처를 지나는 철로 아래의 조그만 숲에서 그 혼합물을 시험했다. 시험이 거듭될수록 혼합물의 위력은 점점 강해졌다. 마지막 것을 터뜨렸을 때는 직경 1.2미터가량의 분화구가 생겼고, 색종이 띠가 공중으로 7.5미터까지 솟구쳐 올라갔다. 게다가 도시 전체가 흔들릴 정도로 큰 폭발음이 울리는 바람에 사방팔방에서 쏜살같이 현장으로 달려온 순찰차가 근 40분 동안 의심스런 눈초리로 그 지역 일대를 샅샅이 뒤졌다. 디모인 경찰이 도넛과 커피도 없이 수색에 전념한 최장의 시간이었던 것으로 전해졌다.

조만간 환상적인 쇼가 펼쳐질 것만 같았다. 디모인에 학교가 설립된 이후로 가장 잊히지 않을 방학식 날이 하루하루 다가왔다. 윌러비와 그의 형이 새벽 4시에 일어나 어둠을 타고 학교로 몰래 들어가 폭탄을 묻어두고 철수했다가 방학식 날을 기다리기로 계획을 세웠다. 그들은 계획에 따라 삽, 검은 옷, 스키 마스크 등 필요한 것들을 모았다. 그리고 폭탄을 정성스레 준비해서 침실 책상 아래에 감춰두었다. 시한장치를 설치한 이유를 그 후로 입이 닳도록 물었지만, 그때마다 두 형제는 서로 비난하며 입씨름을 벌일 뿐이었다. 오후 3시 1분이 오기 전에 새벽 3시 1분이 먼저 온다는 점을 누구도 생각지 못하고 그들이 잠자리에 들었다는 것만은 확실했다.

따라서 그 어둔 밤에, 자명종 시계가 울리기 59분 전에, 더그와 조지 프 윌러비가 함께 쓰는 방에서 엄청난 폭탄이 터지면서 평화로운 밤이 깨지고 말았다. 물론 그 시간에 바깥에서 돌아다니던 사람은 없었다. 그러나 폭탄이 터졌을 때 우연히 윌러비의 집 앞을 지나다가 위층을 올려다본 사람이 있었다면, 처음에는 짙은 노란색 불빛을 보이다가 곧바로 침실 창문 둘이 산산조각나면서 멋지게 밖으로 튀어나오고 다시 1초 후에는 커다란 연기구름과 산뜻한 색종이가 펄럭이는 광경을 목격했을 것이다.

그러나 이 사건에서 정말로 잊을 수 없는 부분은 폭음이었다. 그야말로 어마어마한 폭발음이었다. 무려 14블록이나 떨어져 살던 사람들까지 침대에서 굴러떨어졌을 정도다. 자동 경보장치가 디모인 시내 전체에서 울려댔고, 천장의 스프링클러가 적어도 두 건물에서 물을 쏟아냈다. 게다가 우연이었는지 치밀한 예방책이었는지 밝혀지지는 않았지만, 공습 경보 사이렌까지 작동했다. 금방 꺼지기는 했지만, 여하튼 20만 명이 잠결에 침대에서 뛰쳐나와 침실 창문으로 디모인의 서쪽에서 유난히 밝게 빛나고 연기로 뒤덮인 집을 쳐다보았다. 그 집에서는 산발한 채 뛰쳐나온 윌러비 씨가 분을 참지 못하고 우왕좌왕하면서 "대체 뭔 짓을 한 거야? 무슨 짓을 한 거냐고?"라고 소리치고 있었다.

윌러비와 그의 형은 검댕을 뒤집어써서 우스꽝스럽게 변했고, 그 후로 48시간 동안 귀에 대고 소리쳐도 아무 소리도 듣지 못했지만 기적처럼 다친 데는 없었다. 책상 위에 놓인 철망 집에 살던 실험용 생쥐가 유일한 부상자로, 털이 듬성듬성 빠지는 피해를 입었다. 폭발로 윌러비네 집은 기초에서 1.5센티미터쯤 밀려나는 바람에 수리비만 수만 달러가 나왔다. 경찰과 소방서는 물론이고 보안관 사무실과 FBI까지 윌러비 가족을 기소하려고 안달했지만, 어떤 죄목을 적용해야 할지 몰랐다. 윌러비 씨는 보험회사와 지루한 소송을 벌이게 됐고, 장기간 정신 치료를 받기 시작했다. 결국 가족 모두가 경고를 받는 선에서 용서를 받았다.

더그 윌러비와 그의 형은 그 후로 6개월 동안 학교에 가거나 예배에 참석하는 경우를 제외하고 집에서 한 발짝도 나오지 못했다. 전문 용어로 그들은 가택연금을 당했다.

우리는 고등학교로 진학했다.

키가 훌쩍 크고 여드름이 꽃처럼 돋던 시기에 최대의 관심사는 술이었다. 음주에서는 카츠가 앞장섰다. 카츠에게 술은 기분 전환용이 아니라 산소나 마찬가지였다. 고등학교 시절은 이른바 탈선의 황금시대였다. 59센트면 올드 밀워키 맥주 여섯 병을 살 수 있었다. 차갑게 냉각된 것은 69센트였다. 또 35센트로는 담배 한 갑을 살 수 있었다. 내가 다닌 루스벨트 고등학교의 학생들은 특별한 이유도 없이 올드 골드란 담배를 주로 피웠다. 따라서 소비세를 고려하더라도 1달러 이하로 하룻저녁을 즐겁게 보낼 수 있었다. 하지만 안타깝게도 미성년자는 맥주를 살 수 없었고, 담배를 사는 것도 무척 까다로웠다.

카츠는 이 문제를 단박에 해결했다. 디모인에서 가장 능수능란한 맥주 도둑이 되면서! 그의 범죄 이력은 7학년 때 아주 간단한 계획을 생각해내면서 시작됐다. 달스 슈퍼마켓은 끝없이 효율성을 추구하기 위한 변화의 일환으로 냉동고를 설치했다. 앞과 뒤 모두에서 문을 열 수 있는 구조로 뒷문을 열고 창고에서 직접 물건을 넣을 수 있었다. 창고 안에는 나무 칸막이 뒤로 빈 종이상자들이 잔뜩 쌓여 있었다. 납작하게 눌러서 처분해야 할 상자들이었다. 카츠는 창고 문에서 일하는 직원에게 접근해서, "죄송합니다만, 내 누이가 새 아파트로 곧 이사하는데 빈 상자를 좀 가져가도 될까요?"라고 물었다.

그럼 직원은 항상 "물론이지, 맘대로 가져가거라!"라고 말했다.

카츠는 창고에 들어가 큰 상자를 고른 다음, 냉동고에서 시원하게 얼린 맥주를 잽싸게 꺼내 상자 안에 넣었다. 그리고 그 위로 상자 두세 개를 더 얹고 여유 있게 창고에서 빠져나왔다. 때로는 창고 직원이 카츠를 위해 손수 문을 열어주기도 했다. 언젠가 카츠가 내게 실토한 바에 따르면, 상자가 비어서 전혀 무겁지 않은 척하는 게 가장 어려웠다고 한다.

물론 어느 때라도 의심을 사지 않고 빈 상자를 달라고 부탁할 수 있었다. 게다가 다행히도 디모인에는 똑같은 냉동고를 설치한 달스 슈퍼마켓이 곳곳에 있었다. 따라서 문제는 어느 상점을 표적으로 삼을지 선택하는 것뿐이었다. 카츠는 2년 동안 단 한 번만 빼고 별 탈 없이 맥주를 훔쳤다. 어쩌면 지금도 그렇게 맥주를 훔치고 있는지도 모르겠다. 그 한 번은 비버데일에 있는 달스 슈퍼마켓에서 맥주를 훔칠 때였다. 카츠가 창고를 빠져나오는데 상자의 밑이 터지면서 폴스타프 맥주 열여섯 병이 떨어졌고, 바닥은 거품투성이로 변했다. 카츠는 달아나지 않았다. 그저 빙긋이 웃으며 서 있었다. 직원이 관리자의 사무실로 끌고 갈 때도 전혀 반항하지 않았다. 그 때문에 카츠는 보름 동안 지역 청소년 감화원인 마이어 홀에 갇혀 지내야 했다.

나는 그런 도둑질에 전혀 관여하지 않았다. 법을 그처럼 노골적으로 위반하기에 나는 너무 겁이 많았다. 좋게 말하면, 아주 신중했다. 내 역할은 운전면허증을 위조하는 것이었다. 내 입으로 말하기는 쑥스럽지만, 당시 운전면허증이 그다지 정교하지 않았다는 점을 고려하더라도 내가 위조한 면허증은 작은 걸작이었다. 당시 운전면허증은 신용카드만 한 크기의 짙은 푸른색 종잇조각에 물결무늬가 더해진 것에 불과했다.

나는 아버지의 수표 뒷면에 거의 똑같은 물결무늬가 있다는 사실을 알아냈다. 수표 한 장을 적당한 크기로 잘라내서 뒤집은 후에, T자를 사용해 소지자의 이름과 주소 등을 써야 할 칸을 적절한 크기로 그려 넣고, 윗부분에 '아이오와 자동차 관리부'라는 글씨를 가는 펜과 직선 자로 반듯하게 쓰면 어디서라도 통하는 가짜 운전면허증이 만들어졌다.

그 후에 아버지의 타자기처럼 사무실에서 사용하는 타자기로 소지자의 생일을 적당하게 앞당기는 걸 염두에 두고 신상명세 칸을 채우면, 조그만 잡화점에 들어가 무한정으로 맥주를 살 수 있는 신분증이 완성됐다.

그런데 내가 가위로 수표의 어느 부분을 잘라냈느냐에 따라 달라지긴 했지만, 이렇게 위조한 면허증의 뒷면에는 거래하는 은행 이름, 계좌번호, 컴퓨터 코드 등 아버지와 관련된 자료가 기록돼 있다는 사실을 나는 뒤늦게야 깨달았다.

그런 실수를 처음 눈치챈 것은 어느 주말 아침 9시 30분에 루스벨트 고등학교 교장실로 불려갔을 때다. 그 전에는 교장실에 가본 적이 없었다. 카츠가 벌써 대기실에 앉아 있었다. 하기야 카츠는 교장실에 자주 들락거렸으니까.

내가 물었다.

"무슨 일이야?"

그러나 카츠가 대답하기도 전에 나는 밀실로 불려 들어갔다. 교장이 사복형사와 함께 앉아 있었다. 사복형사가 로티스리 경사인가 뭔가라며 신분을 밝혔다. 당시 미국에서는 거의 볼 수 없던 상고머리를 한 형사였다.

"우리가 운전면허증을 위조하는 일당을 적발했다."

경사는 굵직한 목소리로 이렇게 말하며, 내가 만든 위대한 걸작 하나를 들어 보였다.
"일당이요?"
나는 은근히 즐거운 마음을 드러내지 않으려 애썼다. 내가 범죄의 세계에 첫발을 내딛고, 단독으로 '일당'이 된 셈이었다. 그보다 뿌듯할 수가 없었다. 하지만 클라린다에 있는 소년원에 보내지고, 빌리 밥이나 클레투스 르로이라는 남자 녀석들과 샤워실에서 내키지도 않는 지저분한 섹스를 하며 3년을 보내고 싶지는 않았다.
형사는 내게 면허증을 건네주며 살펴보라고 말했다. 내가 카츠에게 만들어준 가짜 면허증이 틀림없었다. 카츠가 자기 이름을 B. 보프라고 바꿔달라고 했으니까. 전날 밤 카츠가 폴크 대로의 중앙 잔디에서 맥주에 취해 잠이 들어 경찰서에 끌려갔고, 경찰서에서 소지품 검사를 받다가 위조 면허증이 발각됐던 것이다. 나는 그 면허증을 조심스레 이리저리 뜯어보았다. 뒷면에 '뱅커스 트러스트'라고 쓰여 있고, 그 아래로 아버지의 이름과 주소가 눈에 띄었다. 부인할 수 없는 명백한 증거였다.
형사가 물었다.
"네 아버지가 맞지?"
"예, 맞습니다."
나는 얼굴을 찌푸려 보이면서 살아날 구멍을 모색했다.
"이런 일이 어떻게 일어났는지 나한테 말해주겠니?"
"모르겠습니다."
나는 심각한 표정으로 이렇게 대답하고 덧붙여 말했다.
"아, 잠깐만요. 알 것도 같아요. 지난주에 레코드판을 함께 듣자고 친구들을 집에 불렀어요. 파티를 연 것도 아닌데 전에는 한 번도 보지 못한 아이들 서넛이 들이닥쳤죠."

나는 목소리를 낮추고 다시 말했다.

"그런데 그 아이들은 술을 마셨더라고요."

형사가 이제야 뭔가를 알겠다는 듯 고개를 천천히 끄덕였다. 전에도 그런 사건이 있었다는 반응이었다.

"물론 우리는 그 아이들에게 나가달라고 했어요. 우리 집에 맥주도 없고 다른 술도 없다는 걸 알고는 결국 나가더라고요. 하지만 우리가 한눈파는 틈을 타서 그 녀석들 가운데 하나가 아빠 책상을 뒤져 수표 몇 장을 훔쳐갔을지도 몰라요."

"그 녀석들이 누군지는 알겠니?"

"북 고등학교 애들이 틀림없을 거예요. 한 녀석이 리처드 스펙을 닮았더라고요."

형사는 고개를 끄덕이며 말했다.

"얘기가 이제야 맞아떨어지는군. 그런데 네 말이 사실이란 걸 증명해줄 사람이라도 있니?"

"으음."

나는 대답을 흐렸지만 증인이 많다는 듯 고개를 끄덕였다.

"스티븐 카츠도 있었니?"

"그런 것 같아요. 예, 카츠도 있었어요."

"이제 나가서 대기실에서 기다려라. 카츠에게 들어오라고 전해주고."

나는 대기실로 나갔다. 카츠는 여전히 거기 앉아 있었다. 나는 카츠에게 고개를 숙이고 속사포처럼 말했다.

"북 고등학교. 파티에 난입해서 수표 훔쳐감. 리처드 스펙."

카츠는 알아들었다는 듯 고개를 끄덕였다. 내가 스티븐 카츠를 세상에서 가장 훌륭한 사람이라고 말한 이유가 여기에 있다. 나는 10분 후에 다시 교장실로 불려 들어갔다.

형사가 카츠를 쳐다보며 말했다.

"카츠가 너의 얘기를 뒷받침해줬다. 북 고등학교 학생들이 수표를 훔쳐서 인쇄기로 돌린 모양이다. 카츠가 그 가짜 면허증을 샀고."

"잘됐군요! 문제가 해결됐어요. 그럼 우린 가도 되나요?"

형사가 말했다.

"너는 가도 좋다. 하지만 카츠는 나를 따라가야 될 것 같구나."

카츠는 나를 위해 죄를 뒤집어썼다. 내 이력을 깨끗하게 지켜주려고 ……. 하나님, 카츠에게 축복을 내리시고 그를 지켜주옵소서! 카츠는 감화원에서 한 달을 갇혀 지냈다.

베트콩의 총알을 피하는 방법

카츠는 술 때문에 나쁜 짓을 하지는 않았다. 술 때문에 나쁜 짓을 하고 싶어하지도 않았다. 그러나 나쁜 짓을 해야 할 때는 기꺼이 나쁜 짓을 했다. 새로운 공급처를 찾아 이리저리 궁리하던 카츠는 눈높이를 아주 높게 두었다. 디모인에는 맥주 유통회사가 네 군데 있었다. 그런데 네 회사의 벽돌 창고가 변두리, 정확히 말하면 철로가 지나가는 한적한 곳에 모여 있었다. 카츠는 그 창고들을 보름 동안 면밀히 관찰한 끝에 어떤 창고에도 실질적인 안전장치가 없고, 토요일과 일요일에는 아예 일하지 않는다는 사실을 알아냈다. 또 유개화물차가 창고 바로 옆에 종종, 특히 주말에 정차하는 것도 알아냈다.

어느 일요일 아침, 카츠와 제이크 베킨스란 친구가 차를 몰고 변두리까지 나가 유개화물차 옆에 주차했다. 그리고 큼직한 망치로 맹꽁이자

물쇠를 때려 부쉈다. 화물차의 문을 열자 천장까지 빽빽이 들어찬 맥주 상자가 그들을 반겨주었다. 그들은 묵묵히 맥주 상자를 베킨스의 차에 옮겨 실었다. 그리고 화물차의 문을 닫은 다음, 제3자 아트 프롤리히의 집으로 달려갔다. 프롤리히의 부모가 장례식에 참석하느라 집을 비웠다는 정보를 미리 알고 있었던 것이다. 그들은 프롤리히의 도움을 받아 맥주를 지하실로 옮겼다. 그 후 그들 셋은 유개화물차로 돌아가 똑같은 과정을 되풀이했다. 그들은 일요일 온종일 맥주를 유개화물차에서 프롤리히네 지하실로 옮겼다. 화물차 한 칸이 완전히 텅 비고, 지하실이 맥주로 가득 찰 때까지.

프롤리히의 부모는 화요일에나 집에 돌아올 예정이었다. 월요일에 카츠와 베킨스는 25명의 친구에게 각각 5달러씩을 미리 받아서, 드레이크 대학교 근처로 도그타운이라 알려진 한적한 곳의 아파트 한 채를 빌렸다. 그리고 자동차를 이용해서 프롤리히네 지하실에서 새 아파트로 맥주를 전부 옮겼다. 그 아파트에서 카츠와 베킨스는 하루도 빠뜨리지 않고 저녁마다 맥주를 마셨고, 우리는 방과 후에 슐리츠 칵테일을 마시러 들렀으며, 주말에는 오랜 시간을 그들과 함께 지냈다.

석 달 후 맥주가 바닥나자, 카츠와 심복 부하들은 일요일에 다시 변두리로 나가 다른 유통회사의 유개화물차를 털었다. 다시 석 달 후에 또 맥주가 바닥나자, 그들은 또다시 변두리로 맥주 사냥에 나섰다. 그러나 이번에는 한층 신중하게 접근했다. 두 번의 큰 절도 사건이 있었으니 누군가 맥주 창고를 철저하게 지킬 거라고 생각했기 때문이다.

그런데 희한하게도 그렇지 않은 듯했다. 이번에는 유개화물차가 보이지 않았다. 그래서 그들은 창고의 쪽문 하나에 구멍을 내고 미끄러져 들어갔다. 창고 안에는 맥주가 어마어마하게 쌓여 있었다. 그렇게 많은 맥주를 본 것은 처음이었다. 팔레트 위에 맥주가 적재되고, 또 적재돼 있었다. 월요일이면 아이오와 전역의 술집과 상점으로 배달될 맥주들이었다.

그들은 쉬지 않고 뛰어다니며 지원자를 모집했다. 그리고 맥주로 자동차를 한 대씩 채워가며 창고를 천천히 비워갔다. 프롤리히는 지게차를 능숙하게 다루었고, 카츠는 교통정리를 맡았다. 그 기적 같은 주말 동안 일부러 헤아려본 것은 아니지만 스무 명가량의 고등학생이 들락거리며 창고에서 맥주를 자동차에 잔뜩 옮겨 싣고, 도심을 지나 23번가 포레스트 애비뉴에 있는 허름한 아파트로 줄지어 들어갔다. 소문이 퍼지자 다른 학교 학생들이 나타나기 시작했고, 맥주 두 박스를 줄 수 있겠느냐고 물었다.

카츠는 너그럽게 대답했다.

"물론! 모두가 넉넉하게 마실 수 있어. 너희 차를 저쪽에 붙이기만 해. 지문을 남기지 않도록 조심하고."

디모인에서 근래에, 아니 디모인 역사상 가장 큰 절도 사건이었다. 안타깝게도 너무 많은 학생이 그 사건에 가담하는 바람에 20세 이하는 누구나 주모자를 알고 있었다. 누가 경찰에 밀고했는지는 아무도 몰랐지만, 절도 사건이 있은 지 사흘 후에 경찰은 새벽에 기습해서 열두 명의 공모자를 체포해 수갑을 채우고 경찰서로 끌고 가 심문했다. 물론 카츠도 그들 가운데 하나였다.

그들 모두가 좋은 가정에서 자란 착한 아이들이었다. 그들의 부모는 자식이 의지적으로 법을 어겼다는 사실을 부끄러워했다. 그들은 고가의 변호사를 선임했고, 변호사들은 신속하게 검사들과 합의를 보았다. 아이들이 공모자의 이름을 댄다면 기소를 취하하겠다고! 카츠의 부모만

합의에 이르지 못했다. 카츠의 부모는 경제적 여유도 없었지만, 그런 합의가 옳다고 생각하지 않았기 때문이다. 게다가 누군가 죄를 뒤집어써야만 했다. 죄를 지었다고 모든 죄인이 교도소에 끌려가는 나라를 본 적 있는가? 대체 어느 나라 형사법이 그렇게 공정한가? 따라서 희생양을 골라야 했다. 모두가 카츠를 적임자로 선택했다. 카츠는 중죄에 해당되는 절도로 기소돼 소년원에서 2년을 보냈다. 그 후로 대학에 진학할 때까지 우리는 그의 얼굴을 보지 못했다.

나는 간신히 고등학교를 졸업했다. 3년 내내 결석을 밥 먹듯 하면서도 학교를 마쳤다는 사실에, 그리고 내 진로 지도교사 스몰팅 부인이 지치지도 않고 내게 되새겨주었듯이 2학년 때는 몹쓸 병에 걸린 아이보다 내가 더 많은 날을 결석하는 찬란한 기록을 세웠다는 사실에도 조그만 자부심을 느낀다. 스몰팅 부인은 나를 미워했고, 끝을 알 수 없을 정도로 나를 혐오하고 증오했다.

어느 날 우리는 진공청소기 수리공이나 방문 판매원 등 긴 직업 목록을 두고 함께 고민을 했는데, 결국 내게는 도덕심, 학문적 성과, 지적인 열의 등 기본적 소양이 부족하다는 결론이 내려졌다. 스몰팅 부인은 그런 결론에 무척 흡족했던지 "윌리엄, 너는 어떤 일을 하기에도 적합하지 않은 듯싶구나."라고 말했다.

"그럼 저는 고등학교 진로 지도교사를 할 수밖에 없겠네요!"

나는 장난삼아 이렇게 빈정거렸지만, 스몰팅 부인은 내 말을 선의로 받아들이지 않았다. 스몰팅 부인은 나를 교장실로 끌고 가(그때가 두 번째였다!) 교장 선생님에게 정식으로 항의했다.

나는 스몰팅 부인뿐 아니라 전문성과 아량이 필요한 교사라는 직업을 존중한다는 비굴한 반성문을 써야 했다. 그래야 나를 3학년에 진학시키겠다고 협박했으니까. 사실 1968년 당시 인간의 연약한 피부 조직을 베트콩의 총알에서 막아주는 것은 미국의 교육 제도가 유일했고, 교사는 징병을 자동으로 연장받았기 때문에 정말로 진지하게 고려해볼 만한 직업이었다. 1968년에는 미국 청년의 25퍼센트가 군인이었다. 나머지는 거의 학교에 재학 중이거나 교도소에 있었고, 그렇지 않으면 조지 W. 부시처럼 특권층의 자녀였다. 대부분의 젊은이에게 학교는 병역을 피하기 위한 유일한 현실적 대안이었다.

마지막 공식적 행위의 하나로, 하지만 모두에게 박수를 받아야 마땅한 행위의 하나로, 선더볼트 키드는 스몰팅 부인을 작고 단단한 숯덩어리로 만들어버렸다. 석탄을 태우는 산업계에 종사하는 사람들에게 쇠똥이라 알려진 것과 비슷하다. 그 후 선더볼트 키드는 신중하게 작성한 반성문을 제출하고 빛을 억누르며 몇 달을 보낸 후에 반에서 거의 꼴등으로 조용히 졸업했다.

다음해 가을 선더볼트 키드는 디모인에 있는 드레이크 대학교에 입학했다. 그러나 그 대학에서 엉뚱한 행동을 하며 1년 남짓을 보낸 뒤에 유럽으로 건너가 영국에 정착했다. 그 후로 선더볼트 키드에 대한 소식은 미국에 거의 전해지지 않았다.

14

그래도
삶은 계속된다

밀워키의 유진 크롬웰은 고속도로에서 자동차가 미끄러지는 사고를 당했지만 상처를 전혀 입지 않았다. 하지만 피해 정도를 살펴보려고 자동차에서 나왔다가, 7.5미터 아래의 석회석 채석장으로 떨어져 팔 하나가 부러지는 부상을 입었다. 〈타임〉, 1956. 4. 23

내가 어렸을 때 아버지는 때때로 우리 남매를 거실로 불러 세인트루이스나 샌프란시스코 등 다른 큰 도시로 이사 가는 게 어떻겠느냐고 물었다. 그리고 침울한 목소리로 〈크로니클〉이나 〈이그재미너〉〈포스트 디스패치〉가 최근에 야구 담당 기자를 잃어서 아버지에게 그 자리를 대신해달라는 제안이 있었다고 우리에게 알려주었다. 하여간 아버지는 그 기자가 제2차 세계대전의 공군 조종사처럼 임무에서 영원히 돌아오지 못한 사람처럼 말했다.

또 아버지는 메이저리그 야구 경기를 무시로 관람할 수 있는 입장권을 받아 놀란 사람처럼, 정말 놀란 표정으로 덧붙였다.

"돈도 상당히 많이 준다는구나."

나는 항상 찬성이었다. 어렸을 때는 사람들이 때때로 행방불명되는 분야에서 아버지가 일하기를 바랐기 때문이고, 나중에는 날마다 돼지 가격이 속보로 다루어지지 않고 옥수수 생산량이 결코 언급되지 않는 곳에서 청소년기의 기억을 남기고 싶은 욕심 때문이었다.

그러나 이사는 없었다. 결국에는 아버지와 어머니가 디모인에서 만족하며 살기로 결정했기 때문이다. 두 분은 〈레지스터〉에서 어엿하게 일했고, 샌프란시스코 같은 대도시에서 구할 수 있는 집보다 더 좋은 집에서 살았다. 우리 친구들도 디모인에 있었다. 우리도 안정된 삶을 살았다. 디모인은 우리에게 고향처럼 느껴졌다. 아니, 고향이었다.

나이가 든 지금 와 생각해보면, 우리가 디모인을 떠나지 않은 것이 다행이라 여겨진다. 나는 평생 동안 디모인을 사랑해왔다. 나는 디모인이라는 건강하고 화목하며 자애로운 도시에서 모든 교육을 받고 성장기를 보냈다. 또 내 키가 바로 이 도시에서 1센티미터씩 자라 지금처럼 커졌다.

물론 내가 자랄 때의 디모인은 이제 많이 사라지고 없다. 내가 사춘기에 접어들었을 때 이미 디모인은 변해가고 있었다. 도심에 있던 영화관들이 가장 먼저 사라졌다. 화려하기 이를 데 없던 디모인 시어터는 1966년에 헐물리고, 그 자리에 사무실용 건물이 들어섰다. 이 책을 쓰려고 디모인의 역사를 조사하면서야 비로소 디모인 시어터가 이 도시에서 가장 아름다운 영화관이었고, 시카고와 서부 해안 사이에서 그때까지 꿋꿋하게 버틴 최고의 영화관이었다는 사실을 알았다. 더구나 제드 매티스와 내가 자주 놀러 간 펜트하우스형 아파트에서 살던 자선사업가 A. H. 블랭크가 그 영화관을 세웠다는 사실을 알았을 때는 더더욱 반가웠다. 블랭크는 1918년에 무려 75만 달러를 투자해서 그 영화관을 지었다. 그런데도 반세기밖에 유지되지 못했다는 점을 생각하면 안타까울 따름이다. 내 어린 시절에 디모인을 대표하던 영화관들인 파라마운트, 나중에 갤럭시로 이름을 바꾼 오르페움, 잉거솔, 힐랜드, 홀리데이, 카프리도 차례로 디모인 시어터의 뒤를 따랐다. 이제 영화를 보려면 자동차를 끌고 쇼핑몰로 가야 한다. 10여 편의 영화 중에서 선택하는 재미는 있지만, 스크린도 너무 작고 상영관도 구두 상자처럼 답답하다. 이런 영화관에서 어떻게 마법의 효과를 기대할 수 있겠는가.

리버뷰 공원은 1978년에 문을 닫았다. 이제 리버뷰 공원은 과거의 흔적이 전혀 남지 않은 썰렁한 주차장으로 변했다. 우리가 좋아한 비숍 식당도 거의 같은 시기에 문을 닫으면서 원자 변기와 작은 테이블 전등, 감칠맛 나던 음식들, 그리고 친절한 웨이트리스도 사라졌다. 그 밖에도 지역민이 운영하던 많은 식당, 예컨대 조니 앤드 케이스, 컨트리 젠틀맨, 베이브스, 볼튼 앤드 헤이, 빅스 탤리-호, 그리고 우리가 사랑했던 토들 하우스까지도 거의 동시에 사라졌다. 스티븐 카츠는 '먹고 튀어라'라는 새로운 개념으로 토들 하우스의 파산에 작은 일조를 했다. 카츠와 그의 친구는 심야에 토들 하우스를 찾아가 푸짐하게 먹고는 돈도 내지 않고 줄행랑을 놓았다. 토들 하우스의 직원이 쫓아오면 고개만 뒤로 돌려 "돈이 없어요! 튀어!"라고 소리쳤다. 물론 카츠가 단독으로 토들 하우스를 망하게 했다는 말은 아니다. 그러나 그가 도움을 주지 못한 것만은 분명하다.

내가 오랫동안 감사의 말 한마디도 못 들으며 집집이 배달해준 석간신문 〈트리뷴〉은 1938년 이후로 누구도 신문을 진지하게 읽지 않는다는 현실을 절감하고 1982년에 폐간했다. 〈트리뷴〉의 자매 신문으로 한때 아이오와의 자랑거리이던 〈레지스터〉는 그로부터 3년 후에 가네트 그룹에 인수됐다. 그러나 지금의 〈레지스터〉는 옛날의 〈레지스터〉가 아니다. 이제는 기자를 프로야구팀의 봄철 훈련지로 보내지도 않고, 월드 시리즈에도 매번 파견하지는 않는다. 따라서 내 아버지의 영혼도 이제는 그곳을 버린 듯하다.

내가 다닌 그린우드 초등학교의 잔디는 여전히 깔끔하게 다듬어져 있고, 학교 건물도 길에서 보면 변함없이 아름답다. 그러나 그린우드가 가장 소중하게 간직해야 했을 두 자랑거리인 체육관과 강당은 도서관과 미술실로 개조됐다. 절꺽절꺽 소리를 내던 라디에이터, 기품이 넘치던 식수대, 등사지의 냄새 등 그린우드만의 독특한 특징도 대부분 사라진 지 오래다. 따라서 그린우드도 내가 알던 곳이 아니다.

특별관람석과 기자석까지 갖추었던 리틀리그 야구장도 사라지고, 그 자리에 커다란 아파트 단지가 들어섰다. 버터 보이들이 살던 강 아래쪽에 새 야구장이 초라하게 세워지기는 했다. 그러나 내가 마지막으로 그곳을 찾았을 때는 풀이 무성해서 거의 버려진 곳처럼 보였다. 밖에서 돌아다니는 사람이 눈에 띄지 않아 야구장이 그렇게 버려진 이유를 물어볼 수도 없었다. 자전거를 타는 아이도 없고, 울타리 너머로 얘기를 주고받는 이웃들도 없었다. 현관에 나와 앉아 있는 노인도 없었다. 이제는 모두가 집 안에 틀어박혀 지낸다.

달스 슈퍼마켓은 지금도 그 자리를 지키며 여전히 사랑받는 듯하다. 그러나 수년 전에 정기적인 보수 공사를 하면서 실망스럽게도 키디 코랄을 없애버렸다. 그 밖의 모든 상점, 예컨대 그룬드의 잡화점, 바바라의 제과점, 리드의 아이스크림 가게, 포프의 이발소, 셔윈 윌리엄의 페인트 가게, 밋참의 텔레비전과 전기기구 수리점, 이탈리아계 미국인 지미가 운영하던 작은 구두 수선점, 헨리의 햄버거 가게, 레퍼트의 약국도 사라진 지 오래다. 옛날에 여러 가게가 나누어 사용하던 곳을 이제는 커다란 월크린스 약국이 혼자 차지하고 있다. 따라서 널찍하고 환하게 불이 켜진 하나의 지붕 아래에서, 전에 우리를 본 적이 없고 설령 보았더라도 기억하지 못할 사람들에게서 모든 것을 살 수 있다. 남성용 잡지도 눈에 띄지 않는다. 마지막으로 그곳을 찾았을 때, 비닐에 밀봉되기는 했지만 그런 잡지를 봐서 무척 반가웠는데……. 발가벗은 여자의 사진은 내 어린 시절보다 오히려 요즘에 더 보기가 어려워진 듯하다.

도심에 있던 상점들도 하나씩 사라져갔다. 긴스버그 백화점과 뉴 유티카 백화점도 문을 닫았다. 크레스지와 울워스도 문을 닫았다. 프랭클스 남성복 가게도 눈에 띄지 않는다. 핑키도 없어졌다. JC페니는 야심차게 새 단장을 하고 다시 시작해보려 했지만 결국 문을 닫고 말았다.

도심에서 누군가 등 뒤에서 공격을 당해 크게 다쳤고, 집 없는 사람들이 어슬렁대기 시작했다. 그 후로 사람들은 날이 어두워지면 도심에 나가지 않았다. 그나마 남아 있던 식당과 나이트클럽도 대부분 문을 닫았다. 심지어 버스 정류장마저 멀리 옮겨졌다.

백화점의 왕자인 융커스는 황금시대 같던 내 어린 시절을 증명해주는 마지막 유물이 돼버렸다. 융커스는 오랫동안 낡은 갈색 건물에서 영업을 계속했지만 결국 전 층을 폐쇄하고 조그만 구석으로 물러서면서 직원을 60명만 남겼고, 그래도 살아남으려고 몸부림쳤다. 직원 수가 1,000여 명이 넘던 한창때에 비하면 너무 초라한 모습이었다. 그러나 2005년 여름, 융커스는 131년의 역사를 접고 마지막 숨을 거두었다.

내가 어렸을 때 〈레지스터〉와 〈트리뷴〉에는 커다란 사진 보관실이 있었다. 가로 24미터, 세로 18미터로 꽤 넓은 공간이었다. 나는 종종 그곳에서 어머니를 기다리며 행복한 30분을 보냈다. 거기에는 약 50만 장, 어쩌면 그 이상의 사진이 보관돼 있었다. 누구라도 캐비닛의 서랍을 열고 사진을 구경할 수 있었다. 대화재, 열차 탈선, 젖가슴에 맥주잔을 올리고 균형을 잡는 여자, 사다리에 올라서서 병원 창문으로나마 소아마비에 걸린 아이들과 얘기를 나누는 부모들……. 디모인의 과거를 볼 수 있었다. 그 사진 보관실은 20세기의 디모인을 시각적으로 완벽하게 보여주는 역사박물관이었다.

얼마 전에 나는 이 책에 사용할 사진을 구해보려고 〈레지스터〉를 다시 찾았다. 사진 보관실이 건물 구석의 조그만 방으로 옮겨지고, 그 많던 옛 사진들이 거의 폐기된 것을 알고 놀라지 않을 수 없었다.

사진 보관실 실장인 조 앤 도널드슨이 약간 미안한 표정으로 내게 말했다.

"사진들이 공간을 너무 차지했어요."

나는 그 핑계를 이해하기 힘들었다.

"그럼 사진들을 주역사협회에 기증하지 않았습니까?"

도널드슨은 고개를 설레설레 저었다.

"시립도서관에는요? 대학에는요?"

그녀는 고개를 다시 젓고 말했다.

"인화지에 있는 은을 사용하려고 재활용됐어요."

결국 과거의 장소들도 대부분 사라졌는데, 그에 대한 기록마저 사라지고 없었다.

그래도 삶은 계속됐다. 하지만 삶이 완전히 멈춰버리는 불행한 경우도 있었다. 내 아버지가 1986년에 조용히 그런 경우를 맞았다. 아버지는 어느 날 밤 잠자리에 들었다가 다시 깨어나지 않았다. 참 아름답게 맞은 죽음이었다. 큰 신문사에서 일했다면 아버지는 그 시대 최고의 야구 전문 기자가 됐을 것이다. 우리가 디모인을 떠나지 않은 까닭에 세상 사람들은 아버지의 능력을 접해볼 기회를 누리지 못했다. 물론 아버지도 자신의 능력을 확인할 기회를 갖지 못했다. 나는 아버지와 세상 사람들이 무엇을 상실하고 있는지 모른 채 살아갔다고 생각하지 않을 수 없다.

어머니는 능력이 닿을 때까지 가족의 집을 지켰다. 그러나 결국 그 집을 팔고 그랜드 애비뉴에 있는 멋진 아파트로 이사했다. 지금은 90대의 나이지만 여전히 건강하고 활달하다. 예전처럼 뛰어다니고, 냉장고 구석에서 오랫동안 묵혀 있던 것으로 샌드위치를 만들고 싶어한다. 지금도 싱크대 아래에 항아리를 잔뜩 보관하고 있지만 토이티는 한 방울도 떨어지지 않은 것이라며 나를 안심시킨다. 물론 설탕 봉지, 소금기가 있는 크래커, 이러저러한 맛의 잼을 중서부 지역에서 가장 많이 모은 사람이기도 하다. 무책임한 아들이 자기 책에서 고집스레 언급하는 만큼 어머니는 요리에 서툴지 않다는 걸 기록으로 보여주고 싶어한다. 이 자리를 통해 어머니가 절대적으로 옳다고 솔직하게 고백하고 싶다.

이 책에서 많은 것을 말하다 보니, 나와 어린 시절을 함께한 친구들의 익명성을 위태롭게 했는지도 모르겠다.

더그 윌러비는 대학에서 '활기찬 4년'이라 할 만한 시간을 보냈다. 그야말로 과잉의 시절이었지만 나중에는 차분하게 가라앉았다. 윌러비는 지금 중서부의 현대화된 도시에서 주변 사람들에게 존경받으며 조용히 살고 있다. 또 훌륭하고 사랑이 넘치는 아버지이자 남편이며, 이웃에게 기꺼이 도움을 주는 최고로 멋진 사람이다. 폭탄을 갖고 놀던 시절은 이미 잊은 지 오래다.

스티븐 카츠는 고등학교를 떠난 후 마약과 알코올의 세계로 직행했다. 아이오와 대학에서 1~2년을 보낸 후 디모인으로 돌아온 카츠는 매일 아침 6시에 영업을 시작하는 것으로 유명하던 포레스트 애비뉴의 술집 팀버 탭 근처에서 살았다. 카츠는 그 시간에 실내용 슬리퍼를 신고 헐거운 실내복을 입은 채 '해장술'을 하려고 팀버 탭에 들어가는 모습이 종종 눈에 띄었다. 거의 25년 동안 카츠는 의식을 바꿔주는 것이면 무엇이나 몸속에 집어넣으며 살았다. 그래서 한동안 아이오와에 존재하는 아편 중독자 두 사람 중 하나이기도 했다. 다른 한 사람은 그에게 아편을 공급해주던 사람이었고. 또 카츠는 자동차를 멋들어지게 충돌시키고는 찌그러진 자동차에서 만면에 미소를 지으며 멀쩡한 몸으로 걸어 나오는 희한한 능력으로 친구들 사이에서 유명해졌다.

카츠는 '대부분이 꾸며낸 얘기'라고 일축한《나를 부르는 숲》이란 모험 여행기에서 주도적인 역할을 한 후에 알코올중독자 갱생회의 충실한 회원이 됐고, 인쇄 공장에서 일자리를 구했다. 게다가 메리라는 천사 같은 반려자까지 만났다. 이 글을 쓰는 지금, 그는 완전한 금주의 삶을 시작한 지 만 3년을 막 넘겼다. 자랑스러운 일이 아닐 수 없다.

내 게이 친구 제드 매티스는 가족과 함께 더뷰크로 이사 갔다. 그가 주박람회장에서 나를 스트리퍼의 천막에 넣어준 직후였다. 그 후로 제드와는 연락이 완전히 끊겼다. 20년쯤 지나 저작권 대리인을 물색할 때 나는 뉴욕에 사는 출판사 친구에게 적절한 사람을 추천해달라고 부탁했다. 그는 윌리엄 모리스 에이전시를 얼마 전에 퇴사한 후 독자적인 에이전시를 차린 영리한 젊은이를 추천했다. 그는 "이름은 제드 매티스인데, 아마 자네와 고향이 같을 거야."라고 말했다.

그래서 제드는 내 저작권 대리인이 됐고, 그 후로 15년 동안 우리는 옛 우정을 되살렸다. 그러나 2003년, 암과의 오랜 투병 끝에 제드는 세상을 떠났다. 지금도 그가 몹시 그립다. 제드 매티스는 그의 실명이다. 제드는 내 동년배로 가명을 사용하지 않은 유일한 친구였다.

버디 도버먼은 대학 재학 중에 흔적도 없이 사라졌다. 그는 여자를 쫓아 캘리포니아로 갔고, 다시 돌아오지 않았다. 래니와 럼피 코왈스키 형제도 어떤 삶을 살고 있는지 전혀 모른다. 아서 버건은 워싱턴D.C.에서 돈을 엄청나게 버는 변호사가 됐다. 버터 보이들은 어느 해 봄에 떠나서 영원히 돌아오지 않았다. 밀턴 밀턴은 군에 입대해서 고급 장교까지 진급했지만, 1차 걸프전을 준비하던 중에 헬리콥터 사고로 사망하고 말았다.

글을 열심히 써댄 덕분에 나는 예기치 않게 많은 사람을 다시 만날 수 있었다. 언젠가 덴버에서 낭독회가 끝난 후에는 한 여자가 내게 다가와 자기가 메리 올리어리라고 말했다. 그녀는 목에 큰 안경을 걸고 있었고, 즐겁고 행복해 보였다. 그리고 몰라보게 뚱뚱했다. 그러나 다른 낭독회에서는 내가 옛날에 수줍고 내성적이라 생각했던 사람이 영화배우처럼 멋진 모습으로 변해서 나를 찾아왔다. 삶은 그처럼 멋진 것이 아니겠는가.

선더볼트 키드는 어른이 돼서 이사 갔다. 최근까지도 선더볼트 키드는 간혹 사람들을 없애버렸다. 특히 문을 붙잡고 있어줘도 고맙다는 인사도 없이 지나가는 사람들을 없애버렸다. 그러나 결국 선더볼트 키드도 누가 책을 사보는 사람인지 분간할 수 없다는 현실을 깨닫고 사람 없애기를 중단했다.

재프의 신성한 스웨터는 좀이 슬고 구멍이 숭숭 뚫려 1978년경에 버려지고 말았다. 선더볼트 키드의 부모가 엉뚱하게 대청소를 한다며 재프의 신성한 스웨터뿐 아니라 야구 카드, 만화책, 〈소년생활〉, 조로의 채찍과 칼, 스카이 킹의 목도리와 비밀 호루라기가 감춰진 목도리 고리, 데이비 크로케트의 너구리 모자, 로이 로저스의 화려한 카우보이 조끼와 딸랑거리는 양철 박차가 달린 장화, 보이 스카우트용 공식 장비함, 스카이 킹 팬클럽 카드와 그 밖의 관련 증명서, 배트맨 손전등, 전기 풋볼 게임기, 조니 유니타스가 인정한 헬멧, 〈하디 보이스〉, 그리고 완벽한 상태로 보관된 영화 포스터까지 버려버렸다.

물론 그것이 세상을 살아가는 법이다. 가진 것은 언젠가 버려지기 마련이다. 그래도 삶은 자리를 옮겨가며 계속된다. 그러나 1950년대에 우리를 특별하고 남다르게 만들어주던 것들을 지키지 못해 너무 부끄럽다는 생각이 머릿속에서 지워지지 않는다. 커다란 스크린과 이집트식 장식으로 꾸며진 궁전 같은 영화관, 여기에 돌비 사운드와 정교한 컴퓨터 그래픽이 더해진 영화관을 상상해보라. 그런 영화관이라면 마법의 세계에 온 듯한 기분이 들지 않겠는가. 또 사무실, 상점, 식당, 술집 등 사회적 공간이 모두 도시의 한가운데에 편리하게 모여 있고, 우리가 이곳저곳을 옮겨다닐 때마다 맑은 공기와 햇살을 즐길 수 있다고 상상해보라. 원자 변기가 있는 식당, 어린 손님들에게 선물을 나눠주는 티룸, 커다란 계단과 중2층이 있는 옷가게, 마음껏 만화책을 볼 수 있는 키디 코랄이 있다고 상상해보라. 다른 도시에는 없는 것으로 가득한 도시에서 산다고 상상해보라.

그런 세상이면 얼마나 멋지겠는가! 옛날의 디모인은 그렇게 멋진 세상이었다. 이제 그런 도시를 다시는 보지 못할까 두려울 뿐이다.

지은이 | 빌 브라이슨 Bill Bryson
1951년 아이오와 주 디모인에서 태어났다. 영국에서 〈타임스〉와 〈인디펜던트〉 기자로 활동했으며, 뛰어난 관찰력과 재기발랄한 문체가 돋보이는 많은 작품을 펴냈다.
대표작으로 기행기 《빌 브라이슨 발칙한 미국 횡단기》《빌 브라이슨 발칙한 유럽산책》《나를 부르는 숲》《빌 브라이슨 발칙한 미국학》《빌 브라이슨의 아프리카 다이어리》, 과학 및 역사 분야의 교양서 《거의 모든 것의 역사》《빌 브라이슨 발칙한 영어산책》《거의 모든 사생활의 역사》 등이 있다.

옮긴이 | 강주헌
한국외국어대학교 불어과를 졸업하고, 같은 대학원에서 석사 및 박사 학위를 받았다. 프랑스 브장송 대학교에서 수학한 후 한국외국어대학교와 건국대학교 등에서 언어학을 강의했으며, 2003년 '올해의 출판인 특별상'을 수상했다.
옮긴 책으로 《문명의 붕괴》《촘스키, 세상의 권력을 말하다》《지식인의 책무》《모리와 함께한 화요일》《우체부 프레드》《예수 왜곡의 역사》《신을 옹호하다》《촘스키처럼 생각하는 법》《주석 달린 월든》《밤의 도서관》 등이 있으며, 저서로 《기획에는 국경도 없다》 등이 있다.

빌 브라이슨
발칙한 미국산책

1판 1쇄 인쇄 2011년 6월 20일
1판 1쇄 발행 2011년 6월 27일

지은이　빌 브라이슨
옮긴이　강주헌
펴낸이　고영수
펴낸곳　추수밭
등록　제406-2006-00061호(2005.11.11)
주소　135-816 서울시 강남구 논현동 63번지
　　　413-756 경기도 파주시 교하읍 문발리 파주출판도시 518-6번지 청림아트스페이스
전화　02)546-4341
팩스　02)546-8053

www.chungrim.com
cr2@chungrim.com

ISBN 978-89-92355-68-1 03900

잘못된 책은 바꿔드립니다.